알기 쉽게 통으로 읽는
한국사

[워크북] **5** 일제 강점기와 대한민국

시공주니어

워크북, 이렇게 활용하세요

일제 강점기와 대한민국의 역사에 대해 많이 배웠나요? 이제 배운 내용을 정리하고 깊이 생각해 보면서 한국사 지식을 단단하게 다지는 시간을 가져 봅시다. 〈알기 쉽게 통으로 읽는 한국사 워크북〉은 각 장별로 3가지 활동을 하도록 되어 있습니다. 어떤 활동이 있는지 살펴볼까요?

역사적 사실을 정리해 보자!

배운 내용을 일목요연하게 정리하고 기억하는 단계입니다. 각 장의 주요 내용을 요약한 글을 읽으며 괄호 안에 알맞은 말을 〈보기〉에서 골라 채워 넣습니다. 책을 잘 읽었는지 스스로 점검하면서, 혹시 놓쳤던 부분이 있다면 여기서 확실히 기억하고 내 것으로 다질 수 있습니다.

역사를 깊이 알고 이해하자!

배운 내용을 제대로 이해함으로써 역사적 사실을 분석하고 그 의미를 해석하는 능력을 기르는 단계입니다. 각 장에 등장한 특정 사건 또는 사실이 제시되고, 이를 통해 미루어 알 수 있는 사실이나 그러한 일이 일어난 이유 또는 배경을 적어 봅니다. 책을 잘 읽었다면 충분히 풀 수 있는 문제입니다.

역사 지식을 바탕으로 논술 실력을 기르자!

우리 역사에 대한 나름의 비판적 시각을 갖고, 이를 논리적으로 표현하는 능력을 기르는 단계입니다. 제시된 역사적 사실을 읽고 자신의 생각을 말해 보는 활동으로, 특별한 정답은 없는 문제입니다. 여러분의 의견, 판단, 입장 등을 묻는 문제에 답하면서 역사를 바라보는 깊은 안목과 논리적 사고력을 기를 수 있습니다.

1장
일제의 침략에 맞서, 항일 운동을 펼치다

> 일제는 을사조약으로 우리의 외교권을 빼앗은 뒤, 결국 국권까지 빼앗고 말았어. 우리 민족은 일제의 무단 통치에 맞서 3·1 운동을 일으키는 등 다양한 방법으로 독립운동을 펼쳤어.

1. 일제는 어떻게 우리나라를 식민지로 만들어 갔나요? ( ) 안에 알맞은 내용을 〈보기〉에서 골라 쓰세요.

   〈보기〉 1910년, 외교권, 헤이그 특사, 조선 총독부, 을사조약

   러·일 전쟁 뒤 일제는 1905년, (①)으로 한국의 (②)을 빼앗아 가고 통감부를 설치했다. 1907년에는 (③) 사건을 구실로 고종을 강제로 물러나게 하고, 군대를 해산하였다. 또한 한·일 신협약을 체결해 일본인을 대한 제국 차관으로 임명하는 등 우리나라의 내정을 간섭하였다. (④)에는 한·일 병합 조약을 체결해 우리나라를 완전히 빼앗고 (⑤)를 설치했다.

2. 을사조약, 한·일 신협약 등 일제의 침략에 맞서 우리 민족은 어떻게 대응했나요? ( ) 안에 알맞은 내용을 〈보기〉에서 골라 쓰세요.

   〈보기〉 전명운, 신돌석, 안중근

   을사조약이 체결되자 대대적인 항일 의병 투쟁이 일어났다. 대표적인 의병장으로는 민종식, 최익현, 평민 출신인 (①)이 있다. 해산된 군인들이 의병에 합류하면서 전투력이 크게 향상되었다. 애국지사들의 의거 활동도 활발하게 일어났다. (②)과 장인환이 일제의 우리나라 침략을 지지한 스티븐스를, (③)이 우리나라 침략에 앞장선 이토 히로부미를 죽였다.

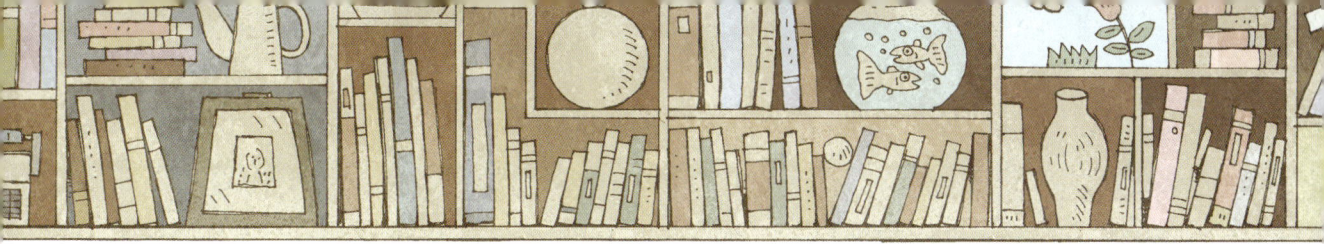

3. 의병과 애국지사들이 무력을 이용해 일제에 맞서 싸우는 한편, 먼저 민족의 실력을 기른 뒤 독립을 이루자는 애국 계몽 운동이 활발히 일어났어요. 애국 계몽 운동은 어떻게 전개되었을까요? (   ) 안에 알맞은 내용을 〈보기〉에서 골라 쓰세요.

〈보기〉 신민회, 보안회, 105인 사건, 국채 보상 운동

애국 계몽 운동 단체 가운데 (①   )는 일본의 황무지 개간권 요구 반대 운동을 일으켰고, 헌정 연구회는 헌법을 만들어 입헌 정치를 실시해야 한다고 주장하였다. 대한 자강회는 고종 강제 퇴위 반대 운동을 일으켰다. 1907년, 안창호, 이승훈, 양기탁 등이 만든 (②   )는 학교를 세워 민족 교육에 힘쓰고, 회사와 서점을 운영하면서 민족 산업을 키우고, 민족 문화를 개발하였다. 또한 만주 삼원보에 독립운동 기지를 세워 무장 투쟁을 할 수 있는 기반을 닦았다. 신민회는 1911년 (③   )으로 해체되었다. 한편 경제 자립 운동으로 일제에 진 빚을 국민의 힘으로 갚자는 (④   )이 일어났다.

4. 일제가 한·일 병합 조약 뒤 설치한 조선 총독부는 1910년대에 우리나라를 어떻게 지배했나요? (   ) 안에 알맞은 내용을 〈보기〉에서 골라 쓰세요.

〈보기〉 헌병, 토지 조사 사업, 무단 통치, 회사령

총독부는 (①   ) 아래 헌병 경찰 제도를 실시해 힘으로 우리 민족을 지배했다.
총독부는 전국에 (②   )을 배치하고 의병을 탄압하였으며, 애국 운동 단체들을 해산시키고 애국지사들을 잡아들였다. 학교에서도 교사들이 제복을 입고 칼을 차게 했고, 일본어를 중심으로 가르치며 고등 교육은 시키지 않았다. 우리나라 사람들을 일제의 지배에 순순히 따르게 하려고 말이다. 또한 (③   )을 벌여 토지를 빼앗아 갔고, (④   )을 공포해 민족 산업의 발전을 막았다.

5. 일제의 무단 통치에 대해 우리 민족은 어떻게 맞섰나요? (   ) 안에 알맞은 내용을 〈보기〉에서 골라 쓰세요.

〈보기〉 2·8 독립 선언, 대한민국 임시 정부, 3·1 운동, 민족 자결주의

일제의 무단 통치에 맞서 1919년, (①   )이 일어났다. 3·1 운동은 윌슨이 주장한 (②   )와 일본 유학생들이 벌인 (③   )의 영향을 받아 일어났다. 민족 대표들이 태화관에서 독립 선언서를 발표하고, 학생과 시민들이 탑골 공원에서 만세 운동을 전개하면서 전국적으로 퍼져 나갔다. 3·1 운동을 계기로 중국 상하이에 (④   )가 세워져 독립운동을 이끌게 되었다.

6. 3·1 운동을 계기로 대한민국 임시 정부가 세워졌어요. 대한민국 임시 정부는 어떻게 운영되었을까요? (   ) 안에 알맞은 내용을 〈보기〉에서 골라 쓰세요.

〈보기〉 연통제, 〈독립신문〉, 중국 상하이, 교통국, 독립 공채

대한민국 임시 정부는 일제의 영향력이 미치지 않고, 외교 활동을 벌이기 쉬운 (①   )에 본부를 두었다. 임시 정부는 먼저 독립운동 자금을 마련하기 위해 (②   )를 발행했고, 나라 안팎의 항일 세력과 연락을 주고받을 수 있도록 통신 기관인 (③   )과 지방 행정 기관인 (④   )를 두었다. 또한 (⑤   )을 만들어 국내외 동포들한테 독립운동 소식을 알렸다.

1. 일제가 을사조약을 맺기 전, 한반도 지배권을 차지하기 위해 벌인 활동이에요. 다음 설명이 가리키는 것은 무엇인가요? (   ) 안에 알맞은 내용을 〈보기〉에서 골라 쓰세요.

   〈보기〉 포츠머스 조약, 가쓰라–태프트 밀약, 영·일 동맹

   (1) 영국한테 한국 침략을 인정받았다. →
   (2) 미국한테 한국을 식민지로 삼는 것을 인정받았다. →
   (3) 러·일 전쟁에서 이긴 뒤 체결하였다. →

2. 우리 민족이 을사조약에 반대해 벌였던 일들이에요. 다음 사건과 관련된 사람은 누구인가요? 〈보기〉에서 골라 쓰세요.

   〈보기〉 민영환, 고종, 이재명

   (1) 동포들한테 유서를 남기고 스스로 목숨을 끊었다. →
   (2) 만국 평화 회의가 열리는 헤이그에 특사를 보냈다. →
   (3) 을사오적 가운데 한 명인 이완용을 없애려고 하였다. →

3. 일제가 벌인 다음 사실들과 관련된 사건은 무엇일까요?

   • 고종을 강제로 퇴위시켰다.
   • 대한 제국 군대를 강제로 해산했다.
   • 한·일 신협약을 체결하였다.

4. 다음 설명이 가리키는 단체는 무엇인가요?

- 1907년에 안창호, 이승훈 등이 만든 비밀 단체이다.
- 만주 삼원보에 신흥 강습소를 세운 뒤 나중에 신흥 무관 학교로 바꿔 독립군을 길러 냈다.
- 일제가 데라우치 총독을 암살하려 했다는 구실을 만들어 일으킨 105인 사건으로 해체되었다.

5. 다음 설명을 읽고 잘못된 것을 바르게 고쳐 쓰세요.

(1) 〈독립신문〉은 양기탁과 베델이 발행인으로 참여하여 일제의 침략을 비판하는 논설, 민족 운동에 관한 기사들을 실어 독립 정신을 드높였다.

(2) 〈황성신문〉은 을사조약을 반대하는 안창호의 '시일야방성대곡'을 실었다.

6. 다음 설명이 가리키는 민족 운동은 무엇인가요?

- 대구에서 시작했고, 전국적으로 퍼져 나갔다.
- 일제에 진 빚을 갚기 위해 남자들은 술과 담배를 끊고, 여자들은 반지 등의 장신구를 내며 모금 운동에 참여하였다.
- 통감부의 방해로 중지되었다.

7. 다음 중 3·1 운동의 배경이 되는 것을 모두 골라 보세요.
   ① 미국 대통령 윌슨의 민족 자결주의
   ② 일본 유학생들의 2·8 독립 선언
   ③ 일제의 헌병 경찰 통치에 대한 저항
   ④ 중국의 5·4 운동

8. 다음 설명이 가리키는 민족 운동은 무엇인가요?

   - 종교계를 중심으로 한 민족 지도자들과 학생들이 중심이 되어 일어났다.
   - 전 국민이 참여한 만세 운동이었다.
   - 일제는 무력으로 진압하였고, 이 과정에서 유관순 등 많은 사람이 죽고 화성 제암리 주민들이 학살당했다.
   - 대한민국 임시 정부가 세워지는 계기가 되었다.

9. 다음과 같이 독립운동을 한 기관은 어디인가요?

   - 파리 강화 회의에 우리나라 대표로 김규식을 보내 독립 의지를 알렸다.
   - 국내 비밀 행정 조직망으로 연통제를 두었다.
   - 〈독립신문〉을 펴내 독립운동 소식을 알렸다.

일제는 우리나라와 강제로 을사조약, 한·일 병합 조약 등을 맺어 우리의 국권을 빼앗아 식민지로 삼았어요. 이에 대해 우리 민족은 거세게 저항 운동을 벌였지요. 이 가운데 신돌석, 안중근, 유관순 등의 활약은 일제의 간담을 서늘하게 만들었어요. 이들의 독립운동을 생각하며 한 사람을 골라 감사의 편지를 써 보세요.

*주의할 점: 당시 시대 상황과 이들의 활동이 갖는 역사적 의의를 생각하며 편지를 써 보세요.

2장
식민 정책에 맞서 민족 운동이 전개되다

3·1 운동 뒤 일제는 문화 통치를 실시하여 우리 민족을 분열시켰어. 우리 민족은 나라 안에서는 민족 운동을 일으키고, 나라 밖에서는 무장 독립 투쟁을 펼쳤지. 대한민국 임시 정부는 대일 전쟁에 참가하며 광복을 준비했어.

1. 일제가 우리 민족을 식민지로 삼은 다음 어떻게 지배했는지 연대별로 정리해 봅시다. (   ) 안에 알맞은 내용을 〈보기〉에서 골라 쓰세요.

〈보기〉 산미 증식 계획, 문화 통치, 민족 말살 통치, 친일파, 민족 분열, 국가 총동원법, 신사 참배, 황국 신민화, 헌병 경찰

시대	통치 방식	경제적 수탈
1910년대	●무단 통치 · 군인 출신의 총독 파견 · (①)을 앞세워 강압적으로 지배 · 언론, 집회, 결사의 자유 억압 · 교사들이 제복을 입고 칼을 참	●토지 조사 사업 실시 → 농민 몰락 ●회사령 실시 → 민족 기업 억압
1920년대	●(②) · 일반인 총독 파견 약속했으나 이루어지지 않음 · 보통 경찰 제도 실시했으나 경찰 수 증가 · 한글 신문 허가했으나, 신문 사전 검열하고 기사 삭제 · 교육 기회 넓혔으나 (③) 양성 → 일제의 탄압이 더 교묘해지고 심화됨. (④), 친일파 양성	●(⑤) 실시 → 우리나라의 식량 사정이 더욱 나빠짐 ●회사령 폐지 → 일본 기업 성장
1930년대 이후	●(⑥) · 내선일체, (⑦) · 일본 이름으로 바꿀 것 강요 · (⑧) 강요: 일본 신사에 억지로 절하게 함 · 우리말 사용 억압	●병참 기지화 정책 · (⑨) 실시 · 군수 산업 공장 건설 · 우리나라의 인적, 물적 자원 수탈: 강제 징용, 징병, 근로 정신대, 위안부 등

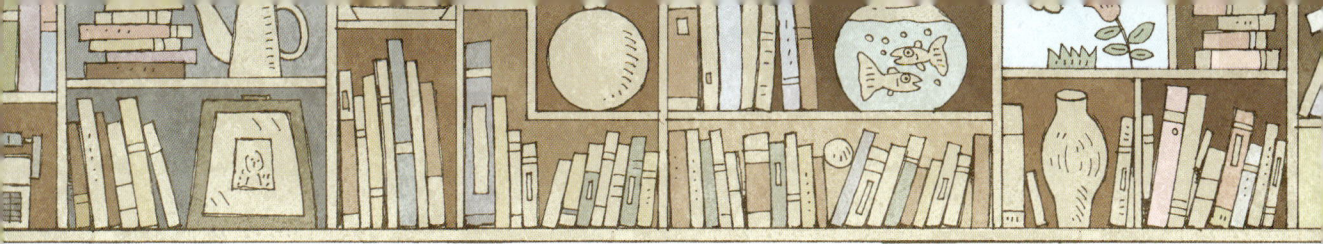

2. 일제의 식민지 지배에 맞서 나라 안에서 일어난 민족 운동으로는 어떤 것들이 있을까요? ( ) 안에 알맞은 내용을 〈보기〉에서 골라 쓰세요.

〈보기〉 광주 학생 항일 운동, 민립 대학 설립 운동, 물산 장려 운동, 6·10 만세 운동

1920년대 실력 양성 운동으로 민족 자본과 민족 산업을 키워 경제적으로 자립하자는 (①)이 일어났고, 일제의 교육 차별에 맞서 우리 힘으로 대학을 세우자는 (②)이 일어났다. 또한 1926년 순종의 장례일에 맞춰 (③)이 일어났으며, 1929년에는 우리나라 학생과 일본 학생 사이의 다툼을 계기로 식민지 교육 정책과 일제의 차별에 맞서 (④)이 일어났다.

3. 일제에 맞서 나라 밖에서 일어난 무장 독립 투쟁과 의거 활동으로는 무엇이 있을까요? ( ) 안에 알맞은 내용을 〈보기〉에서 골라 쓰세요.

〈보기〉 의열단, 홍범도, 청산리 대첩, 윤봉길, 김구

1920년 6월, (①)가 이끄는 대한 독립군이 봉오동 전투에서 일본군을 크게 이겼다. 이어 10월에는 김좌진이 이끄는 북로 군정서군을 중심으로 여러 독립군 부대가 힘을 합쳐 일본군을 무찔렀다. 이를 (②)이라 한다. 애국지사들이 벌인 의거 활동으로는 김원봉이 이끈 (③) 단원 김익상의 조선 총독부 폭탄 투척, 김상옥의 종로 경찰서 폭탄 투척 등이 있으며, (④)가 만든 한인 애국단 단원 이봉창의 일본 국왕 마차 폭탄 투척, (⑤)의 상하이 훙커우 공원에서 열린 일본군 승전 기념식장 폭탄 투척 등이 있다.

4. 1920년대에 우리나라 농민들과 노동자들이 전개한 운동이에요. (   ) 안에 알맞은 내용을 〈보기〉에서 골라 쓰세요.

   〈보기〉 노동 쟁의, 소작 쟁의, 항일 운동

   농민들이 일본인과 친일 지주의 횡포에 맞서 소작료를 내리고 소작권을 보호하라고 주장하며 (①   )를 전개하였다. 노동자들은 임금을 올리고 노동 환경을 개선해 달라고 주장하며 (②   )를 전개하였다. 이 두 운동은 모두 경제 투쟁을 벌이며 (③   )으로 발전해 갔다.

5. 다음은 신간회의 활동이에요. (   ) 안에 알맞은 내용을 〈보기〉에서 골라 쓰세요.

   〈보기〉 노동 쟁의, 야학, 광주 학생 항일 운동, 연설회

   신간회는 일제의 식민 통치를 비판하며 민족의식과 항일 정신을 길러 주기 위해 전국 곳곳을 돌아다니며 강연회나 (①   )를 열었다. 또한 (②   )을 열어 노동자와 농민들을 계몽하기도 하고, (③   ), 소작 쟁의, 동맹 휴학 등을 이끌었으며, 협동조합 운동도 펼쳐 나갔다. (④   )이 일어났을 때는 일본 경찰이 우리 학생들을 부당하게 대우한 것에 항의하며, 3·1 운동 같은 전국적인 독립운동으로 펼쳐지도록 계획을 세우기도 했다.

6. 1930년대 이후 우리 민족이 일제의 민족 말살 통치에 맞서 민족 문화와 민족정신을 지키기 위해 한 일들로는 무엇이 있을까요? (   ) 안에 알맞은 내용을 〈보기〉에서 골라 쓰세요.

〈보기〉 윤동주, 신채호, 대종교, 조선어 학회, 나운규

국어 학자들은 (①   )를 중심으로 한글을 연구하고 퍼뜨리기 위해 애썼으며 한글 맞춤법 통일안과 표준어를 제정하였다. 일제의 식민 사관과 역사 왜곡에 맞서 박은식, (②   ) 등은 민족주의 사학을 발전시켰다. 또한 (③   )가 단군 신앙으로 민족의식을 드높였고, 개신교 신도들이 신사 참배를 하지 않는 등 종교 단체들도 일제에 저항하였다. 문학에서는 한용운, 심훈, (④   ), 이육사, 이상화 등이 글을 써서 저항하였으며, 영화에서는 (⑤   )가 〈아리랑〉을 제작해 항일 의식을 드러냈다.

7. 일제 말 대한민국 임시 정부가 일제에 맞서 한 일들은 무엇인가요?
(   ) 안에 알맞은 내용을 〈보기〉에서 골라 쓰세요.

〈보기〉 1945년, 한국광복군, 태평양 전쟁

대한민국 임시 정부는 1940년 (①   )을 만들어 독립 전쟁을 추진하였다. 한국광복군은 1941년 (②   )이 일어나자 일본에 선전 포고를 하고 연합군과 협력하며 독립 전쟁을 전개하였고, 인도, 미얀마 등에서 영국과 대일 연합 작전을 펼치기도 했다. 또한 한국광복군은 미군에게 특수 훈련을 받고 국내 진공 작전을 준비하였지만, (③   ) 8월 15일 일제의 항복으로 실행되지는 못하였다.

1. 일제가 3·1 운동을 계기로 무단 통치의 한계를 느끼고 새롭게 실시한 정책은 무엇인가요?

2. 일제가 실시한 문화 통치에 대한 설명으로 알맞은 것은 무엇인가요?
   ① 일반인을 총독으로 보내 우리 민족의 문화와 전통을 존중하였다.
   ② 친일파를 길러 민족을 분열시켰다.
   ③ 헌병 경찰을 앞세워 무력으로 우리 민족을 다스렸다.
   ④ 산미 증식 계획을 실시해 우리나라의 식량 사정이 좋아졌다.

3. 다음은 무슨 사건에 대한 설명인가요?

   > 1920년 일제는 봉오동 전투와 청산리 대첩에서 크게 진 뒤, 이에 대한 보복으로 간도 지역에 살고 있던 우리 동포들을 학살하였다.

4. 우리 민족이 만주와 간도 지역을 중심으로 독립운동 기지를 세울 수 있었던 배경은 무엇일까요?

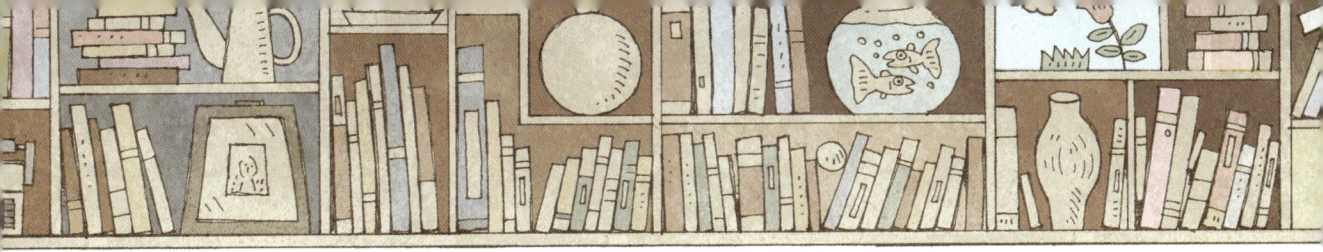

5. 다음은 무엇에 대한 설명인가요?

> • 1927년, 민족주의 계열과 사회주의 계열의 민족 지도자들이 함께 만들었다.
> • 가장 큰 정치·사회 단체로 전국에 지부를 두었다.
> • 강연회 등을 통해 일제 식민 지배를 비판하고 민족의식을 드높였다.
> • 광주 학생 항일 운동이 전국적인 만세 시위로 확산되도록 지원하였다.
> • 자매 단체로 여성 단체들이 모여 만든 근우회가 있었다.

6. 일제가 시행한 다음 정책들과 관계있는 일제의 통치 방식은 무엇인가요?

> • 일본 이름으로 바꾸기, 신사 참배, 황국 신민 서사 외우기 등을 강요하였다.
> • 우리나라 청년들을 지원병, 학도병으로 일제의 전쟁터로 끌고 갔다.
> • 강제 징용을 실시해 군수 공장, 광산 등에서 일을 시켰다.
> • 여자 근로 정신대라는 이름으로 여자들을 군수 공장으로 데려가 일을 시켰다.
> • 우리나라 여성들을 전쟁터로 끌고 다니며 강제로 일본군 위안부 노릇을 하게 했다.
> • 무기를 만들기 위해 놋그릇, 수저, 학교 종 등을 빼앗아 갔다.

7. 다음은 무엇에 대한 설명인가요?

> • 임시 정부가 독립운동 세력을 모아 만든 군대이다.
> • 총사령관은 지청천, 참모장은 이범석이다.
> • 중국 곳곳에서 중국군과 협력하여 대일 전쟁을 벌였다.

8. 다음 설명이 가리키는 것은 무엇일까요?

〈보기〉 대종교, 진단 학회, 이중섭, 전형필

(1) 이병도, 손진태 등이 만들어 우리 역사 연구에 힘쓰고 〈진단 학보〉를 펴냈다.
→

(2) 1909년에 나철, 오기호 등이 단군 신앙을 근본으로 창시했으며, 1920년 청산리 대첩을 이끈 북로 군정서군의 장병 대부분이 이 종교의 신도였다.
→

(3) 일제 강점기에 민족 문화재를 연구하고, 자기 재산으로 문화재를 모아 우리 문화재가 외국으로 팔려 나가는 것을 막았으며, 광복 뒤 간송 미술관을 세웠다.
→

(4) 우리 민족의 정서가 담긴 그림을 그렸으며, 특히 우리 민족과 친근한 소 그림을 많이 그렸다. →

일제 강점기에는 일제에 맞서 민족 실력 양성 운동, 무장 독립 투쟁, 애국지사들의 의거 등이 일어났어요. 또한 문화 예술가들은 작품으로 일제에 저항했어요.
내가 일제 강점기에 살았다면 일제의 지배에 대해 어떻게 저항했을까요?
자기 생각을 자유롭게 써 보세요.

*주의할 점: 내 성격과 내가 잘하는 것이 무엇인지 등을 생각하며 자신한테 잘 맞는 저항 방법을 찾아 솔직하게 쓰면 됩니다.

3장
광복된 뒤 나라가 나누어지다

1945년 우리 민족은 마침내 광복을 맞이했어. 하지만 북위 38도선을 경계로 남과 북에 각각 미군과 소련군의 군정이 실시되었지. 결국 남과 북에는 서로 다른 정부가 세워지고, 6·25 전쟁이라는 민족적 비극을 겪게 되었어.

1. 우리나라 광복의 결정적인 계기가 된 사건에 대한 내용이에요. (   ) 안에 알맞은 내용을 <보기>에서 골라 쓰세요.

<보기> 제2차 세계 대전, 원자 폭탄, 연합국, 추축국

우리 민족의 독립운동이 광복의 밑거름이 되었다면, 광복을 맞게 된 결정적인 계기는 (①   )에서 (②   )이 승리한 것이다. 제2차 세계 대전은 (③   )인 독일, 이탈리아, 일본과 연합국인 영국, 프랑스, 중국, 미국 등 세계가 두 편으로 나뉘어 벌인 전쟁이다. 전쟁이 진행되면서 이탈리아와 독일이 차례로 항복했고, 일본은 끈질기게 버텼다. 그러자 미국이 히로시마와 나가사키에 (④   )을 떨어뜨렸다. 두 도시가 철저히 파괴되고, 수십만 명이 목숨을 잃거나 크게 다쳤다. 결국 일본 국왕이 연합국에 무조건 항복하면서 식민지였던 우리나라는 해방이 되었다.

2. 우리나라가 광복된 뒤 무슨 일들이 있었을까요? (   ) 안에 알맞은 내용을 <보기>에서 골라 쓰세요.

<보기> 군정, 광복, 여운형, 소련군

우리나라는 1945년 8월 15일, (①   )을 맞이하였다. (②   )은 조선 건국 준비 위원회를 결성해 사회 질서를 유지하고 독립 국가를 세울 준비를 하였다. 하지만 일본군을 몰아낸다는 구실로 국내에 들어온 미군과 소련군은 북위 38도선을 군사 분계선으로 설정한 뒤, 북한에서는 (③   )이 남한에서는 미군이 (④   )을 실시하였다.

3. 다음은 남한과 북한에 단독 정부가 세워지는 과정이에요. ( ) 안에 알맞은 내용을 〈보기〉에서 골라 쓰세요.

〈보기〉 1948년 5월 10일, 모스크바 3국 외상 회의, 남북 협상

8·15 광복 → (①   )(1945년 12월, 신탁 통치안과 임시 정부 수립을 위한 미·소 공동 위원회 개최 의결) → 미·소 공동 위원회 결렬 → 우리나라 문제를 유엔에 상정 → 김구, 김규식 (②   ) 추진(실패) → 남한만의 총선거 실시 (③   ) → 남한, 헌법 제정·공포(1948년 7월 17일) → 대한민국 정부 수립(1948년 8월 15일) → 북한, 공산 정권인 조선 민주주의 인민 공화국 수립(1948년 9월 9일)

4. 우리 민족 최대의 비극인 6·25 전쟁은 어떻게 전개되었을까요? ( ) 안에 알맞은 내용을 〈보기〉에서 골라 쓰세요.

〈보기〉 1950년 6월 25일, 1953년 7월, 인천 상륙 작전

북한 남침(①   ) → 국군 후퇴, 정부 부산으로 피란 → 유엔군 파병 결정 → 유엔군의 (②   )으로 서울 되찾음(1950년 9월 28일), 압록강 진격 → 중국군 참전으로 1·4 후퇴 → 38도선 부근에서 치열한 공방 → 휴전 협정 체결(③   )

1. 우리나라가 광복을 맞이할 수 있었던 배경은 무엇일까요? 알맞은 것을 모두 골라 보세요.

   ① 우리 민족의 독립운동이 끈질기게 이어졌으며, 임시 정부의 한국광복군이 연합군과 함께 일본군에 맞서 싸웠다.
   ② 제2차 세계 대전에서 연합국이 승리하였다.
   ③ 미국과 소련이 대립하고 냉전이 심해졌다.
   ④ 건국 준비 위원회가 사회 질서를 유지하며 나라를 세울 준비를 하였다.

2. 다음은 무엇에 대한 설명인가요?

   > 1945년 12월 미국, 영국, 소련의 3개국 외상들이 모인 회의이다. 우리나라에 임시 정부를 세우기 위한 미·소 공동 위원회를 설치하고, 미국, 영국, 중국, 소련이 최고 5년간 신탁 통치하기로 결정했다.

3. 다음 설명이 가리키는 것은 무엇일까요? 〈보기〉에서 골라 쓰세요.

   〈보기〉 신탁 통치, 조선 건국 준비 위원회, 남북 협상

   (1) 여운형이 건국을 준비하기 위해 만든 조선 건국 동맹을 중심으로 민족주의 계열과 사회주의 세력을 모아 만들었다. →
   (2) 강대국이 독립할 능력이 없는 나라를 정해진 기간 동안 대신 통치하는 것으로, 민족주의 세력을 중심으로 반대 운동이 일어났다. →
   (3) 김구와 김규식이 남한만의 단독 정부 수립을 막고 통일 정부를 세우기 위해 추진하였다. →

4. 우리나라가 광복 뒤 곧바로 독립 국가를 세우지 못한 가장 큰 이유는 무엇일까요?

① 독립 국가를 세우려는 우리 민족의 의지가 약했다.

② 한반도를 둘러싸고 미국과 소련이 대립하였다.

③ 일본이 방해하였다.

④ 나라를 세울 준비를 하지 못했다.

5. 대한민국 정부가 세워진 것은 역사적으로 무슨 의의가 있을까요? 알맞은 것을 모두 고르세요.

① 우리 민족이 우리 국토에 가장 처음 세운 민주 공화국이다.

② 유엔 총회에서 한반도의 유일한 합법 정부로 승인하였다.

③ 민족주의 세력과 공산주의 세력이 모두 힘을 합쳐 만든 정부이다.

④ 국제적으로 정통성을 인정받았다.

6. 6·25 전쟁에 대한 설명이에요. 잘못된 것을 찾아 바르게 고쳐 쓰세요.

① 1950년에 북한의 남침으로 시작되어 1953년까지 3년 동안 전개되었다.

② 북한은 소련과 중국의 지원을 받았다.

③ 유엔군이 참전하여 북한을 도왔다.

④ 남한, 북한, 유엔군 등 전쟁 당사국들이 모두 모여 휴전 협정을 맺었다.

⑤ 전쟁으로 남북한은 인적, 물적, 정신적으로 큰 피해를 입었다.

⑥ 한반도의 분단이 고착화되고, 남북한 사이에 적대감이 깊어졌다.

내가 만약 6·25 전쟁으로 부모님을 잃고 고아가 되었다면 어떻게 살아갔을까요? 그때 그 시절을 생각하며 자신의 삶이 어떻게 되었을지 써 보세요.

*주의할 점: 6·25 전쟁이 남긴 상처와 힘겨운 상황을 생각하며 진지하게 쓰면 됩니다.

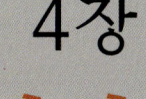

대한민국, 전쟁의 상처를 딛고 발전하다

이승만 독재 정부는 4·19 혁명으로 무너지고, 이어 5·16 군사 정변으로 세워진 박정희 정부도 장기 집권과 독재를 펼쳤어. 뒤이어 신군부 세력이 권력을 차지했고, 6월 항쟁 이후 우리나라는 민주주의의 길로 들어섰지.

1. 우리나라에 대한민국 정부가 세워진 뒤 민주화되어 온 과정이에요.
   ( ) 안에 알맞은 내용을 〈보기〉에서 골라 쓰세요.

   〈보기〉 5·16 군사 정변, 4·19 혁명, 6·29 민주화 선언, 5·18 민주화 운동

   이승만 정부 → 1960년, (①   ) → 장면 내각 → 1961년,
   (②   ) → 박정희 정부 → 1979년, 부·마 항쟁 → 1979년, 12·12 사태 →
   1980년, (③   ) → 전두환 정부 → 1987년, 6월 민주 항쟁 → 1987년,
   (④   ) → 노태우 정부 → 김영삼 정부 → 김대중 정부 → 노무현 정부 →
   이명박 정부 → 박근혜 정부

2. 6·25 전쟁 뒤 우리나라의 경제는 어떻게 발전되어 왔을까요?
   ( ) 안에 알맞은 내용을 〈보기〉에서 골라 쓰세요.

   〈보기〉 3저 호황, 경제 개발 5개년 계획, FTA, 외환 위기

   (①   )이 추진되어 1960년대에는 경공업이 발전하였고, 1970년대에는 중화학 공업이 발전하여 수출이 늘어났다. 또한 새마을 운동이 추진되어 농촌의 환경이 개선되고 소득이 늘어났다. 1980년대 중반에는 저환율, 저금리, 저유가라는 (②   )으로 경제가 발전하였다. 1997년에는 (③   )로 경제적으로 어려웠지만 정부와 국민이 힘을 합쳐 극복하고, 2000년대 들어 세계 여러 나라들과 자유 무역 협정(④   )을 맺게 되었다.

3. 6·25 전쟁 뒤, 적대감이 깊었던 남한과 북한의 관계는 1970년대부터 달라지기 시작했어요. 어떻게 달라졌을까요? ( ) 안에 알맞은 내용을 〈보기〉에서 골라 쓰세요.

〈보기〉 이산가족, 7·4 남북 공동 성명, 남북 정상, 유엔

1970년대	• 1972년, (①　　　　　　　): 자주 통일, 평화 통일, 민족 대단결의 3대 원칙 합의 • 1973년, 6·23 선언: 남북한 유엔 동시 가입 제안
1980년대	• (②　　　　　　) 만남, 예술 공연단 교환 방문
1990년대	• 1991년 탁구와 축구 단일팀 구성, 남북한 (③　　　　　) 동시 가입, 남북 기본 합의서 채택, 한반도 비핵화 공동 선언, 북한에 식량과 비료 지원
2000년대	• 남북 경제 협력 교류 확대(금강산 관광 사업), (④　　　　　) 회담, 6·15 남북 공동 선언

1. 다음은 6·25 전쟁 뒤에 일어난 중요 사건들이에요. 맞으면 ○표시하고, 틀리면 바르게 고쳐 쓰세요.

(1) 1960년 3·15 부정 선거를 계기로 일어난 4·19 혁명은 자유 민주주의를 지키기 위하여 일으킨 민주 혁명이었다.

(2) 5·16 군사 정변 뒤 대통령에 당선된 박정희는 한·일 협정을 맺고 베트남에 군대를 보냈다.

(3) 이승만은 1972년 10월 유신으로 통일 주체 국민 회의에서 대통령을 뽑게 하는 등 독재 체제를 강화하였다.

(4) 1980년 대구에서 일어난 5·18 민주화 운동은 이후 민주화 운동의 밑거름이 되었다.

(5) 1987년 6·29 민주화 선언으로 대통령을 간접 선거로 뽑게 되었다.

(6) 노태우 정부는 북방 정책을 추진하여 사회주의 국가들과 국교를 수립하였다.

(7) 김영삼 정부는 금융 실명제, 지방 자치제 등을 실시하였으며, 외환 위기로 경제적 어려움을 겪었다.

(8) 2000년, 김영삼은 북한에 가서 남북 정상 회담을 가졌다.

2. 다음 설명이 가리키는 사건은 무엇인가요?

- 부정 선거에 맞서 마산에서 시위가 시작되어 전국적으로 확산되었다.
- 이승만이 물러나고 자유당 정권이 무너졌다.
- 국민들의 힘으로 자유와 권리를 지키고 민주주의 이념을 실현하려고 하였다.

3. 우리나라의 민주주의가 발전하는 데 중요한 계기가 되었던 사건을 모두 골라 보세요.

① 4·19 혁명　　② 5·16 군사 정변　　③ 12·12 사태
④ 5·18 민주화 운동　　⑤ 6월 민주 항쟁

4. 다음 내용을 보고 서로 관련 있는 것끼리 연결해 보세요.

① 새마을 운동　　　　　ㄱ. 나라와 나라가 상품을 자유롭게 사고팔기 위해서 무역 활동에 방해가 되는 관세 같은 것들을 없앴다.

② 경제 개발 계획　　　　ㄴ. 5년마다 실시되어 수출이 늘어났다.

③ 외환 위기　　　　　　ㄷ. 기본 정신으로 근면, 자조, 협동을 내세웠다.

④ 자유 무역 협정(FTA)　　ㄹ. 국제 기구인 국제 통화 기금(IMF)에서 외환을 빌렸다.

5. 다음은 북한에서 벌인 운동이에요. 무엇일까요?

- 하루에 천 리를 달리는 천리마와 같은 속도로 사회주의 경제를 세우자는 운동이다.
- 북한 주민들이 열심히 일해 생산량을 높일 수 있도록 벌인 운동이다.
- 주민을 공산주의 체제에 순순히 따르는 인간형으로 만들려고 하는 뜻도 있었다.

6. 남한과 북한이 화해하면서 이루어진 일들이에요. 다음 내용과 관련된 것을 〈보기〉에서 찾아 쓰세요.

〈보기〉 1971년 남북 적십자 회담 제의, 1973년 6·23 선언,
1972년 7·4 남북 공동 성명, 2000년 6·15 남북 공동 선언,
1991년 남북한 유엔 동시 가입

(1) 이산가족 찾기, 남북 대화의 계기를 마련하였다.
→
(2) 자주, 평화, 민족 대단결이라는 3대 원칙 및 통일 문제를 협의하기 위해 남북 조절 위원회를 설치하였다. →
(3) 모든 국가에 문호를 개방하고, 동시에 유엔에 가입하자고 제안하였다.
→
(4) 남북한이 평화적으로 함께하는 동반자 관계라는 것을 국제 사회에 알렸다.
→
(5) 남북 정상 회담을 통해 발표되었다. →

우리나라가 통일이 된다면 무엇이 어떻게 달라질까요? 또 하고 싶은 일은 무엇인가요? 통일된 뒤의 우리나라 모습을 상상하며 자기 생각을 써 보세요.

*주의할 점: 통일이 우리 민족에 미칠 영향의 장단점을 생각하며 써 보세요.

정답

1장
일제의 침략에 맞서
항일 운동을 펼치다

역사적 사실을 정리해 보자!
1. ①을사조약 ②외교권 ③헤이그 특사
④1910년 ⑤조선 총독부
2. ①신돌석 ②전명운 ③안중근
3. ①보안회 ②신민회 ③105인 사건
④국채 보상 운동
4. ①무단 통치 ②헌병 ③토지 조사 사업
④회사령
5. ①3·1 운동 ②민족 자결주의
③2·8 독립 선언 ④대한민국 임시 정부
6. ①중국 상하이 ②독립 공채 ③교통국
④연통제 ⑤〈독립신문〉

역사를 깊이 보고 이해하자!
1. (1)영·일 동맹 (2)가쓰라-태프트 밀약
(3)포츠머스 조약
2. (1)민영환 (2)고종 (3)이재명
3. 헤이그 특사 파견
4. 신민회
5. (1)〈독립신문〉 → 〈대한매일신보〉
(2)안창호 → 장지연
6. 국채 보상 운동
7. ①, ②, ③
8. 3·1 운동
9. 대한민국 임시 정부

역사 지식을 바탕으로 논술 실력을 기르자!
예시: 유관순 님, 안녕하세요.
저는 ○○○예요.
우리나라 역사책을 읽다가 유관순 님이 아주 자랑스럽고 존경스러워 편지를 썼어요.
일제 헌병 경찰들에 대해서는 말만 들어도 무서운데, 유관순 님은 어떻게 그렇게 용감하게 일제에 맞서 싸우셨나요? 일제 헌병이 때리고 고문하는데도 감옥에서 만세 운동을 벌이다니요. 저보다 몇 살 많지 않은 그 나이에 어떻게 그런 용기가 생겼나요? 저 같으면 견디지 못했을 것 같아요.
유관순 님 같은 분들이 그렇게 목숨을 걸고 만세 운동을 벌이고, 끈질기게 독립운동을 벌였기 때문에 우리나라가 광복을 맞이할 수 있었다고 생각해요. 덕분에 저는 지금 독립된 나라에서 학교에 다니며 편안하게 살고 있어요.
유관순 님 정말 감사해요. 저도 이제 열심히 공부하며 나라와 민족을 위해 할 수 있는 일이 무엇인지 생각해 보겠어요. 유관순 님의 희생이 헛되지 않게요. 그리고 제가 힘들 때는 늘 유관순 님을 생각하며 이겨 나가겠어요. 저를 응원해 주세요.
유관순 님께 감사드리며,
○○○ 드림

2장
식민 정책에 맞서
민족 운동이 전개되다

역사적 사실을 정리해 보자!
1. ①헌병 경찰 ②문화 통치 ③친일파
④민족 분열 ⑤산미 증식 계획 ⑥민족 말살 통치
⑦황국 신민화 ⑧신사 참배 ⑨국가 총동원법
2. ①물산 장려 운동 ②민립 대학 설립 운동
③6·10 만세 운동 ④광주 학생 항일 운동
3. ①홍범도 ②청산리 대첩 ③의열단 ④김구
⑤윤봉길
4. ①소작 쟁의 ②노동 쟁의 ③항일 운동
5. ①연설회 ②야학 ③노동 쟁의
④광주 학생 항일 운동

6. ①조선어 학회 ②신채호 ③대종교 ④윤동주 ⑤나운규
7. ①한국광복군 ②태평양 전쟁 ③1945년

역사를 깊이 보고 이해하자!
1. 문화 통치
2. ②
3. 간도 참변
4. 우리 동포들이 많이 살고 있었기 때문에
5. 신간회
6. 민족 말살 통치
7. 한국광복군
8. (1)진단 학회 (2)대종교 (3)전형필 (4)이중섭

역사 지식을 바탕으로 논술 실력을 기르자!
예시: 나는 겁이 많아 무장 독립 투쟁이나 의거 활동은 하지 못했을 것 같다. 대신 야학을 통해 학교에 가지 못하는 아이들이나 글을 배우지 못한 어른들한테 우리말과 역사를 가르쳤을 것이다. 우리나라가 일제의 식민지가 된 것은 무엇보다도 남의 나라를 빼앗아 자기 나라 잇속을 챙기려는 일제에 큰 책임이 있다. 하지만 힘과 실력을 기르지 못하고 다른 나라들한테 이용만 당한 우리 민족한테도 책임이 있다. 우리 민족이 힘과 실력을 기르고 변화하는 국제 정세에 잘 대처했다면 일제가 우리나라를 차지하지는 못했을 것이다. 힘과 실력을 기르려면 먼저 국민들이 모두 글을 읽고 쓸 수 있어야 한다. 그래야 신문, 책 등을 읽고 일제를 물리칠 수 있는 길을 찾고, 국제 정세를 정확히 파악해 대처할 수 있다. 따라서 나는 많은 국민들이 우리말과 역사를 알고 세상이 어떻게 돌아가는지 알게 함으로써 민족의 힘을 기르는 데 보탬이 되었을 것이다.

3장
광복된 뒤 나라가 나누어지다

역사적 사실을 정리해 보자!
1. ①제2차 세계 대전 ②연합국 ③추축국 ④원자 폭탄
2. ①광복 ②여운형 ③소련군 ④군정
3. ①모스크바 3국 외상 회의 ②남북 협상 ③1948년 5월 10일
4. ①1950년 6월 25일 ②인천 상륙 작전 ③1953년 7월

역사를 깊이 보고 이해하자!
1. ①, ②
2. 모스크바 3국 외상 회의
3. (1)조선 건국 준비 위원회 (2)신탁 통치 (3)남북 협상
4. ②
5. ①, ②, ④
6. ③유엔군이 참전하여 북한을 도왔다. → 남한을 도왔다.
④남한, 북한, 유엔군 등 전쟁 당사국들이 모두 모여 휴전 협정을 맺었다. → 북한, 유엔군 등 전쟁 당사국들이 모여 휴전 협정을 맺었다. (남한은 군사 작전권을 유엔에 넘겨 참여하지 못함)

역사 지식을 바탕으로 논술 실력을 기르자!
예시: 고아가 되었다면 무척이나 슬프고 당황했을 것이다. 집도 부서지고 부모님도 없으니 친척집을 가거나, 친척도 없다면 고아가 된 아이들과 어울려 다녔을 것이다. 그러다 고아원에 들어가게 되어 처음에는 적응하지 못해 뛰쳐나왔을 것이다. 하지만 차츰 앞날을 생각하며 고아원에 돌아가 마

음을 잡고 열심히 공부했을 것이다. 학교도 많이 부서졌으니 천막으로 대충 만든 학교에서 공부를 했겠지. 먹고 싶은 것을 먹기는커녕 굶는 날도 많았겠지. 하지만 포기하지 않고 공부했을 것이다. 대학에도 들어가 장학금을 받을 수 있도록 열심히 공부했을 것이다. 또한 이 일 저 일 할 수 있는 일은 모두 하며 생활비를 벌었을 것이다. 대학을 졸업한 뒤에는 학교 선생님이 되어 가정 형편이 어려운 학생들이 어려움을 이겨 내고 공부할 수 있도록 격려하고 이끌어 주었을 것이다.

4장
대한민국, 전쟁의 상처를 딛고 발전하다

역사적 사실을 정리해 보자!
1. ①4·19 혁명 ②5·16 군사 정변 ③5·18 민주화 운동 ④6·29 민주화 선언
2. ①경제 개발 5개년 계획 ②3저 호황 ③외환 위기 ④FTA
3. ①7·4 남북 공동 성명 ②이산가족 ③유엔 ④남북 정상

역사를 깊이 보고 이해하자!
1. (1)○ (2)○ (3)이승만 → 박정희 (4)대구 → 광주 (5)간접 → 직접 (6)○ (7)○ (8)김영삼 → 김대중
2. 4·19 혁명
3. ①, ④, ⑤
4. ①-ㄷ ②-ㄴ ③-ㄹ ④-ㄱ
5. 천리마 운동
6. (1)1971년 남북 적십자 회담 제의
(2)1972년 7·4 남북 공동 성명
(3)1973년 6·23 선언
(4)1991년 남북한 유엔 동시 가입
(5)2000년 6·15 남북 공동 선언

역사 지식을 바탕으로 논술 실력을 기르자!
예시: 통일이 되면 가장 먼저 하고 싶은 것은 한반도 남쪽에서 북쪽까지 기차를 타고 여행하는 것이다. 기차를 타는 시간은 얼마나 될까? 우리나라가 크지는 않으니 많은 시간이 걸리지는 않을 것이다. 한편 통일이 되면 무엇보다도 그동안 남한과 북한이 썼던 군사비를 줄일 수 있을 것이다. 군사비로 썼던 돈을 북한의 경제를 좋아지게 하는 데, 또 남한과 북한의 어려운 사람들을 도와주는 데 쓸 수 있을 것이다. 다음으로 우리나라가 통일되면 지금보다는 힘이 세질 것이다. 북한의 군사력과 남한의 경제력이 합쳐지니 말이다. 그러면 일본을 비롯한 여러 나라들은 우리나라를 더욱 존중하게 될 것이다. 문제는 남한과 북한의 사회, 문화가 달라 서로 적응하는 데 시간이 많이 걸릴 것 같다는 것이다. 특히 북한에서는 김일성과 그 후계자들을 숭배하고 있는데, 통일이 되면 북한 주민들은 차차 우상 숭배에서 벗어나 개인의 자유와 권리를 누릴 수 있을 것이다.

알기 쉽게 통으로 읽는

한국사 5

일제 강점기와 대한민국

알기 쉽게 통으로 읽는 한국사 5
일제 강점기와 대한민국

초판 제1쇄 발행일 2015년 1월 20일
초판 제3쇄 발행일 2020년 2월 25일
글 이진경 그림 이창우 감수 허종
발행인 윤호권 발행처 (주)시공사
주소 서울시 서초구 사임당로 82
전화 영업 2046-2800 편집 2046-2821~9
인터넷 홈페이지 www.sigongjunior.com

글 ⓒ 이진경, 2015 | 그림 ⓒ 이창우, 2015

이 책의 출판권은 (주)시공사에 있습니다. 저작권법에 의해
한국 내에서 보호받는 저작물이므로 무단 전재와 무단 복제를 금합니다.

ISBN 978-89-527-8057-7 74900
ISBN 978-89-527-8052-2 (세트)

*시공주니어 홈페이지 회원으로 가입하시면 다양한 혜택이 주어집니다.
*잘못 만들어진 책은 구입하신 서점에서 바꾸어 드립니다.

KC마크는 이 제품이 공통안전기준에 적합하였음을 의미합니다.
제조국 : 대한민국   사용 연령 : 8세 이상
주의 사항 : 책장에 손이 베이지 않게, 모서리에 다치지 않게 주의하세요.

알기 쉽게 통으로 읽는

한국사 5

일제 강점기와 대한민국

글 이진경 그림 이창우 감수 허종

시공주니어

작가의 말

애들아, 안녕!

〈알기 쉽게 통으로 읽는 한국사〉와 함께하게 되어 반가워. 나는 대학에서 역사를 공부하고, 출판사에서 역사책을 만드는 데 많은 시간을 보냈어. 지금은 아이들과 함께 책을 읽고 토론하며 생각을 나누고 싶어서 독서 지도사로 활동하고 있단다.

그동안 많은 초등학생과 중학생들을 만나 여러 가지 책을 읽고 나누는 시간을 가져 왔지. 그러면서 아이들이 역사를 많이 어려워한다는 걸 알게 되었어. 특히 우리나라 역사에 대해 너무 모른다는 것이 아주 심각하게 느껴졌어. 물론 한국사에 관심이 많고 역사 상식이 풍부한 아이들도 있지만, 대체로는 한국사를 너무 어려워하고, 그러다 보니 무관심해지는 경우가 많았어. 시험 때문에 어쩔 수 없이 공부하지만, 시험을 보고 난 뒤에는 거의 다 잊어버리고 말지. 역사를 이해하지 못하고 외우기만 하니까 금방 잊어버리는 거야. 그게 꼭 너희들의 탓은 아니야. 교과서만 읽어서는 그 사건이 왜 일어났는지, 그 영향은 무엇인지, 인물들이 왜 그렇게 행동했는지 등을 제대로 이해할 수 없으니까. 학교 선생님이 설명해 주셔도 듣고 나면 또 잊어버리기 일쑤잖니.

그래서 아이들과 함께 효과적으로 쉽게 읽을 수 있는 한국사 책을 만들고 싶어졌단다. 초·중등 역사 교과서를 통으로 풀어 쓰기로 했지. 인류의 탄생부터 현대까지 우리 역사가 어떻게 움직여 왔는지 그 흐름을 이해하고, 역사를 바꾼 중요한 사건들과 인물들을 제대로 알고 그 역사적인 의미를 생각해 볼 수 있는 책을 만들기로 한 거야. 너무 길어서 지루하지도 않고, 또 교과서처럼 너무 짧게 요약되어서 이해하기 어렵지도 않은 역사책을 말이야.

〈알기 쉽게 통으로 읽는 한국사〉는 그런 마음으로 만든 책이야. 더욱이 박물관에 계신 오영선 학예사님이 기획에 참여해 주시고, 대학에서 한국사를 가르치는 교수님들께서 내용을 감수해 주셔서 더 객관적이고 정확하며 풍부한 내용을 담고 있지. 나는 너희들이 이 책을 여러 번 되풀이해서 읽었으면 해. 역사책은 한두 번 읽어서는 내용을 다 파악할 수 없어. 몇 번 읽다 보면 흐름을 꿰뚫게 되고 중요한 내용들을 기억하게 되지. 워크북도 함께 풀어 보면서 알게 된 지식을 확인하고 다져 보면 더욱 좋겠지. 그렇게 하다 보면 한국사에 흥미도 생기고 자신감도 생길 거야. 무엇보다도 우리가 태어나고 자란 우리나라를 잘 알게 되고, 우리의 뿌리가 어디에 있는지 생각해 보게 될 거야.

이제 마지막 권이야. 일제 강점기부터 현재까지의 100여 년 역사가 담겨 있지. 우리나라가 일제의 식민지가 되는 과정을 보면서 땅을 치게 되고, 일제의 무단 통치와 이에 맞선 3·1 운동, 문화 통치와 민족 말살 통치에 맞선 무장 투쟁과 저항 운동 등을 보면서 우리 민족의 저력을 느끼게 될 거야. 광복과 6·25 전쟁, 이승만 정권과 4·19 혁명, 5·16 군사 정변과 박정희 정부, 독재에 맞선 민주화 운동들, 북한과의 관계, 사회·경제적 발전과 변화들은 오늘을 사는 우리들과 직접 맞닿아 있어. 다른 어느 시대보다도 직접적으로 우리 생활과 삶에 관여하고 있지. 그래서 어떤 면에서는 더욱 흥미로울 거야.

5권을 공부하면서는 우리가 어떻게 살고 앞으로 무엇을 준비해야 할지 생각해 보자. 나와 가족, 이웃과 나라, 인류를 위해서 말이야. 과거의 역사는 오늘로, 오늘은 내일과 미래로 이어지는 것이니, 오늘 지혜롭게 살고 최선의 선택을 하며 후손들이 더 나은 삶을 살 수 있도록 노력해 보는 거야.

이진경

차례

작가의 말 • 4

《마사코의 질문》을 통해서 본
일제 강점기 • 8

1장
일제의 침략에 맞서 항일 운동을 펼치다

1. 일제의 을사조약 강제 체결에 맞서 싸우다 • 14
   🇰🇷 이토 히로부미를 응징해 독립 정신을 드높인 안중근 • 42
2. 일제, 조선 총독부를 설치해 무단 통치하다 • 44
   🇰🇷 일제의 무단 통치 아래에서 고통받은 농민들 • 60
3. 일제의 무단 통치에 맞서 3·1 운동이 일어나고
   임시 정부가 수립되다 • 62
   🇰🇷 일제의 총칼에 맞서 싸운 소녀, 유관순 • 82

대한민 선생님의 보충 노트
독도는 우리 땅! • 84

2장
식민 정책에 맞서 민족 운동이 전개되다

1. 문화 통치로 우리 민족을 이간질하고 경제 수탈을 강화하다 • 88
   ⚒ 산미 증식 계획으로 더욱 비참해진 농민들 • 100
2. 나라 안에서 여러 갈래의 민족 운동이 일어나다 • 102
   ⚒ 소작농들이 이긴 암태도 소작 쟁의 • 122
3. 나라 밖에서 무장 독립 투쟁이 일어나다 • 124
   ⚒ 간토 대지진 때 벌어진 한국인 대학살 • 137
4. 민족 말살 정책에 맞서며 광복을 준비하다 • 138
   ⚒ 민족 운동가에서 친일파로 변절한 최남선 • 168

대한민 선생님의 보충 노트
일제 강점기 사람들은 어떻게 살았을까? • 170

3장
광복된 뒤 나라가 나누어지다

1. 광복을 맞이하고, 또다시 혼란을 겪다 • 174
    - 민족 독립과 통일에 평생을 바친 김구 • 190
2. 남한과 북한에 단독 정부가 수립되다 • 192
    - 민족의 비극, 제주도 4·3 사건 • 204
3. 6·25 전쟁으로 민족 모두 큰 고통을 겪다 • 206
    - 6·25 전쟁 속에서도 희망을 갖고 열심히 산 부산 피란민들 • 217

대한민 선생님의 보충 노트
일제에 나라와 민족을 판 친일 세력 • 218

4장
대한민국, 전쟁의 상처를 딛고 발전하다

1. 독재를 무너뜨리고 민주주의 체제를 다지다 • 222
    - 민주화의 길을 연 6월 민주 항쟁 • 263
2. 고통과 위기를 이겨 내며 경제 발전을 이루다 • 264
    - 어두운 노동자들 삶에 불을 밝혀 준 전태일 • 282
3. 남북, 적대 관계에서 화합과 통일을 향해 가다 • 284
    - 우리와 똑같이 존중받아야 할 외국인 노동자, 다문화 가정 • 298

대한민 선생님의 보충 노트
대한민국 정치·경제 10대 뉴스 • 300

찾아보기 • 302
사진 자료 제공 • 310

안녕?
나는 알통 한국사 교실의
근현대 역사 전문가 대한민 선생님이야.
지금부터 일제에 나라의 주권을 빼앗겼던 일제 강점기와,
우리가 살고 있는 대한민국이 어떻게 발전해 왔는지
살펴볼 거야. 먼저 일제 강점기의 모습을
엿볼 수 있는 책 한 권을 만나 보자.

《마사코의 질문》을 통해서 본 일제 강점기

'일제 강점기'라고 들어 봤니? 우리 민족이 일본한테 나라의 주권을 빼앗기고 일본의 지배를 받던 시대 말이야. 그럼 우리나라가 일제의 지배에서 벗어난 날은 언제일까? 1945년 8월 15일. 아마 제대로 알고 있는 친구들은 많지 않을 거야. 일제 강점기는 우리가 잊지 말아야 할 시대, 역사의 교훈으로 삼아야 할 시대인데 말이야. 다시는 우리나라가 다른 나라의 지배를 받으며 고통을 겪어서는 안 되겠지? 그러니까 우리는 눈에 불을 켜고, 귀를 쫑긋 세우고, 일제 강점기를 봐야 해.

일제 강점기에는 참으로 많은 일들이 있었어. 일제는 우리나라의 정치적 자유를 억압하고, 경제적으로 많은 것들을 빼앗아 갔어. 심지어 자기들 전쟁에 우리나라 젊은이들을 끌어가고, 여자들을 전쟁터로 끌고 다니며 일본군 위안부 노릇을 시켰어. 우리 민족 지도자, 애국지사들은 일제에 맞서 싸우며

《마사코의 질문》
손연자 글, 김재홍 그림
푸른책들

 나라를 되찾는 데 온 힘을 쏟았지. 수많은 독립운동가와 죄 없는 국민들이 일제의 탄압을 받으며 목숨을 잃고, 피를 흘렸어. 이들의 독립 투쟁과 희생을 바탕으로 우리는 일제로부터 벗어날 수 있었던 거야.
 이런 일제 강점기 때 있던 일들을 소재로 쓴 책이 《마사코의 질문》이야. 《마사코의 질문》에는 짧은 이야기 9편이 실려 있어. 이 이야기들을 읽으면 일제가 우리 민족에게 저지른 일들을 부분적으로나마 알 수 있어. 그럼 무슨 이야기들이 있는지 간단히 살펴볼까?
 먼저 '꽃잎으로 쓴 글자'는 일제가 우리 민족정신을 말살하려고 학교에서 우리말을 쓰지 못하게 한 일을 다룬 이야기야. 일본인 다나카 선생은 학교에서 우리말을 쓴 아이들을 비열한 방법으로 벌을 줘. 하지만 벌을 받은 승우는 오히려 민족의 뿌리를 지키려는 가족의 격려에 힘입어 한글을 배우지. 이 이야기를 읽으면 일제의 민족 말살 정책과 그에 저항한 우리 민족의 모습을 생생하게 느낄 수 있을 거야.
 '방구 아저씨'에서는 쌀부터 숟가락까지 빼앗아 갔던 일제의 수탈을 볼 수 있어. 일본 순사는 자신이 직접 만든 장을 뺏기지 않으려는 방구 아저씨를 곤봉

알통 한국사 교실 교사 자격증

이름: 대한민
전문 분야: 근현대

위 사람은 알통 한국사 교실의 전문가 선생님임을 증명함.

시대별 역사 전문가 선생님들과 함께 한국사를 재미있게 공부하는 곳

알통 한국사 교실

으로 내리쳐 죽이기까지 하지. 일제의 수탈과 우리 민족이 겪은 고통이 어느 정도였는지 알 수 있는 이야기야.

또 '꽃을 먹는 아이들'은 1923년에 일어난 간토 대지진 때 우리 동포들이 일본인들한테 떼죽음을 당한 사건을 다루고 있어.

'남작의 아들'은 친일 집안에서 자라는 아이가 일본인처럼 기세를 부리다 친구들과 갈등을 겪으면서 자신이 한국인이라는 정체성을 찾는 이야기야.

'잠들어라 새야'는 우리나라의 12살짜리 여자아이 은옥이가 여자 근로 정신대에 동원되어 일본 군수 공장에서 일하다 일본군 위안부로 끌려가 생활한 이야기를 담고 있어. 은옥이가 공장에서 월급도 제대로 받지 못하며 짐승 같은 생활을 하는 모습, 일본 군인들한테 수없이 당하며 고통스러워하는 모습이 가슴 아프게 그려져 있지.

'잎새에 이는 바람'은 우리 민족의 저항 시인인 윤동주에 대한 이야기야. 일본에서 유학 중이던 윤동주는 비밀 모임을 하다가 일본 경찰에 잡히게 돼. 윤동주는 감옥살이를 하다 결국 죽고 말지. 일제의 탄압과 만행을 확인할 수 있어.

이 밖에도 '긴 하루'에서는 광복 뒤 쫓겨 가는 일본인들 모습을, '흙으로 빚은 고향'에서는 일본에서 무시당하면서도 민족성을 잃지 않으며 살아가는 동포들의 모습을 볼 수 있어. 마지막 이야기인 '마사코의 질문'은 미국이 히로시마와 나가사키에 왜 원자 폭탄을 떨어뜨렸는가에 대한 마사코의 질문을

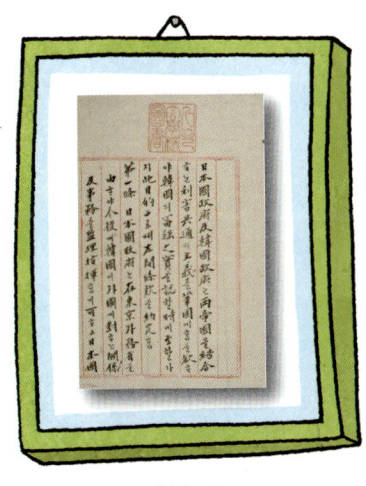

● 을사조약

통해 전쟁을 일으킨 일제에 책임을 묻고 있어.

　이처럼 이 책에 담긴 이야기들은 하나같이 일제 강점기 때 일제가 우리 민족을 어떻게 핍박하고 어떤 만행을 저질렀는지, 우리 민족이 당했던 수난과 고통이 어떤 것이었는지 실감 나게 전해 주고 있어. 이야기들을 읽다 보면 일제 강점기 때 우리 민족이 당한 고통과 억울함, 분노를 느낄 수 있을 거야. 또 다시는 이런 일이 일어나게 해서는 안 된다는 생각도 하게 될 거야. 그러기 위해서는 우리 민족의 힘을 길러야겠다는 다짐도 하게 될 거고.

　이런 마음으로 일제 강점기와 대한민국의 역사를 자세히 들여다보자. 그리고 우리가, 우리 민족이 해야 할 일이 무엇인지, 나아갈 길이 무엇인지, 국제 무대에서 어떻게 경쟁하며 인류의 평화를 위해 기여할 것인지 생각해 보자.

《마사코의 질문》을 읽으면 일제 강점기에 우리 민족이 어떤 고통을 당했는지 알 수 있어.

1장 일제의 침략에 맞서 항일 운동을 펼치다

러·일 전쟁에서 이긴 일제는 을사조약으로 대한 제국의 외교권을 빼앗고 통감부를 설치해 나라의 살림살이를 간섭했다. 이어 고종을 강제로 물러나게 하고 대한 제국 군대를 해산했다. 우리 민족은 일제의 침략에 맞서 의병 전쟁, 애국 계몽 운동, 국채 보상 운동, 안중근을 비롯한 애국지사들의 의거 등 다양한 민족 운동을 전개하였으나 결국 일제에 나라를 빼앗기고 말았다.

일제는 우리 국권을 빼앗은 뒤, 조선 총독부를 설치했다. 조선 총독부는 무단 통치 아래 헌병 경찰 제도를 실시해 우리 민족을 강압적으로 지배하였으며, 토지 조사 사업 등 여러 가지 경제 수탈 정책을 실시했다. 일제의 지배로 농민들 생활이 어려워지고 민족 경제가 발전하지 못했다.

우리 민족은 수많은 비밀 단체를 만들어 일제의 침략에 저항하였다. 1919년에는 3·1 운동을 일으켰다. 전국적으로 일어난 3·1 운동은 일제에 두려움을 안겨 주었고, 우리 민족의 독립 의지를 나라 안팎에 분명히 알렸다. 또한 3·1 운동을 계기로 대한민국 임시 정부가 세워져 독립운동을 이끌게 되었다.

1. 일제의 을사조약 강제 체결에 맞서 싸우다

- 일제와 맺은 을사조약, 한·일 신협약이란?
- 의병 전쟁은 어떻게 전개되었을까?
- 애국지사들이 한 일은?
- 애국 계몽 운동, 국채 보상 운동이란?
- 신민회가 한 일은?

을사조약으로 대한 제국의 외교권을 빼앗기다

일제가 우리나라를 차지하려는 음모는 차근차근 치밀하게 진행되었어. 일제는 청나라와의 전쟁에서 이긴 뒤, 러시아를 더욱 경계하기 시작했어. 아관 파천 기억나지? 고종이 러시아 공사관에서 머물렀던 일 말이야. 그러면서 러시아가 대한 제국에 영향력을 발휘하기 시작했잖아. 게다가 러시아가 만주에 군사를 머물게 하고 만주 철도 부설권을 가져가는 등 세력을 넓히면서, 한반도를 차지하겠다는 야심을 노골적으로 드

일제
일제는 '일본 제국주의'의 줄임말이다. 자기 나라 이익을 위해 많은 나라를 침략한 일본을 일컫는 말이다.

러냈거든. 일제는 만주와 한반도를 놓고 러시아와 협상을 하려 했지만 두 나라의 이익이 맞서다 보니 잘 이루어지지 않았어. 일본과 러시아 사이에는 곧 전쟁이 터질 것 같은 험악한 분위기가 감돌았지.

일본과 러시아의 싸움이 임박하자 고종은 이 싸움에 말려들지 않기 위해 대한 제국의 중립을 선언했어. 하지만 이 중립 선언은 아무 영향력도 발휘할 수 없었어. 독일, 프랑스 같은 몇 나라가 지지하긴 했지만, 정작 일본과 러시아는 아무런 반응도 보이지 않았거든.

결국 1904년 2월, 일제가 뤼순(여순) 항에 머물고 있던 러시아 함대를 공격하면서 러·일 전쟁이 시작되었어. 일제는 전쟁을 시작하면서 한반도에 일본군을 상륙시켰어. 그러고는 대한 제국의 중립 선언을 철저히 무시한 채 우리나라를 협박해 '한·일 의정서'라는 조약을 맺었어. 한·일 의정서는 일제가 한반도에 군대를 주둔시키고 군사적

중립을 선언했다는 것은 국가 사이의 분쟁이나 전쟁에 관여하지 않고 중간 입장을 지키겠다는 뜻이야.

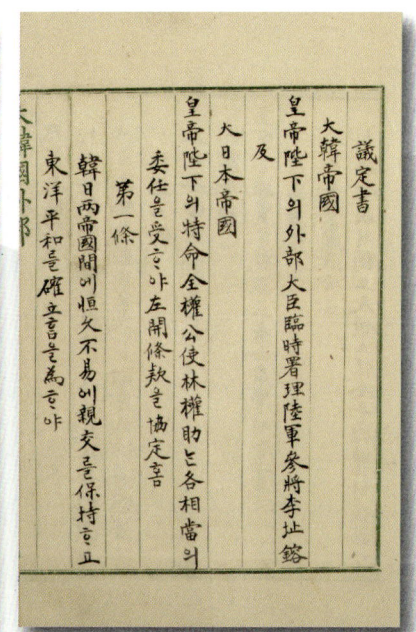

한·일 의정서
1904년 일본이 러·일 전쟁을 일으킨 뒤 우리나라와 맺은 조약. 대한 제국의 독립과 영토 보전, 황실의 안전을 위한다는 명목으로 일본이 우리 땅을 군사적으로 마음대로 사용하겠다는 내용을 담고 있다.

으로 필요한 지역을 마음대로 이용할 수 있다는 내용을 담고 있었지. 일제는 러시아와의 전쟁에 필요한 시설과 지역을 이용하기 위해 한·일 의정서를 체결했던 거야.

일제는 러시아와의 전쟁에서 유리해지자 8월에는 제1차 한·일 협약을 맺었어. 이 협약은 우리나라의 재정, 외교 등 중요 정책을 일본 마음대로 한다는 내용이었어. 협약에 따라 일제는 대한 제국에 재정 고문으로 일본인 메가타를, 외교 고문으로 일제와 친한 미국인 스티븐스를 보내 우리나라의 살림살이와 외교를 간섭하기 시작했어. 일제가 한반도를 차지하기 위한 발걸음을 본격적으로 내딛은 거야.

우리나라를 차지하려는 일제의 준비, 정말 치밀하지?

일제는 우리나라를 차지하는 데 방해가 될 만한 나라들과도 협상을 했어. 먼저 1905년 7월, 일제는 미국과 몰래 '가쓰라-태프트 밀약'을 맺었어. 이 조약에서 일제는 미국이 필리핀을 지배하는 것을, 미국은 일제가 우리나라를 지배하는 것을 서로 인정해 주기로 했어. 이어 8월에는 영국과 '제2차 영·일 동맹'을 맺었어. 일제가 영국의 인도 지배를 지지해 주는 대신, 영국이 일제의 우리나라 지배를 인정해 주기로 한 거야. 일제가 우리나라를 지배하는 것을 미국과 영국이 눈감아 주기로 한 거지.

미국과 영국의 지지를 얻은 일제는 러시아와 전쟁을 끝내려고 했어. 일제는 전쟁에서 승리를 거두고 있었지만 러시아와 계속 전쟁하는 것이 부담스러웠거든. 마침 러시아도 국민 봉기가 일어나 전쟁을 끝내고 싶어 했어. 이에 미국이 나서서 일본과 러시아를 화해시켰어. 그 결과 9월, 일본과 러시아는 '포츠머스 조약'을 맺고 전쟁을 끝냈어. 포츠머스 조약으로 러시아는 일제가 우리나라에서 정치·군사·경제적인 권리를 갖는 것을 받아들이게 되었지. 일제는 이제 어느 나라의 눈치도 보지 않고 우리나라를 차지하려는 계획을 하나하나 실현해 나갈 수 있게 되었어.

일본과 러시아 대표들의 회담
포츠머스 조약을 체결할 당시의 모습이다. 포츠머스 조약은 일본이 우리나라에 대해 정치적, 군사적, 경제적으로 특별한 권리를 가진다는 내용을 담고 있다.

1905년 11월, 일제는 일본 관리 이토 히로부미를 우리나라에 보냈어. 이토 히로부미는 군대를 동원해 궁궐을 둘러싸고, 고종한테 미리 만들어 온 조약문을 내밀며 서명하라고 강요했어. 조약문은 우리나라의 외교권을 일제가 빼앗는다는 내용이었지. 고종이 분노하며 이를 거절하자, 일제는 정부 대신들을 불러들였어. 대한 제국 정부 대신 가운데 이완용, 이지용, 박제순, 권중현, 이근택이 나서서 일제와 조약을 맺었지. 이 조약이 바로 을사조약이야. 조약을 맺는 데 앞장선 이 다섯 사람을 을사오적이라고 해. 우리 민족의 다섯 적이라는 뜻이지. 이들은 을사조약에

을사오적
을사조약 체결에 가담한 다섯 매국노를 부르는 말이다. 사진 왼쪽부터 학부대신 이완용, 내부대신 이지용, 외부대신 박제순, 농상공부대신 권중현, 군부대신 이근택의 모습이다.

을사조약을 을사늑약이라고도 한다!

조약은 정상적으로 체결된 계약을 말하고, 늑약은 강제로 이루어진 계약을 뜻한다. 일제의 협박을 받으며 강제로 이루어진 조약이라는 뜻에서 을사조약을 을사늑약이라고도 한다.

찬성한 뒤에도 앞장서서 일제를 도왔어. 그 대가로 일제의 보호 아래 많은 재산을 갖고 높은 지위를 누리며 살았지. 고종과 일부 대신들은 끝까지 반대하며 나라의 주권을 지키기 위해 몸부림쳤지만, 일제의 협박과 을사오적의 찬성으로 결국 을사조약이 체결되고 만 거야.

을사조약
조약의 명칭이 없으며 대한 제국의 외부대신과 일본 공사의 도장만 찍혀 있을 뿐, 두 나라의 최고 통치자인 고종과 일본 왕의 날인도 없다.

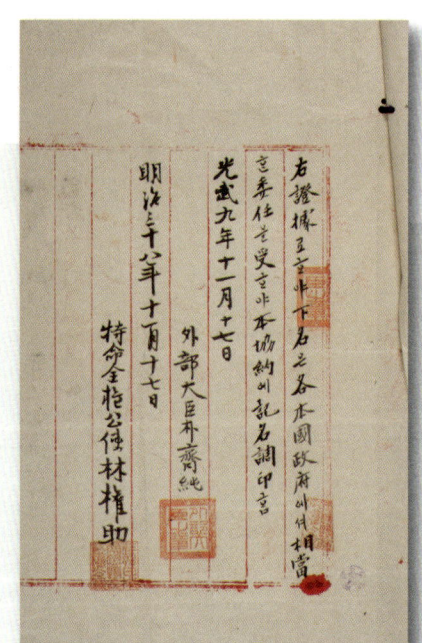
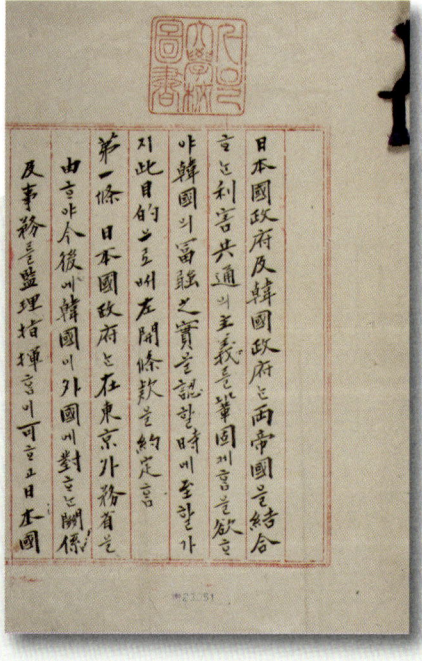

을사조약으로 일제는 우리나라의 외교권을 빼앗아 가고, 1906년 2월에 통감부라는 관청을 설치했어. 통감부는 일제가 우리나라를 완전히 자기들 것으로 만들기 위해 둔 감독 기관이야. 일제는 통감부를 통해 외교뿐만 아니라 정치와 경제까지 간섭하며 우리나라를 차지하기 위한 작업들을 해 나갔어. 그러자 다른 나라들은 일제가 우리나라를 지배한다고 생각하게 되었고, 외교권을 빼앗긴 우리나라는 일제를 통하지 않고는 다른 나라와 아무런 조약도 맺을 수 없게 되었어.

일제는 통감부의 우두머리인 초대 통감으로 이토 히로부미를 임명했어. 이토 히로부미는 외교, 정치, 경제 등 우리나라의 모든 일들을 장악해 나갔어. 또한 일본 헌병들을 동원해 항일 운동을 하는 사람들을 탄압하기 시작했어.

그런데 을사조약이 국제적으로 인정받을 수 있는 조약일까?

이토 히로부미
을사조약을 강제로 체결하고 고종을 퇴위시키는 등 우리나라를 침략하는 데 앞장섰다.
초대 조선 통감으로서 우리나라의 국권을 빼앗으려던 중, 1909년 안중근에게 저격당하여 죽었다.

일제 통감부 건물
우리나라를 완전히 빼앗기 위해 설치한 기관이었던 통감부의 모습이다.
서울 남산에 세워져 있었다.

우리나라 땅 간도를 청나라에 넘긴 간도 협약

간도는 현재 우리나라와 국경을 맞대고 있는 백두산 북쪽 지역을 말하는데, 두만강 유역의 동간도와 압록강 유역의 서간도를 통틀어 이르는 말이다.

19세기 이후부터 많은 조선 사람들이 간도로 옮겨 가 살았다. 그러자 청나라는 간도가 자기네 영토라고 주장하면서 영토 분쟁을 일으켰다. 이에 조선에서는 간도 관리사를 보내 조선 사람들을 보호하며 다스렸다. 그러다 19세기 말, 일제의 침략이 심해지면서 많은 우리나라 농민들이 간도로 갔다. 우리 민족은 간도 곳곳에서 농사를 짓고 학교를 세우는 등 삶의 터전을 마련했다. 이는 나중에 독립운동을 펼칠 수 있는 기반이 되었다. 그런데 일제가 을사조약을 맺은 뒤인 1909년, 남만주 철도 부설권과 푸순 탄광 채굴권을 얻는 대가로 간도를 청나라에 넘겨주는 간도 협약을 체결하였다. 을사조약으로 우리나라의 외교권을 빼앗아 간 일제가 마음대로 우리나라 사람들이 살고 있던 간도를 청나라에 준 것이다.

을사조약은 국제적으로 분명히 비합법적인 조약이야. 왜냐하면 일제가 대한 제국의 동의를 받지 않고 군대를 동원해 협박하며 강제로 조약을 맺은 데다, 고종 황제의 서명도 없기 때문이야. 조약문에 조약의 공식적인 이름도 없어. 조약이 체결된 해가 을사년이어서 을사조약이라고 부르고 있는 거지.

이처럼 을사조약은 우리나라와 일제가 정상적으로 맺은 조약이 아니기 때문에 우리나라는 이 조약이 무효라고 주장하며 일본한테 배상을 해 달라고 요구할 수 있어. 이 일은 아직 처리되지 않은 채 남아 있지. 계속해서 우리가 일본을 상대로 풀어 가야 할 문제야.

고종을 물러나게 하고, 한·일 신협약을 맺다

일제의 협박 속에서 이루어진 을사조약에 고종과 국민들은 분노했어. 을사조약 반대 운동과 항일 운동이 곳곳에서 여러 가지 형태로 전개되었지.

상인들은 가게 문을 닫고, 학생들은 스스로 휴학해 일본에 저항했어. 이상설, 최익현 같은 관리와 유생들은 조약이 무효라고 주장하면서 친일 대신들을 꾸짖는 상소를 올렸어. 장지연은 〈황성신문〉에 논설 '시일야방성대곡'을 실어 일제의 침략과 조약 체결에 앞장선 을사오적을 격렬하게 비판했어.

조병세, 민영환 같은 정부 대신들도 을사오적을 꾸짖고 조약 체결에 반대하는 상소를 올렸어. 민영환은 11월에 스스로 목숨까지 끊었어. 미국, 영국, 프랑스, 독일, 청나라 공사들에게 대한 제국이 독립할 수 있도록 도와 달라고 호소하는 유서와 동포들한테 나랏일을 잘못한 것에 대해 잘못을 비는 유서를 남기고는 말이야. 의정부 대신이었던 조병세, 참판이었던 홍만식도 목숨을 끊어 일제에 대한 저항의 뜻을 나타냈어. 〈대한매일신보〉나 〈제국신문〉은 을사조약 반대 운동에 대한 소식을 자세히 전해 항일 정신을 드높였지.

고종은 일제가 노골적으로

을사조약 체결을 온 국민이 슬퍼했구나!

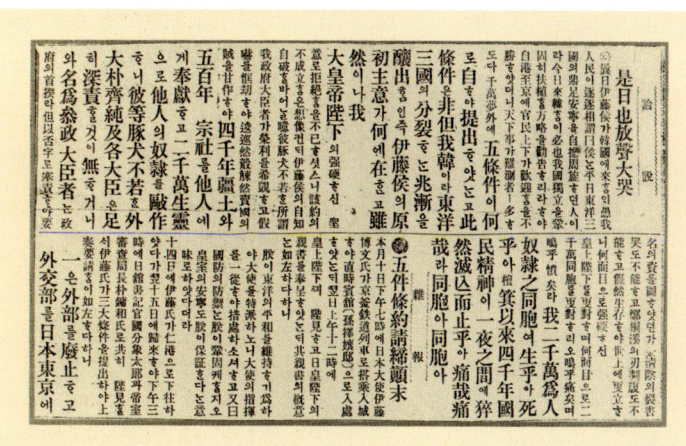

시일야방성대곡
시일야방성대곡은 '이날, 목 놓아 통곡하노래.'라는 뜻으로, 일본의 강요로 을사조약이 체결된 것을 슬퍼하며 〈황성신문〉의 주필이었던 장지연이 쓴 글이다.

조·미 수호 통상 조약
1882년 조선과 미국이 국교 수립과 통상을 목적으로 맺은 조약.

침략해 오자 을사조약이 체결되기 전부터 적극적으로 외교 활동을 펼쳤어. 먼저 1905년 10월, 미국인 헐버트를 통해 미국 대통령한테 편지를 보냈어. 1882년에 조선이 미국과 맺은 조·미 수호 통상 조약을 근거로 대한 제국을 도와 달라고 요청한 거야. 당시 맺은 조약에 서로 돕는다는 조항이 있었거든. 을사조약이 맺어진 뒤에도 조약은 무효라는 전문을 급히 보냈어. 하지만 미국에서는 아무런 대답도 없었어. 왜 그랬을까? 일본과 가쓰라-태프트 밀약을 맺고 일제가 우리나라를 차지하는 것을 인정했으니 모른 척해 버린 거야.

고종은 마침 1907년 네덜란드 헤이그에서 제2차 만국 평화 회의가 열린다는 소식을 듣고 이상설, 이준, 이위종을 특사로 보냈어. 을사조약이 무효라는 것을 국제 사회에 알리기 위해서였지. 하지만 특

을사조약 체결이 얼마나 원통했으면 스스로 목숨을 끊었을까!

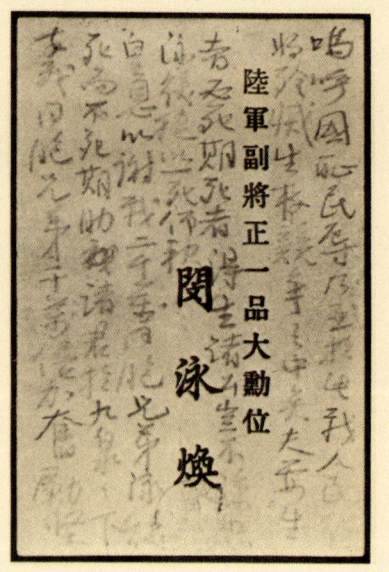

민영환과 유서
민영환은 을사조약 체결을 슬퍼하며 '2천만 동포에게 남기는 유서'를 명함에 쓴 뒤 스스로 목숨을 끊었다.

사들은 회의에 참석하지도 못했어. 미국, 영국, 러시아를 비롯한 열강이 일제가 우리 나라를 지배하는 것을 이미 인정한 데다, 일제가 방해했기 때문이야. 일제는 을사조약으로 대한 제국의 외교권은 일본에게 있다고 주장했지. 그래도 특사들은 국제 사회에 일제의 잘못을 알리려고 애썼어. 기자 회견을 열어 일제가 국제법을 어기고 부당하게 대한 제국을 차지했다고 폭로했지. 그런데 안타깝게도 이준이 헤이그에서 갑자기 세상을 떠나고 말았어. 이상설과 이위종은 동료가 죽었지만 주저앉지 않고 영국, 미국 등을 돌아다니며 대한 제국의 독립을 지지해 달라고 호소했어.

일제는 대한 제국이 세계를 상대로 자신들의 침략을 폭로하고 독립을 도와 달라고 호소하는 것을 그냥 두고만 보지는 않았어. 대한 제국을 집어삼키려는 야심으로 가득 차 있었으니까. 일제는 고종이 헤이그에 특사를 보낸 것을 문제 삼으며 군대를 동원해 고종한테 물러나라고 협박했어. 친일파 이완용과 송병준이 고종을 물러나게 하는 데 앞장섰지. 이들은 친일 단체인 일진회 회원들 수백 명을 동원해 궁궐을 둘러싸고 고종을 위협했어. 결국 일제는 고종을 강제로 물러나게 한 뒤, 고종의 아들 순종을 즉위시키고 말았지.

헤이그 특사
헤이그 특사들은 네덜란드 헤이그에서 열린 만국 평화 회의에 참석하여 을사조약의 부당함을 전 세계에 알리려고 했으나, 일제의 반대로 회의에 참석하지 못했다. 왼쪽부터 이준, 이상설, 이위종의 모습이다.

일진회 회원들
친일 단체인 일진회 회원들 모습. 고종을 물러나게 하는 데 앞장섰다.

일제는 한반도를 차지하는 데 걸림돌이었던 고종을 끌어내리자 대한 제국을 완전히 장악하기 위한 계획을 실행해 나갔어. 고종을 물러나게 하고 며칠 지나지도 않아서 일제는 한·일 신협약(정미 7

일제의 침략에 앞장선 친일 단체, 일진회

일진회는 명성 황후 세력의 탄압을 받던 송병준이 일본에 망명했다가 러·일 전쟁 때 일본군 통역으로 귀국해 1904년에 만든 단체이다. 송병준은 동학교도 가운데 친일파인 이용구가 만든 진보회를 끌어들여 세력을 넓혔고, 일본에게 막대한 비밀 자금을 받으며 일본의 지시에 따라 움직였다. 이들은 을사조약을 지지하고, 고종의 퇴위를 강요했으며, 한·일 병합을 주장하는 등 적극적으로 친일 활동을 했다. 일진회는 1910년 8월 일본이 우리 국권을 빼앗자, 9월에 해산했다.

조약)을 맺었어. 이 조약으로 통감이 추천한 일본인을 대한 제국 차관으로 임명하게 되었고, 정부 시설을 바꾼다거나 법률을 제정할 때, 높은 관리를 임명할 때도 통감의 간섭을 받게 되었어. 일본인 통감이 대한 제국의 정치적인 일들을 멋대로 처리할 수 있게 된 거야. 뿐만 아니라 대한 제국의 살림살이가 어렵다는 구실로 대한 제국 군대마저 해산했어. 대한 제국은 정치적인 권리도 군사적인 힘도 빼앗기고 일제의 실질적인 지배를 받게 되었지.

순종
조선의 마지막 왕이다.
일제는 국권을 빼앗은 뒤,
순종을 이씨 왕이란 뜻의
'이왕(李王)'으로 낮춰 불렀다.

의병들, 무기를 들고 일제와 치열하게 싸우다

일제가 우리나라를 집어삼키려고 할수록 일제에 대한 저항 운동은 더욱 거세게 일어났어. 을사조약이 체결되자 곳곳에서 의병들이 일어나 일본군과 싸웠어. 그 전에도 의병 운동이 있었던 것 기억나지? 1895년 을미년에 의병들이 왕비의 원수를 갚기 위해, 또 단발령에 분노해 싸웠잖아. 이제 의병들은 일제를 몰아내고 나라를 구하기 위해 다시 일어선 거야. 이때 활약한 대표적인 의병장으로 관리였던 민종식, 유생들의 우두머리 최익현, 평민 출신 신돌석을 들 수 있어.

민종식은 망한 나라에서 부귀영화를 누릴 수는 없다고 한탄했어. 그러면서 집을 팔아 무기와 식량을 마련해, 의병들과 함께 싸우겠다면서 일어섰어. 민종식은 의병들을 이끌고 일본군과 치열하게 싸워 충청남도 홍주성을 점령했어. 하지만 일본군의 반격을 받아 수백 명

최익현
최익현은 을사조약에 반대하여 의병을 일으켰다가 쓰시마 섬에서 세상을 떠났다.

신돌석 흉상
신돌석은 평민 출신 의병장으로, '태백산 호랑이'로 불리며 의병 전쟁을 펼쳤다. 경상북도 영덕의 신돌석 장군 유적지에 세워져 있다.

이 희생당한 채 후퇴하고 말았지.

 최익현도 전라북도 태인에서 의병을 일으켜 정읍, 순창 일대를 차지했지만, 진압되고 말았어. 이때 최익현은 일본군에 잡혀 쓰시마 섬에 유배되었다가, 그곳에서 세상을 떠났어. 무기로 보나 전투 경험으로 보나 일본군을 당해 낼 수가 없었던 거야.

 신돌석은 태백산, 일월산 등을 근거지로 의병 부대를 키우며 일본군과 싸웠어. 신돌석이 이끄는 의병들 수는 수천 명에 이를 정도로 막강했지. 이들은 재래식 화승총이나 창, 칼, 몽둥이 등 보잘것없는 무기를 쓰고, 옷차림도 통일되지 않았지만 나라를 지키기 위해 목숨 걸고 싸웠어. 신돌석 부대는 갑자기 나타나 일본군을 공격하고 사라지곤 하면서 일본군에게 큰 피해를 주었지. 신돌석은 '태백산 호랑이'로 불리며 일본군을 두려움에 떨게 했어. 신돌석이 이전의 의병장들과는 다른 점이 있지? 의병장 대부분이 전직 관리나 유생인 것과는 달리, 신돌석은 평민 출신이었어. 이는 의병 전쟁이 신분을 뛰어넘어 전 민족적으로 펼쳐졌다는 것을 뜻해.

 의병 전쟁은 고종이 강제로 물러나고 대한 제국 군대가 해산되면서 더욱 치열해졌어. 군대가 해산되자, 왕을 호위하는 부대였던 시위대 대대장 박승환이 군인으로서 나라를 지키지 못한 자신을 탓하며 스스로 목숨을 끊

의병들의 표정에서 일제를 몰아내겠다는 의지가 느껴지지 않니?

의병들
신분을 가리지 않고 전국 곳곳에서 일어난 의병들은 나라를 위해 목숨 걸고 싸우며 일제에 맞섰다.

었어. 그러자 시위대 병사들이 들고일어나 서울 시내에서 일본군과 전투를 벌였어. 또 지방 군대였던 진위대 병사들도 지방 곳곳에서 일본군과 싸움을 벌였지. 이렇게 해산된 군인들이 의병 부대에 들어오면서 의병 전쟁은 더 조직적으로 전개되었어. 정식으로 훈련받은 군인들이 신식 무기를 가져오면서 전투력이 크게 나아진 거야. 우리나라 지리를 잘 알고 있는 의병들은 작전을 치밀하게 잘 세울 수 있었고, 일본군한테 큰 피해를 주었어.

의병들의 항일 투쟁은 전 국민적인 대일 전쟁이 되어 갔어. 양반, 농민, 군인뿐만 아니라 노비, 상인, 승려, 포수 등 다양한 신분과 직업을 가진 사람들이 의병이 되었지. 또 많은 사람들이 의병을 숨겨 주거나 식량을 마련해 주는 등 여러 방법으로 의병들을 도와줬어.

한편 전국 곳곳에서 싸우던 의병 부대들이 연합하여 13도 창의군을 만들어 서울 진공 작전을 펼치기도 했어. 서울에 있는 일본군들을 쫓아내려고 말이야. 하지만 그 뜻을 이루지는 못했어. 먼저 서울 부근까지 쳐들어간 선발대가 일본군의 공격을 받아 무너진 데다 의병 총대장이었던 이인영이 집안에 일이 생겨 돌아가고 말았기 때문이야.

그 뒤에도 곳곳에서 항일전이 이어졌어. 특히 호남 지방에서 전해산, 심수택, 안규홍 등이 이끄는 의병들은 유격전을 펼치며 끊임없이 일제를 괴롭혔지. 의병이 끈질기게 저항하자 일제는 1909년 남한 대토벌 작전을 벌였어. 일본군은 최신형 소총이나 기관총까지 동원해 의병들을 공격했고, 의병 부대를 도와주는 마을을 불태우고 주민들을 학살했어. 특히 의병 전쟁이 치열하게 일어난 호남 지방을 집중적으로 공격했어. 이때 수천 명의 의병들이 체포되거나 죽임을 당했지. 이렇게 되자 의병들은 더 이상 나라 안에서 활동하기가 어려웠어. 의병들 가운데 일부는 만주나 연해주로 가서 독립군으로 활동하게 되었지.

항일 의병 부대의 활동
1895년에 명성 황후 시해와 단발령에 분노하여 을미의병이, 1905년 을사조약 체결에 분노하여 을사의병이, 1907년 고종의 강제 퇴위와 대한 제국 군대 해산에 반발하여 정미의병이 일어나 일제와 맞서 싸웠다.

여성 의병, 윤희순!

윤희순은 최초의 여성 의병으로, 강원도 춘천에서 활동했다. 윤희순은 군자금을 모아 의병을 돕고, 여성들의 의병 활동에 앞장섰다. 나라를 빼앗긴 뒤에는 가족과 함께 만주로 가서 세 아들의 독립군 활동을 돕기도 했다.

의병 전쟁은 대한 제국 군대가 해산된 뒤부터 2년여 동안 가장 치열하게 전개되었어. 수많은 사람들이 나라를 지키기 위해 죽음을 무릅쓰고 일제에 맞서 싸운 대표적인 민족 운동이었지. 의병 전쟁의 의의를 좀 더 짚어 보면 의병은 신분, 지역, 남녀 가리지 않고 스스로 일어나 싸웠다는 점, 의병 전쟁을 통해 우리 민족의 강인한 저항 정신이 드러났다는 점, 의병들이 무기를 들고 무장 투쟁을 전개함으

호남 지역 의병장들
남한 대토벌 작전으로 체포된 호남 지역의 의병장들 모습이다.

로써 일제 강점기 내내 전개되었던 항일 무장 투쟁의 기반이 마련되었다는 점 등을 들 수 있어.

애국지사들이 나라 안팎에서 일제 침략자와 친일 세력을 응징하다

전국 곳곳에서 의병 전쟁이 진행되는 동안, 나라 안팎에서 뜻있는 사람들이 일제 침략자와 친일파들을 벌주었어. 민족의 원수를 갚고, 일제의 침략을 막으려고 말이야. 대표적인 사건 몇 개만 살펴보자.

먼저 1908년 3월, 미국에서 살고 있던 전명운과 장인환이 샌프란시스코에서 미국인 스티븐스를 총으로 쏘아 죽인 사건을 들 수 있어. 스티븐스는 1904년 일제의 추천으로 우리나라에 외교 고문으로 와 있다가 을사조약을 맺을 때 일본을 크게 도와줬어. 뿐만 아니라 스티븐스는 미국에 돌아가서도 샌프란시스코에서 열린 기자 회견에서 "일제가 한국을 지배하는 것은 한국한테 좋은 일이며 한국인도 이를 반기고 있다."라고 하면서 일제의 우리나라 침략을 지지했지. 전명운과 장인환은 이런 망언에 분노해 스티븐스를 암

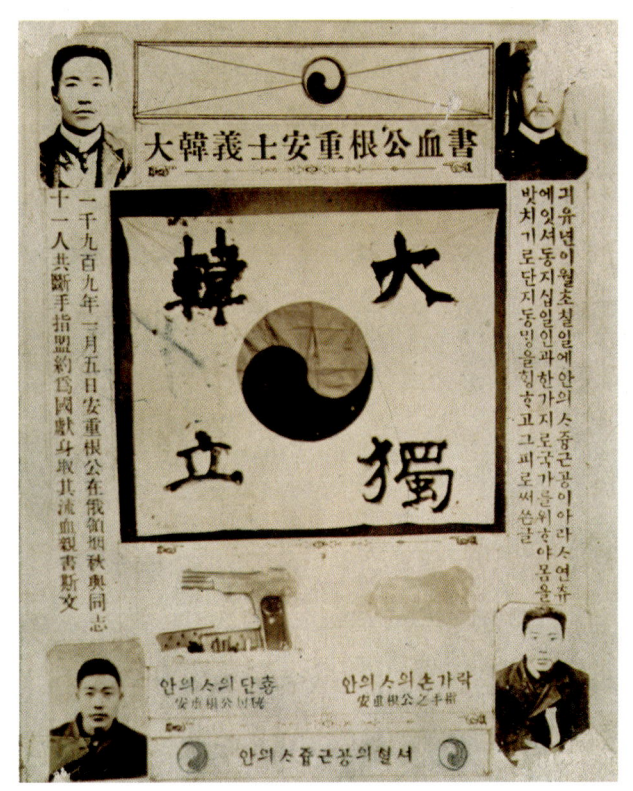

단지 혈서 엽서
안중근이 동지들과 단지회를 결성하고, 조국의 독립을 위해 헌신할 것을 맹세하며 쓴 혈서를 엽서로 만든 것이다.

살한 거야. 대한 제국 국민은 일제의 지배를 철저히 거부한다는 사실을 국제 사회에 알린 거지.

　1909년 10월에는 안중근이 만주 하얼빈 역에서 이토 히로부미를 암살했어. 당시 안중근은 연해주에서 의병장으로 의병을 이끌고 있었어. 안중근은 이토 히로부미가 러시아 재무 장관과 회담하려고 하얼빈에 온다는 소식을 듣고 암살 준비를 하고 실행에 옮긴 거야. 이토 히로부미에게 총을 쏜 안중근은 곧바로 러시아 헌병들에게 잡혔어. 그 자리에서 안중근은 러시아 어로 "코레아 우라(한국 만세)!"라고 외치며 우리 민족의 독립 의지를 분명히 밝혔지.

　나라 안에서도 나철, 오기호 등이 오적 암살단을 만들어 을사조약 체결에 앞장선 을사오적들을 처단하려고 했지만 실패하고 말았어.

1909년에는 이재명이 을사오적 중 한 명인 이완용을 칼로 찔러 부상을 입혔어. 이 일로 을사오적들은 불안한 나날을 보내야 했지.

나라 안팎에서 일어난 항일 의거 활동은 일제 침략자들과 매국노들을 두려움에 떨게 했어. 또한 항일 독립 투쟁에 큰 힘이 되었고, 일제 침략의 부당함을 전 세계에 알렸지.

애국 계몽 운동 단체들과 언론이 국민 계몽과 실력 양성에 힘쓰다

우리 민족은 일제의 침략에 맞서 의병 전쟁을 일으키거나 일제 침략자와 매국노들을 암살하는 등 적극적으로 싸우는 한편 민족의 실력을 기르는 데도 힘썼어. 국민을 계몽하고 교육과 산업을 일으키는 등 실력을 길러야 나라를 지킬 수 있다고 생각한 거야. 이런 움직임을 애국 계몽 운동이라고 해. 여러 단체가 만들어져 민족의 실력을 기르기 위한 애국 계몽 운동을 펼쳤어.

독립 협회가 해산된 뒤 가장 먼저 만들어진 정치 단체는 보안회야. 보안회는 1904년 러·일 전쟁이 한창 벌어지던 때 만들어졌어. 당시 일제는 대한 제국 정부에 황무지 개간권을 달라고 요구했어. 황무지 개간권은 주인 없는 거친 땅을 잘 일구어 쓸모 있게 만들면 개간한 사람이 땅을 갖는 권리야. 일제는 황무지 개간권을 따내 대한 제국 땅을 빼앗으려고 한 거야. 보안회는 이런 일제의 요구를 물리치기 위해 황무지 개간권을 반대하는 글을 발표하고 시위를 벌였어. 보안회의 거센 반발에 일제는 결국 황무지 개간권을 포기할 수밖에

독립 협회는 1896년에 국민을 계몽하고 독립을 이루기 위해 서재필 등이 만든 단체야. 1899년에 해산되었지.

없었지. 하지만 보안회도 일제의 압력을 받아 해산되고 말았어.

보안회가 해산된 뒤 1905년, 독립 협회에서 활동했던 사람들이 헌정 연구회라는 단체를 만들었어. 헌정 연구회는 국민의 정치의식을 기르는 데 힘쓰면서 헌법을 만들어 입헌 정치를 실시해야 한다고 주장했어. 그런데 을사조약이 체결된 뒤, 통감부가 우리 민족의 정치 활동을 막으면서 헌정 연구회도 해산되고 말았어.

그러자 헌정 연구회 중심 인물들은 1906년에 장지연, 윤효정 등이 만든 대한 자강회에 합류했어. 대한 자강회는 학교를 세워 교육에 힘썼어. 매월 연설회를 열고, 잡지를 만들어 퍼뜨리기도 했지. 국민들을 계몽해 민족정신과 민족의식을 키우려고 말이야. 고종이 일제의 위협을 받아 강제로 물러나게 되었을 때는 고종 퇴위 반대 운동을 적극적으로 펼치기도 했지. 이 때문에 대한 자강회도 해산되고 말았어. 해산된 대한 자강회는 뒤에 대한 협회라는 단체로 이어졌어.

한편 〈황성신문〉을 비롯한 신문들도 일제의 침략을 비판하고 항일 의식을 불어넣어 주며 국민을 계몽했어. 〈대한매일신보〉는 영국

〈대한 자강회 월보〉
대한 자강회에서 발행하던 잡지. 국내외의 학문과 소식을 전달하고, 연설과 소설 등을 실어 국민들 계몽에 힘썼다.

인 베델이 발행인으로 있었어. 일제는 영국과 동맹을 맺었기 때문에 영국인이 발행인으로 있는 〈대한매일신보〉를 함부로 탄압하지는 못했어. 덕분에 〈대한매일신보〉는 일제의 침략에 반대하는 논설을 실을 수 있었지. 특히 의병 전쟁 등 민족 운동에 관한 기사를 많이 실어 민족의 여론을 불러일으키는 데 크게 기여했어. 〈제국신문〉은 주로 부녀자들을 대상으로 만들어 한글로 간행되었어. 국민을 계몽하고 민족정신을 기르는 논설과 기사를 주로 실었지.

〈황성신문〉
1898년 9월 5일에 창간된 일간 신문. 남궁억, 나수연 등이 창간하였다. 애국적 내용을 주로 실어 여러 차례 발행이 중지되었으며, 우리나라가 일제에 강제 병합된 뒤 〈한성신문〉으로 이름이 바뀌었다가 9월에 폐간되었다.

〈대한매일신보〉
1904년 7월 18일, 양기탁과 영국인 베델이 함께 창간한 항일 신문. 1910년 국권을 빼앗기면서 일제에 넘어가 〈매일신보〉로 이름이 바뀌고 총독부의 기관지가 되었다.

보안법

1907년 7월, 일제가 우리 민족의 집회와 결사, 언론의 자유를 탄압하기 위해 만든 법률이다. 집회와 결사를 금지하거나 해산할 수 있고, 정치적으로 불온한 말을 하면 벌할 수 있는 법이었다. 애국 계몽 운동 단체들이 항일 운동을 펼쳐 나가자, 이를 탄압하기 위해 만든 것이다.

신문지법

1907년 7월, 일제가 우리나라의 신문을 탄압하기 위해 만든 법률이다. 이 법에 따라 신문을 낼 때 내부대신의 허가를 받아야 했고, 보증금을 내야 했다. 또 일제는 신문을 내지 못하게 할 수도 있었고, 벌금을 내게 하거나 기기를 빼앗아 갈 수도 있었다. 뿐만 아니라 신문을 내기 전에 내부나 그 관할 관청에 미리 제출해 검사받게 하였다.

이처럼 1905년을 전후해 애국 계몽 운동 단체들과 신문들은 국민을 계몽하고 민족정신을 기르는 데 힘을 쏟았어. 물론 일제는 보안법을 만들어 일제에 저항하는 단체를 해산시키고, 신문지법을 만들어 일제에 저항하는 언론을 탄압하는 등 이들의 활동도 적극적으로 막았지.

신민회, 민족의 힘을 기르고 무장 투쟁의 기반을 닦다

일제 통감부는 우리 민족이 정치 활동을 하지 못하도록 점점 더 심하게 억눌렀어. 정치 단체들은 더 이상 드러내 놓고 활동하기 어려워졌지. 그러자 1907년, 안창호, 신채호, 이승훈, 양기탁, 이동휘 등이 몰래 신민회라는 단체를 만들었어. 신민회에는 서북 지방의 기독교 신자들, 교사와 학생들이 많이 들어와 활동했어. 신민회는 민족의 자주 독립을 이룰 수 있는 힘을 기르는 데에 활동 목표를 두었어. 그래서 우리 민족을 교육하고 민족 산업을 일으키며 민족 문화를 개발하는 데 힘을 쏟았어.

신민회를 만드는 데 앞장선 사람은 안창호야. 안창호는 새로운 문물을 들여오기 위해 미국에 갔다가 을사조약이 체결되었다는 소식을 듣고 돌아와 신민회를 만드는 데 발 벗고 나섰어.

신민회는 우선 곳곳에 학교를 세웠어. 나라의 힘을 기르고 독립을 하기 위해서는 교육에 힘써 인재를 기르는 것이 중요하다고 생각한 거야. 안창호는 1908년 평양에 대성 학교를 세웠어. 대성 학교에서는 체육 시간에 군사 훈련을 시키기도 했어. 일제에 맞서 싸울 수 있는 용감하고 씩씩한 인재들을 기르기 위해서였지. 이승훈은 정주에 오산 학교를 세워 민족 교육을 실시했고, 양기탁은 베델이 발행하는 〈대한매일신보〉 주필로 활동하며 국민 계몽에 앞장섰지.

신민회는 민족 산업을 일으키는 데에도 힘썼어. 자기 회사를 세우고, 태극 서관이라는 서점을 운영해 독립운동에 필요한 돈을 모으기도 하고, 회원들이 정보를 주고받는 장소로 이용할 수 있게 했어. 또한 강연회를 열고 학회 활동을 하면서 국민을 계몽하고 민족 문화를 개발하려고 했어.

비밀 단체였던 신민회는 비밀리에 조직을 운영했기 때문에 통감부의 감시에서 벗어나 많은 활동을 할 수 있었어. 하지만 신민회도 1911년에 해체되고 말았어. 일제가 신민회를 해체시키기 위해 사건을 조작하고 민족 운동가들을 끈질기게 탄압했거든.

일제가 신민회를 탄압하기 위해 조작한 사건이 바로 105인 사건이야. 이 사건은 안중근 사촌인 안명근이 독립운동 자금을 모으다가 평양에서 일제 경찰한테 잡힌 일에서 시작되었어. 일제는 안명근

안창호
독립운동가이자 민족 지도자이다. 신민회, 흥사단 등의 민족 운동 단체를 만들었고, 3·1 운동 뒤에는 상하이 대한민국 임시 정부에서 활동하는 등 독립운동을 펼쳤다.

대성 학교 모표
안창호가 평양에 세운 대성 학교의 모표이다.

을 잔인하게 고문한 뒤, 황해도와 평안도 일대에서 신민회와 기독교를 중심으로 활동하는 민족 운동 지도자들을 잡아들였어. 그리고 안명근이 데라우치 총독을 암살하려 했다고 거짓으로 발표한 뒤, 안명근 사건이 신민회와 관련 있는 것처럼 꾸몄어. 일제는 평안도 일대에서 활동하고 있던 이승훈, 이동휘, 양기탁 같은 민족 운동가 수백 명을 잡아들이고, 이들을 고문해 거짓 증언을 받아 냈지. 결국 신민회 회원 가운데 105명이 구속되었어. 이것이 1911년에 일어난 105인 사건이야. 결국 신민회는 해체되고 말았어. 하지만 신민회가 뿌린 독립운동의 씨앗은 뿌리를 내리기 시작했어. 이회영 등 신민회 지도자들이 아직

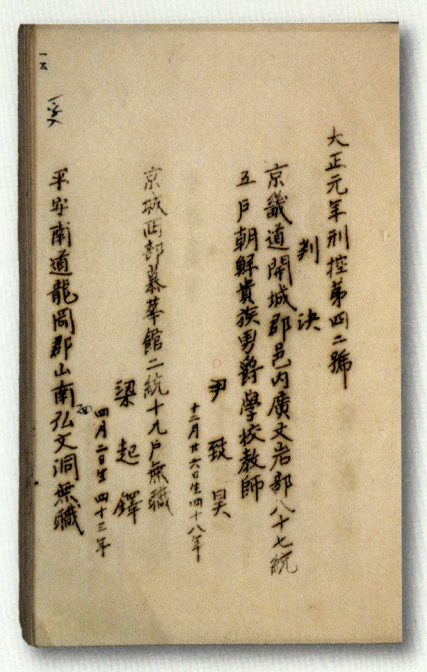

신민회 관계 인사 판결문
신민회의 독립운동을 탄압하기 위해 일제가 조작한 105인 사건 관련 판결문이다.

온 가족이 전 재산을 바쳐 독립운동을 한 이회영 집안

이시영을 비롯한 이회영의 여섯 형제들은 전 재산을 팔아 온 가족 60여 명과 함께 만주로 가서 항일 독립운동을 펼쳤다. 이회영 집안은 조선 시대 영의정을 지낸 이항복의 자손으로 남부럽지 않은 재산을 가진 집안이었다. 일제 강점기에도 편안한 삶을 누릴 수 있었지만, 이를 포기하고 신민회를 조직하고 신흥 무관 학교를 설립하는 등 독립운동에 앞장섰다. 이 가운데 이시영은 대한민국 초대 부통령이 되어 이승만의 독재 정치를 적극적으로 비판하기도 했다.

통감부가 감시하지 못하는 만주에 독립운동 기지를 세운 거야. 이회영은 독립운동에 뜻을 둔 사람들을 만주 삼원보에 이주시켜 함께 살게 했어. 이곳에서 농장을 가꾸어 경제력을 기르고, 신흥 강습소를 세워 민족 교육에도 힘썼어. 신흥 강습소는 나중에 신흥 무관 학교로 바뀌어 수많은 독립군을 길러 냈지.

일제에 진 빚을 갚으려고 국채 보상 운동이 일어나다

애국 계몽 운동이 교육, 언론 같은 문화적인 활동을 통해 민족의 힘을 기르려고 했다면, 경제적으로 자립하려는 움직임도 활발하게 일어났어. 특히 1907년 서상돈, 김광제를 중심으로 일제에 진 빚을 국민이 갚자는 국채 보상 운동이 대구에서 시작되었어.

당시 대한 제국이 일제에 진 빚은 얼마였을까? 1300만 원 정도로, 대한 제국 정부가 1년 동안 쓸 수 있을 만큼 큰돈이었지. 그런데 이 빚은 일제의 강요에 못 이겨 진 거였어. 일제가 우리나라를 근대화시킨답시고 도로, 수도 같은 시설을 만들고, 은행, 학교, 병원 등을 세우면서 빚을 지게 된 거야. 사실 이런 근대 시설들은 우리나라에 와 있는 일본 사람들을 위해 만든 것이었어. 그런데

국채 보상 운동 기념비
국채 보상 운동이 경제적인 항일 운동이었다는 것을 기념하고 있다. 국채 보상 운동이 시작된 대구에 세워졌다.

도 일제는 우리 정부한테 일본 정부에서 빚을 얻어 쓰도록 강요했어.

어쨌든 국채 보상 운동은 국민들의 지지를 받으며 전국적으로 퍼져 나갔어. 이 운동이 퍼진 데에는 언론 기관과 계몽 운동 단체들의 활동이 컸어. 먼저 양기탁이 〈대한매일신보〉에 돈을 모아 나라 빚을 갚자는 기사를 실어 국채 보상 운동에 불길을 당겼어. 거기에 국채 보상 기성회를 중심으로 한 여러 계몽 단체들이 모금 운동을 벌이면서 힘을 보탰지. 모금 운동에는 학생은 말할 것도 없고 상인, 노동자, 기생 등 거의 모든 국민이 참여했어. 국민들은 담배와 술을 끊으며 돈을 모았고, 반지, 비녀 등을 성금으로 내기도 했어. 국민들은 일제

40

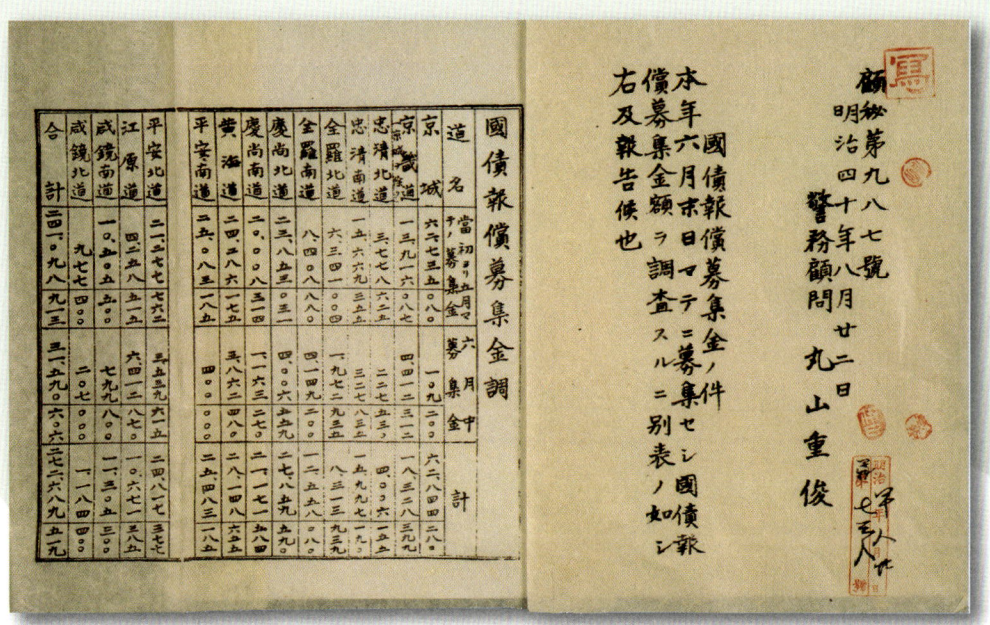

국채 보상 운동 모집 금액표
국채 보상 운동에 참여한 사람들의 이름과 금액 등을 적어 놓았다.

의 간섭에서 벗어나기 위해서 일본에 진 빚을 국민의 힘으로 갚아야 겠다고 생각한 거야.

 국채 보상 운동이 시작된 지 약 3개월 만에 꽤 큰돈이 모였어. 그러자 일제가 또 가만히 있지 않았어. 만약 빚을 갚아 버리면 일제가 우리나라를 간섭할 명분이 약해지니까 두고 볼 수 없었던 거지. 일제는 비겁하게도 〈대한매일신보〉 사장인 베델을 나라 밖으로 내쫓았어. 〈대한매일신보〉가 늘 일제를 비판하는 데다, 앞장서서 국채 보상 운동을 퍼뜨리는 게 영 못마땅했던 거야. 또 모금한 돈을 관리하던 양기탁을 잡아들였어. 모금한 돈을 개인적으로 썼다는 죄를 뒤집어씌워서 말이야. 결국 국채 보상 운동도 흐지부지되고 말았지.

이토 히로부미를 응징해 독립 정신을 드높인 안중근

2. 일제, 조선 총독부를 설치해 무단 통치하다

- 일제는 어떻게 우리 국권을 빼앗아 갔을까?
- 무단 통치란?
- 토지 조사 사업은 어떻게 진행되었을까?
- 우리 민족 기업은 어떻게 되었을까?

일제가 나라를 완전히 빼앗고 조선 총독부를 설치하다

일제는 을사조약으로 대한 제국의 외교권을 빼앗고, 헤이그 특사 사건을 구실로 고종을 강제로 물러나게 한 뒤 군대를 해산했지? 일제는 이어서 사법권과 경찰권마저 빼앗아 갔어. 일본인 판검사가 우리나라 사람들에 관한 재판을 하게 되었고, 일본 경찰이 우리 사회의 질서를 지키겠다고 나서게 된 거야. 우리 정부는 외교권도 군사력도 사법권도 경찰권도 없는 허수아비가 되고 말았어.

일제는 아예 우리나라를 식민지로 삼아 통째로 가지려고 했어. 이를 위해 먼저 친일 단체인 일진회의 이용구, 송병준 등을 앞세워 나라를 일본에 합치기 바란다는 청원서나 성명서를 발표하게 했어. 마치 우리나라 사람이 원해서 우리나라와 일제가 합치는 것처럼 보이려고 말이야.

일제는 1910년 5월, 일본의 육군 대장이었던 데라우치를 3대 통감으로 임명했어. 데라우치는 군대와 경찰을 한반도 곳곳에 배치한 뒤, 정치적인 집회나 연설회를 열지 못하게 하고, 이를 어기면 모조리 잡아 가두었어. 〈대한매일신보〉 같은 신문도 발행하지 못하게 했지. 공포스러운 분위기를 만들고, 언론 기관을 탄압하면서 우리 국민이 저항하지 못하도록 미리 손을 쓴 거야.

1910년 8월, 데라우치는 총리대신이던 이완용을 앞세워 한·일 병합 조약을 맺었어. 바로 우리나라의 국권을 빼앗긴 조약이야. 이 조

이 조약의 체결로 우리 민족은 일제의 잔악한 식민 통치를 받게 되었어.

한·일 병합 조약문
1910년 일제의 강요로 병합 조약이 체결되고, 우리나라는 국권을 빼앗겼다.

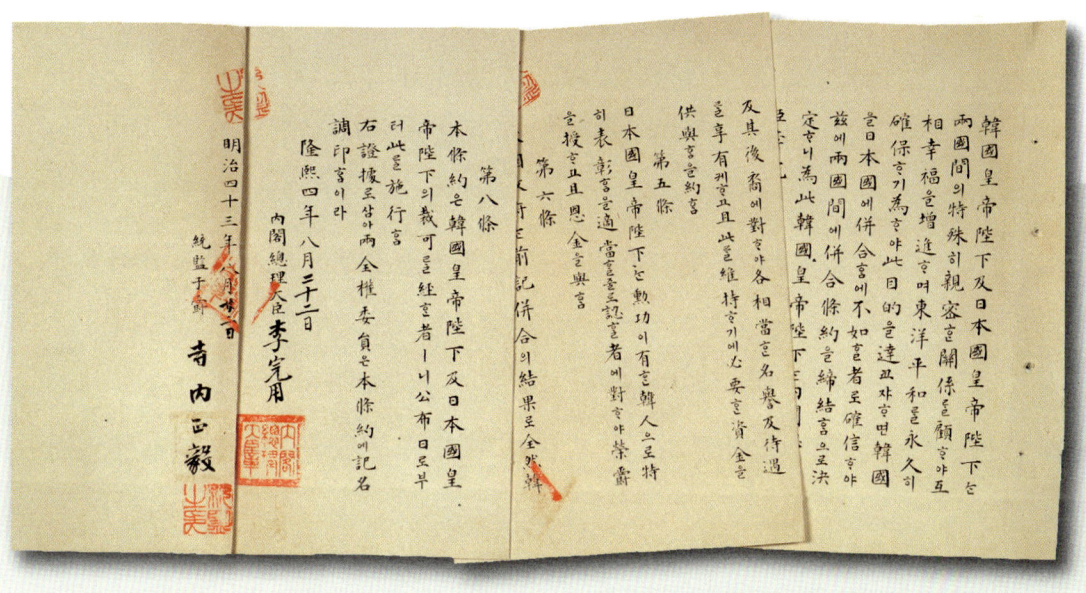

일장기를 걸어 놓은 근정전
강제로 우리나라를 빼앗은 일제는 경복궁 근정전에 일장기를 걸었다.

약도 을사조약과 마찬가지로 국제적으로 인정할 수 없는 불법적인 조약이지. 일제가 군대를 동원해 위협하는 가운데 조약을 맺었고, 당시 황제였던 순종이 조약문에 서명하지 않았으니까.

하지만 이 조약이 체결된 이후부터 우리 민족은 일제한테 나라를 빼앗긴 채 식민 통치를 받게 되었어. 일제는 순종을 황제가 아닌 '이왕'이라고 불렀어. 이씨 왕이라는 뜻으로 말이야. 또 일제는 대한 제국을 조선이라 부르고, 순종을 좁은 창덕궁에 머물게 했어. 대한 제국의 자존심을 완전히 꺾어 버린 거지. 이로써 대한 제국은 세워진 지 13년 만에 역사의 뒤안길로 사라져 갔어.

국권을 빼앗기자 국민들은 목 놓아 울었고, 상인들은 가게 문을 닫고 흰 깃발을 내걸어 나라 잃은 슬픔을 나타냈어. 또한 나라를 지키지 못한 자신을 탓하며 목숨을 끊는 사람들이 이어졌어.

우리나라를 완전히 차지한 일제는 통감부를 없애고 조선 총독부라는 기구를 설치했어. 조선 총독부는 입법, 사법, 행정, 군사의 모든 권리를 가진 식민지 통치 기구였어. 총독부의 우두머리인 총독이 일본 왕에게 직접 지시를 받으며 이 모든 권한을 가지고 막강한 권력

조선 총독부 건물
일제는 조선 왕조를 상징하는 경복궁 앞에 조선 총독부 건물을 세우고 우리 민족을 식민 통치했다. 이 건물은 해방된 뒤 국립 중앙 박물관 등으로 사용되다가 1995년 철거되었다.

을 휘둘렀지. 조선 총독부는 일제 강점기 내내 우리 민족을 정치적으로 탄압하고 경제적으로 착취해 갔어.

그럼 조선 총독부에 우리나라 관리는 없었을까? 있긴 있었어. 총독부 자문 기관으로 중추원을 두고, 이완용, 송병준 같은 친일 세력들을 중추원 관리로 삼았어. 마치 우리나라 사람도 정치에 참여하는

식민지란 무엇일까?

식민지는 다른 나라한테 국가로서의 주권과 통치권을 빼앗기고 정치·경제·군사적으로 지배를 받는 나라를 말한다. 특히 경제적으로는 지배국에 상품을 만드는 원료를 대 주고, 지배국에서 만든 상품을 사 주는 시장 역할을 한다.

것처럼 보이게 한 거야. 하지만 중추원은 아무런 권한도 없고 일도 하지 않는 이름뿐인 기관이었어. 1919년 3·1 운동 때까지 한 번도 모인 적이 없으니까 알 만하지? 총독부의 높은 관리는 거의 일본인이 차지했고, 지방 관리도 일본인이나 친일파가 되었어. 우리나라 사람은 시키는 대로만 일하는 낮은 관리밖에 되지 못했지.

헌병과 경찰을 앞세워 총, 칼로 우리 민족을 다스리다

일제는 조선 총독부 최고 우두머리인 총독도 일본의 육해군 대장 가운데서 뽑았어. 조선 총독부의 첫 번째 총독으로는 한·일 병합 조약을 강제로 체결한 데라우치 마사타케를 임명했어.

총독이 된 데라우치는 우리 민족을 '무단 통치'하겠다고 밝혔어. 무단 통치는 무력이나 억압적인 수단으로 다스리겠다는 걸 말해.

일제는 무단 통치를 하기 위해 헌병 경찰 제도를 시행했어. 헌병 경찰 제도는 군대의 경찰인 헌병이 경찰을 지휘하며 일반 경찰이 하는 일까지도 간섭하는 제도야. 경찰, 군인을 비롯한 모든 군사력을 끌어들여 우리나라 사람들을 무섭게 다루려는 거였지. 이를 위해 일제는 전국 곳곳에 헌병 분견소와 경찰 주재소 같은 헌병 경찰 기관을 설치했어. 이곳에 헌병과 경찰, 순사를 배치해 우리나라 사람들을 감시하고 탄압한 거야. '순사'라는 말 들어 봤지? 순사는 일제 강점기 경찰관 가운데 계급이 가장 낮은 사람을 말해.

데라우치 마사타케
첫 조선 총독부 총독으로, 무단 통치를 실시하여 우리 민족을 압박했다.

일제는 우리나라 사람을 헌병 보조원으로 삼아 우리 민족을 탄압하는 데 앞장세우기도 했어. 교활한 방법으로 우리나라 사람들 사이를 갈라놓고 서로 으르렁거리게 만든 거야. 그것으로도 모자라 우리나라 곳곳에 많은 일본군을 머무르게 했지.

일제는 이렇게 무시무시한 분위기를 만들고 우리나라 사람들의 정치 활동을 금지했어. 애국 계몽 운동 단체들을 해산시키고는 어떤 단체도 만들지 못하게 했지. 또 〈황성신문〉, 〈대한매일신보〉 같은 민족 신문을 만들지 못하게 하고, 민족정신을 일깨우는 역사책이나 잡지들도 펴내지 못하게 했어. 책이나 신문을 통해 독립운동을 벌일까 봐 말이야. 나라를 되찾기 위해 싸운 많은 애국지사들을 잡아 감옥에 가두거나 목숨을 빼앗기도 했어. 뿐만 아니라 사람들의 일상생활에도 깊숙이 관여했어. 총과 칼을 찬 헌병들이 거리를 휘젓고 다니면서 말이야.

일본군 헌병대
일제는 전국에 이와 같은 헌병대를 설치하고 헌병 경찰 제도를 실시했다.

헌병 경찰이 얼마나 무서운 존재였냐고? 헌병 경찰은 즉결 심판권을 가지고 있었어. 즉결 심판권은 가벼운 범죄에 대해서 정식 재판을 거치지 않고 헌병 경찰이 직접 처벌할 수 있게 한 권리를 말해. 헌병 경찰은 마음만 먹으면 무슨 죄를 뒤집어씌워서라도 처벌할 수 있었어. 집 앞이 더럽다든가 너무 시끄럽다든가 하는 이유로도 처벌할 수 있었으니 말이야.

1912년에는 조선 태형령도 발표되었어. 태형은 사람을 엎어 놓은 채 볼기를 때리는 형벌이야. 즉결 심판권을 가진 헌병 경찰은 우리나라 사람한테 죄를 물어 태형을 가할 수 있는 권한도 가졌던 거야. 근대 사회에 들어와서는 없어진 모욕적이고 고통스러운 형벌을 우

리나라 사람들한테만 내린 거였지. 우리 민족을 정신적, 신체적으로 학대한 일제의 만행을 여기서도 확인할 수 있어.

이뿐만이 아니야. 무단 통치 아래에서는 학교 선생님들도 제복을 입고 칼을 차게 했어. 아이들을 위협하고 굴복시키기 위해서였어. 학교 교육도 일제의 식민지 지배에 순순히 따르게 하기 위한 방향으로 이루어졌어. 일본어를 중심으로 수업을 하고, 우리나라 사람들에게는 수준 높은 고등 교육은 시키지 않았어. 단순히 읽고 쓰고 계산할 수 있는 능력, 공장 같은 곳에서 일할 수 있는 기본적인 기술 같은 것만 가르친 거야. 일본인들이 부려 먹기 쉽게 만들려고 말이야.

이처럼 헌병 경찰을 앞세운 일제의 무단 통치는 세계적으로도 찾아보기 힘든 강압적이고 비인간적인 것이었어. 때문에 독립운동을 하기가 더욱더 힘들어졌지. 결국 민족 지도자들을 비롯한 애국지사, 의병 가운데 많은 사람들이 만주, 연해주, 미국 등 나라 밖으로 나가 독립운동을 하게 되었어.

칼을 찬 일본인 교사
무단 통치 아래에서는 교사들도 제복을 입고 칼을 차고 학생들을 가르쳤다.

토지 조사 사업으로 농민들 삶이 고달파지다

우리나라를 식민지로 만든 일제는 우리 것을 빼앗아 가기 위한 정책을 본격적으로 펼쳐 나갔어. 이 가운데 우리 농민들에게 가장 큰 피해를 입힌 것은 토지 조사 사업이었어.

일제는 1908년에 동양 척식 주식회사를 세웠어. 동양 척식 주식회사는 일제가 처음부터 우리나라에서 토지와 자원을 빼앗아 가려고 만든 회사야. 여기서 우리나라의 토지와 관련된 모든 일을 했어. 토지를 사고팔기도 하고, 농민들한테 토지를 담보로 돈을 빌려 주고 농민이 돈을 갚지 못하면 토지를 빼앗았지.

한·일 병합 조약을 맺은 뒤인 1910년 9월에는 조선 총독부에 임시 토지 조사국을 설치했어. 그러고는 1912년, 토지 조사령을 발표해 본격적으로 토지 조사 사업을 시작했어. 토지 조사 사업은 크게 세 부분으로 진행되었어. 토지 소유권을 조사해 법적으로 확인하는 것, 토지 가격을 조사해 토지 가격을 공식적으로 확정하는 것, 토지 모양과 형태를 조사하는 것으로 말이야.

동양 척식 주식회사
일제가 세운 회사로, 조선 총독부에서 넘겨받은 토지를 일본인한테 싸게 되팔아 일본인들이 우리나라에 정착해서 살 수 있도록 도왔다.

토지 조사
토지 조사 사업을 실시한 일제는 토지를 측량하여 토지의 모양과 형태 등을 조사하였다. 사진은 측량용 기구를 지게에 싣고 가는 한국인들과 일본인 측량 기술자들의 모습이다.

    토지 조사 사업은 토지를 가진 사람이 직접 신고하는 것을 원칙으로 했어. 이에 따라 토지를 가진 사람은 조선 총독이 정한 날까지 토지의 주인, 가격, 모양과 크기 등을 밝힌 서류를 준비해 신고해야 했어. 그래야 그 토지 주인으로 인정받을 수 있었지.

    사람들은 조상 대대로 농사지으며 살아왔던 땅을 갑자기 신고하라니 어이가 없었어. 농민들 가운데에는 신고 절차가 까다로워서 신고하지 못하는 사람도 많았고, 아예 글을 몰라 신고할 엄두를 내지 못하는 사람도 있었어. 또 일제가 시키는 일은 하지 않겠다고 버티는 사람들도 있었지. 이렇게 해서 토지를 신고하지 않은 사람들은 큰 피해를 입었어. 총독부가 신고하지 않은 토지는 모두 빼앗아 나라의 땅인 국유지로 만들어 버렸거든. 또 한 집안에서 관리하던 토지나 마을 사람들이 공동으로 가진 토지, 왕실이나 공공 기관에 속했던 토지도 주인 없는 땅이라며 모두 국유지로 만들었어. 일제는 1918년까지 토지 조사 사업을 벌여 무척이나 많은 땅을 빼앗아 갔지.

총독부는 신고된 내용을 바탕으로 철저하게 토지세를 매겼어. 이렇게 거두어들인 세금은 식민 통치 자금으로 썼어. 또한 빼앗은 국유지를 동양 척식 주식회사에 넘겨 일본 사람들에게 싸게 팔았어. 이 때문에 우리나라에 온 일본인들이 많은 땅을 가질 수 있게 되었지. 일본인 지주들은 우리나라 농민을 부려 농사를 짓거나, 농민한테 땅을 빌려 주고 토지 사용료를 비싸게 받았어.

농민들에 대한 착취는 여기서 끝나지 않았어. 농민들한테는 원래 도지권이라는 것이 있었어. 도지권은 농민들이 지주한테 소작료인 도지만 내면, 사실상 그 땅에서 계속해서 농사지을 수 있게 하고, 그 경작권을 팔거나 자손들한테 물려줄 수도 있게 한 권리를 말해. 그런데 토지 조사 사업은 농민들의 도지권을 무시하고 지주의 소유권만 인정했어. 때문에 땅이 없는 농민들은 계속 농사지을 수 있는 권리를 잃고, 1년이든 2년이든 기간을 계약하고 농사를 짓는 소작농이 되어야 했어. 오랫동안 농민들이 가지고 있던 도지권, 경작권 같은 권리는 없어지고 지주의 권한만 커진 거야.

지주의 권한이 커지자 횡포도 심해졌어. 지주는 소작농한테 비싼 소작료를 요구했고, 이를 받아들이지 않으면 농사짓던 땅에서 쫓아냈어. 농민들 생활은 더욱 어려워질 수밖에 없었지. 토지를 잃거나 경작권을 빼앗긴 농민들은 오랫동안 살아왔던 고향을 떠나 화전민이 되거나 만주나 연해주, 일본 등으로 가서 새로운 삶을 꾸리기도 하고, 도시로 가서 남의 일을 해 주고 사는 품팔이꾼이 되기도 했어.

일제 강점기 농민들의 생활이 얼마나 힘들었을지 짐작이 가지?

우리 민족의 경제 활동을 억누르고 산업을 장악하다

일제는 토지 조사 사업으로 땅을 빼앗아 가는 한편, 상공업을 비롯한 거의 모든 산업을 강제로 차지했어. 다양하고도 집요한 방법으로 말이야.

먼저 조선 총독부는 1910년 12월, 회사령을 발표했어. 회사령은 우리나라에 회사를 세우거나 지점을 설치할 때에는 반드시 조선 총독의 허가를 받아야 한다는 법을 말해. 당시 일본에서는 회사를 자유롭게 세울 수 있게 했으면서도 우리나라에서는 회사를 세울 때 허가를 받게 해 통제한 거야.

총독부는 우리나라 사람이 회사를 세우려고 하면 이런저런 이유를 들어 방해하고, 회사를 세웠다고 해도 총독부가 시키는 대로 하지 않으면 회사를 없앴어. 그나마 우리나라 사람들이 할 수 있던 사업은 물건을 만드는 제조업이나 물건을 사고파는 매매업 같은 규모가 작은 사업이었어. 반면에 일본 사람들이 우리나라에 회사를 세우

겠다고 하면 총독부가 나서서 여러 가지 혜택을 주며 도와줬어. 그러자 많은 일본인들이 우리나라에서 사업을 벌여 돈을 벌어 갔어. 광산을 경영한다든가, 기계로 벼를 찧어 쌀을 만드는 정미업을 한다든가,

식산 은행
일제 강점기에 세워진 특수 은행으로, 조선 총독부의 경제적 침략을 뒷받침하는 역할을 했다.

배를 만드는 선박 제조 회사를 세운다든가 하면서 말이야.

일제는 1911년, 어업령을 내려 어업을 할 때도 허가를 받게 했어. 일제는 어업령으로 우리나라 사람이나 옛 대한 제국 황실이 운영하던 어장을 빼앗아 갔어. 또 일본 어민들을 모아 어업 회사를 만들게 한 다음, 고기가 많이 잡히는 황금 어장을 차지할 수 있게 해 줬어.

일제는 일찍부터 은행 같은 금융 기관을 우리나라에 들여와 일본 상인들의 활동을 지원해 주기도 했어. 우리나라 산업을 장악하기 위해서였지. 1912년에는 은행령을 제정해 은행을 세우고 운영하는 것은 물론, 돈을 빌려 주는 것 같은 일상적인 업무도 총독부의 허가를 받게 했어.

일제의 경제적 수탈은 광업이나 임업 등에서도 이루어졌어. 1915년에는 조선 광업령을 내려 광업도 총독부의 허가를 받게 했어. 이를 지키지 않으면 벌금을 내게 하고, 우리나라 사람이 광산 개발을

일제가 온갖 분야에서 수탈을 했다는 걸 알 수 있어!

신청하면 별 볼 일 없는 광산은 허가해 주고 돈을 많이 벌 수 있는 광산은 허가를 내주지 않았어. 지하자원이 많아 돈을 잘 벌 수 있는 광산은 일본인한테만 허가해 주었지. 심지어는 우리나라 사람이 경영하고 있는 광산을 일본인한테 넘겨주기도 했어. 일본인들은 우리나라에서 금, 은, 흑연, 구리, 아연, 무연탄 같은 지하자원이 많은 광산을 쉽게 가질 수 있었지. 이 지하자원들은 일본 기업에서 상품을 만드는 원료로 사용되었어.

조선 총독부는 1917년부터 토지 조사 사업과 마찬가지로 임야 조사 사업을 실시하여 우리나라 삼림 가운데 반 이상을 나라 산으로 만들어 버렸어. 그러고는 나라 산 대부분을 일본 사람들한테 싸게 빌려주어 나무를 베어 갈 수 있게 했지. 담배, 인삼, 소금에 대해서는 생산에서 판매까지 조선 총독부가 맡아 관리했어. 여기서 생긴 이익은 조선 총독부가 식민 통치 자금으로 썼어.

일제는 철도와 도로, 항만 같은 교통 시설을 새로 만들고 정리하기도 했어. 우리나라를 위해서 그랬을까? 아니지. 우리나라의 식

사금 채취에 동원된 한국인들
일제는 한국인들을 동원하여 금을 비롯한 여러 가지 지하자원을 빼앗아 갔다.

량과 자원을 좀 더 효율적으로 가져가고, 우리나라를 중국 대륙으로 쳐들어가기 위한 발판으로 삼기 위해서였어. 일본은 지금도 일제 강점기 때 우리나라에 이런 시설을 만들어 주었다고 생색내고 있는데, 사실은 일제가 자기들 필요에 따라 만든 거야.

이렇듯 일제의 경제적 수탈은 기업은 물론 농업, 어업, 광산업 등 거의 모든 산업에서 이루어졌어. 일제 강점기 동안 우리 기업이나 산업은 어떻게 되었을까? 당연히 제대로 발전할 수가 없었지. 일제가 많은 자원을 빼앗아 가고, 기업 활동을 하지 못하도록 억눌렀으니, 우리 민족 산업은 뿌리를 내리기도 커 나가기도 힘들었어.

일제 강점기 주요 철도망과 항만
철도망이 서울을 중심으로 X 자 형태로 펼쳐져 있다. 철도망은 남으로는 우리나라를 일본 경제권 안으로 끌어들였고, 북으로는 중국 대륙을 침략할 수 있는 발판이 되었다.

일제의 무단 통치 아래에서 고통받은 농민들

3. 일제의 무단 통치에 맞서 3·1 운동이 일어나고 임시 정부가 수립되다

- 1910년대에 독립운동은 어떻게 전개되었을까?
- 2·8 독립 선언이란?
- 3·1 운동은 어떻게 전개되었을까?
- 대한민국 임시 정부는 어떻게 세워졌나?

나라 안팎에서 끊임없이 독립운동이 일어나다

우리 민족은 일제에게 국권을 완전히 빼앗기고 무단 통치 아래 탄압을 받으면서도 나라 안팎에서 끈질기게 독립운동을 이어 갔어.

나라 안에서는 의병들이 계속 항일 투쟁을 해 나갔어. 비록 일제의 남한 대토벌 작전으로 의병 세력이 많이 약해지기는 했지만, 의병 부대가 완전히 사라진 것은 아니었던 거야. 채응언이 이끄는 의병 부대는 1915년까지 서북 지방을 중심으로 일제에 맞서 싸웠어.

일제는 채응언을 잡으려고 평안도의 헌병과 경찰을 총동원하고 엄청난 현상금까지 걸었지. 채응언은 결국 평안도 성천에서 군자금 모금 활동을 벌이다가 잡혀 사형당하고 말았어.

의병들은 비밀 결사를 만들기도 했어. 일제의 탄압을 피하려고 숨어서 활동한 거야. 대표적인 비밀 결사로 대한 독립 의군부가 있어. 대한 독립 의군부는 1912년에 의병장이었던 임병찬이 고종의 지시를 받아 의병과 유생들을 모아 만들었어. 대한 독립 의군부는 일제의 총리대신과 조선 총독에게 국권을 돌려 달라는 요구서를 보내고, 의병을 일으키려는 계획을 세웠어. 그런데 이 계획은 실현하기 전에 들키고 말았어. 결국 임병찬을 비롯한 지도자들이 잡히고, 대한 독립 의군부는 해체되고 말았지.

1910년대에 가장 활발하게 움직였던 비밀 결사는 대한 광복회야. 1915년에 대구에서 만들어진 대한 광복회는 총사령 박상진을 중심으로 하여 조직되었어. 대한 광복회는 독립 전쟁을 통해 국권을 되찾아야겠다는 목표 아래 독립군을 기르는 데 힘썼지. 대한 광복회는 독립운동 자금을 마련하기 위해 일제의 재산을 빼앗고 부자들한테 모금 활

채응언
1915년 성천에서 잡힌 채응언은 재판에서 살인강도죄로 사형을 선고받았다. 그러자 채응언은 "나라와 민족을 위해 목숨 걸고 싸웠는데, 강도란 당치 않다."라며 떳떳이 항의하였다고 한다.

임병찬
임병찬은 을사조약이 체결되자 최익현과 함께 의병을 모아 싸웠고, 대한 독립 의군부를 만들었다.

김약연
독립운동가이자 교육자로, 명동촌에 명동 학교를 설립해 교육 사업에 헌신하였다.

동을 벌이기도 했어. 그러다 1918년에 일제 경찰한테 들키면서 대한 광복회는 해체되고, 박상진 등은 사형당하고 말았어. 하지만 잡히지 않은 조직원들은 만주로 가서 무장 독립 투쟁을 이어 갔지.

이 밖에도 많은 비밀 결사들이 항일 투쟁을 벌였어. 이러한 비밀 결사들의 항일 활동은 나중에 3·1 운동이 일어날 수 있는 밑거름이 되었지.

그럼 나라 밖에서는 독립운동이 어떻게 펼쳐졌을까? 애국지사들이 만주 지역인 두만강 맞은편 북간도, 압록강 맞은편 서간도, 러시아 땅인 연해주 같은 곳에 독립운동 기지를 만들었어. 이 지역에는 일찍부터 우리나라 농민들이 옮겨 와 살면서 한국인 마을이 만들어져 있었거든. 한국인 마을을 바탕으로 독립운동을 펼칠 수 있는 근거지를 마련한 거지.

서전서숙
1906년 만주 용정촌에 세워졌던 민족 교육 기관으로, 일제의 탄압으로 1년 만에 폐교되었다.

북간도에는 용정촌(룽징춘), 명동촌 같은 한인 마을이 있었어. 애국지사들은 여기서 중광단 같은 항일 독립운동 단체를 만들어 동포 사회를 이끌고 독립군을 길렀어. 이상설은 용정촌에 서전서숙을, 김약연은 명동촌에 명동 학교를 세워 민족 교육을

시켰지. 이회영, 이상룡 등은 서간도에 독립운동 기지인 삼원보를 세웠어. 여기서 경학사라는 항일 단체를 만들고, 신흥 강습소를 세워 민족 교육과 군사 교육을 실시하기도 했어. 이 단체들 가운데 중광단은 북로 군정서로, 경학사는 서로 군정서로, 신흥 강습소는 신흥 무관 학교로 발전해 갔어. 신흥 무관 학교에서는 꾸준히 독립군을 길러 냈지.

만주와 연해주의 독립운동 기지
나라 밖 만주와 연해주에서는 여러 독립운동 기지가 만들어져 독립 전쟁을 준비하였다.

 만주뿐만 아니라 우리 동포들이 많이 살고 있는 연해주의 블라디보스토크에도 독립운동 기지인 신한촌이 세워졌어. 1911년, 신한촌에서는 권업회라는 독립 운동 단체를 만들어 활동했어. 1914년에는 권업회를 이끈 이상설 등이 대한 광복군 정부라는 망명 정부를 만들기도 했어.

 이 밖에 미주 지역에서도 독립운동 단체가 만들어졌어. 1910년에 미주 지역의 한인들이 대한인 국민회라는 독립운동 단체를 만든 거야. 이 단체는 모금 운동을 벌여 만주나 연해주에 있는 독립군한테 군자금을 보내 주기도 했지.

 이렇게 나라 밖에서는 많은 민족 지도자들이 항일 단체를 만들어 민족 교육을 시키고 독립군을 길렀어. 이 독립군들은 1920년대에 일제에 맞서 무장 독립 전쟁을 전개할 수 있는 기반이 되었지.

민족 자결주의와 2·8 독립 선언이 3·1 운동에 불을 붙이다

일제는 끊임없이 일어나는 독립운동을 온갖 수단을 동원해 탄압했어. 이에 우리 민족은 잠시 숨을 죽이고 나라 안팎에서 독립운동을 일으킬 준비를 하며 기회를 엿보았어.

마침 우리 민족에게 희망을 주는 기쁜 소식이 들려왔어. 1918년 제1차 세계 대전이 끝나갈 무렵, 미국 대통령 윌슨이 세계 질서를 새롭게 만들기 위한 원칙으로 민족 자결주의를 내세운 거야. 민족 자결주의는 모든 민족은 자기 나라의 문제를 스스로 결정할 권리가 있다는 사상이야. 윌슨은 1919년 1월에 제1차 세계 대전의 종결을 위해 열린 파리 강화 회의에서 민족 자결주의를 내세우며 어떤 민족이

제1차 세계 대전

제1차 세계 대전은 1914년 7월, 오스트리아가 세르비아에 선전 포고를 하면서 시작되었으며, 1918년 11월에 독일이 항복하면서 끝났다. 제1차 세계 대전은 19세기 말에서 20세기 초, 제국주의 열강들이 식민지를 나누어 갖는 과정 속에서 일어났다. 독일·이탈리아·오스트리아의 3국 동맹(동맹국)과 영국·프랑스·러시아의 3국 협상(연합국)이 맞서 싸우다 불가리아 등이 동맹국에 들어가고 세르비아·일본·미국·중국 등이 연합국에 합세해 세계 전쟁으로 확대되었고, 전쟁은 연합국의 승리로 끝났다.

다른 민족을 간섭해서는 안 된다고 주장했어.

월슨의 민족 자결주의는 당시 우리나라 독립운동가들한테 큰 희망을 주었어. 독립운동가들은 이 기회에 일제로부터 독립해야겠다는 뜻을 다졌어. 그러면서 여러 면으로 우리나라의 독립에 대한 의지를 알렸어.

파리 강화 회의에 참가한 김규식
신한청년당은 파리 강화 회의에 김규식을 보내 우리나라의 독립을 요청하였다. 앞줄 맨 오른쪽이 김규식이다.

먼저 1918년 중국 상하이에서 만들어진 신한청년당이 미국 특사에게 우리나라의 독립을 요청하는 독립 청원서를 보냈어. 이어 1919년 1월에는 파리 강화 회의에 김규식을 보내 우리나라의 독립을 요청하고, 외교 활동을 벌였어. 하지만 아무런 결실도 거두지 못했어. 왜 그랬을까? 민족 자결주의는 제국주의 국가들이 식민지로 삼은 나라들을 간섭하지 말자는, 즉 독립시키자는 주장이었는데 말이야.

파리 강화 회의에서 세운 가장 중요한 원칙은 제1차 세계 대전에서 이긴 나라들의 권리를 갖추고, 진 나라들을 철저히 응징하자는 것이었어. 말하자면 민족 자결주의는 제1차 세계 대전에서 진 독일, 이탈리아 같은 나라들의 식민지를 독립시키자는 거였어. 자기들 식민지를 내놓을 생각이 전혀 없었던 미국, 영국, 일본 같은 승전국의 식민지들과는 전혀 관계가 없었던 거야. 일본도 제1차 세계 대전에서 이겼기 때문에, 파리 강화 회의는 우리나라의 독립에는 관심이 없었

신한청년당
1918년에 중국 상하이에서 조직된 항일 독립운동 단체. 기관지 〈신한청년보〉를 발간하여 독립 정신을 드높였고, 김규식을 파리 강화 회의에 보내는 등 외교 활동도 벌였다.

지. 신한청년당은 파리 강화 회의에서 성과를 거두지는 못했지만, 만주, 연해주, 일본, 국내에도 대표를 보내 독립운동을 일으키도록 격려했어.

한편 1918년 음력 11월에는 만주, 러시아 등 외국에 나가 있던 민족 지도자 39명의 이름이 담긴 대한 독립 선언서가 발표되었어. 우리나라 최초의 독립 선언서였지. 대한 독립 선언서에는 김규식, 안창호, 신채호, 이시영 등 당시 주요한 민족 지도자들 이름이 거의 들

2·8 독립 선언을 주도한 유학생들
1919년 2월 8일 일본 유학생들은 일본 도쿄의 조선 기독교 청년 회관에서 독립 선언서를 낭독했다.

조선 청년 독립단이 발표한 2·8 독립 선언 결의문

1. 우리는 한·일 병합 조약이 우리 민족의 자유 의사에서 나오지 않았으며, 우리 민족의 생존, 발전을 위협하고 동양의 평화를 저해한다고 생각해 독립을 주장한다.
2. 우리는 일본 의회 및 정부에 조선 민족 대회를 소집하고 대회의 결의에 따라 우리 민족의 운명을 결정할 기회를 줄 것을 요구한다.
3. 우리는 만국 평화 회의의 민족 자결주의를 우리 민족에게 적용할 것을 요구한다.
4. 앞에서 요구한 내용이 실현되지 않을 경우, 우리 민족은 일본에 대하여 영원한 혈전을 선언한다.

어 있어.

일본 도쿄에서는 유학생들이 조선 청년 독립단이라는 단체를 만들고 독립운동을 했어. 유학생들은 1919년 1월 우리나라의 독립을 요구하는 독립 선언서를 만들고, 2월 8일에 일본 정부와 외국 공사관, 신문사와 잡지사 같은 곳에 영어와 일어로 쓴 독립 선언서를 보냈지. 그러고는 도쿄의 조선 기독교 청년 회관에 모여 독립 선언서를 낭독하고 "대한 독립 만세!"를 외쳤어. 독립운동을 이끈 학생들은 곧바로 일본 경찰에 잡혀가고 말았지. 이 사건이 바로 2·8 독립 선언이야.

나라 안에서도 1918년 말부터 손병희, 이승훈, 한용운 같은 종교 지도자들을 중심으로 한 민족 지도자들이 세계정세에 관심을 가지면서 독립운동을 준비하고 있었어. 이때 독립운동을 자극하는 사건이 또 하나 터졌어. 1919년 1월, 고종이 갑자기 세상을 떠나고 만 거야. 일제가 고종이 먹는 음식에 독을 넣어 죽였다는 소문이 퍼졌어. 우리 국민들은 더욱더 분노했고, 우리 민족의 독립운동에 대한 의지를 뜨겁게 달구었어. 게다가 도쿄 유학생들이 2·8 독립 선언을 했다는 소식이 전해지면서 독립에 대한 우리 민족의 열망은 더욱 높아졌어. 이 열망은 전 국민이 참여한 3·1 운동으로 이어졌지.

3·1 운동이 나라 안팎으로 퍼져 나가다

윌슨의 민족 자결주의, 고종의 죽음, 일본 유학생들의 2·8 독립 선언은 서울에서 독립운동을 준비하던 민족 지도자들과 학생 대표들한테 큰 자극을 주었어. 이승훈, 한용운, 손병희를 비롯한 민족 대표들은 1919년 3월 1일에 독립을 선언하고 만세 운동을 벌이기로 했어. 날짜를 3월 1일로 정한 것은 3월 3일에 치러지는 고종의 장례식 때 많은 사람들이 서울에 모일 거라

독립 선언서
1919년 3·1 운동 때 우리나라의 독립을 선포한 선언서. 최남선이 기초하고 민족 대표 33인이 서명하여 1919년 3월 1일 오후 2시에 서울 태화관에서 발표하였다.

〈민족 대표의 독립 선언〉
1919년 3월 1일, 서울 인사동 태화관에서 손병희를 비롯한 민족 대표 33명 가운데 29명이 참석해 독립 선언식을 가졌다.

고 판단했기 때문이야. 사람들이 많이 모이면 모일수록 독립운동은 더 큰 힘을 발휘할 수 있을 테니 말이야.

　민족 대표들과 학생 대표들은 미리 독립 선언서를 전국에 나누어 주고, 3월 1일에 종로 탑골 공원에서 만나 독립 선언식을 하기로 했어. 그런데 3월 1일이 되자 손병희를 비롯한 민족 대표들은 탑골 공원에 오지 않고 요릿집인 인사동 태화관에서 독립 선언식을 가졌어. 그러고는 스스로 경찰에 연락해서 잡혀갔어. 민족 대표들이 장소를 갑자기 바꾼 건 탑골 공원에서 독립 선언식을 가지면 시위가 거세져 사고가 날까 봐 그런 거라고 해.

　어쨌든 수많은 학생들과 시민들은 정해진 시간에 탑골 공원으로 모여들었어. 민족 대표들이 오지 않자, 학생 한 명이 스스로 나와 독립 선언서를 낭독했어.
　"우리는 우리 조선이 독립된 나라인 것과 조선 사람이 주인임을 선언하노라. 이것을 세계 모든 나라에 알려 인류가 평등하다는 큰 뜻을 밝히며, 이것을 자손만대에 일러 우리 민족이 독자적으로 생존할 정당한 권리를 영원히 누리게 하노라."
　학생이 독립 선언서를 낭독하자, 모인 사람

들은 태극기를 흔들며 "대한 독립 만세!"를 외쳤어. 그러고는 거리로 나가 독립 만세를 외치며 시위를 벌였어. 수십만 명이 참여한 이날 시위는 한밤중까지 이어졌지.

서울, 평양 등에서 시작된 만세 시위는 전국 주요 도시로 퍼져 나갔고, 이어 농촌 지역까지 퍼져 나갔어. 시위는 3월 중순부터 전국 곳곳으로 퍼져 5월 말까지 이어졌어. 전국이 독립 만세 소리로 뒤덮였지. 만세 시위에는 학생, 교사, 농민, 노동자, 상인, 기생, 거지까지 거의 모든 계층의 사람들이 참여했어. 만세 운동은 우리 민족이 사는 해외 곳곳으로도 퍼져 나갔지.

이처럼 거의 모든 국민이 참여한 만세 시위를 보며 일제는 무슨 생각을 했을까? 일단 겁부터 나지 않았을까? 일제는 헌병 경찰은 물론 군대, 소방대까지 동원해 진압에 나섰어. 일제는 수많은 집과 학교를 불태우고, 평화적으로 독립 만세를 외치는 시위대를 향해 총을 쏘며 무자비하게 진압했어. 시위가 벌어진 거리는 피로 물들었고, 전국에 있는 감옥은 잡혀 온 사람들로 붐볐어.

일제가 만세 시위를 진압하기 위해 시위자들을 얼마나 잔혹하게 고문하고 죽였는지는 대표적인

유관순 수형 기록표
유관순이 3·1 운동 때 일제에 잡혀 감옥에 갇혔을 당시 기록이다.

일제의 탄압이 정말 잔인했구나!

　두 사건만 봐도 알 수 있어. 하나는 유관순의 죽음이야. 이화 학당 학생이었던 유관순은 고향인 충청남도 천안에서 독립 만세 시위를 이끌다 잡혔어. 일제는 유관순한테 온갖 고문을 가한 뒤 죽여 버렸어. 19살밖에 안 된 여학생이었는데 말이야.

　또 하나는 제암리 학살 사건이야. 1919년 4월 15일, 일본군은 경기도 화성 제암리 교회에 15살 이상 되는 남자들을 모아 놓고 문을 잠근 뒤 기관총을 쏘았어. 그러고는 증거를 없애려고 불을 질렀지. 이어 이웃 마을로 가서 주민들을 죽이고 교회와 집 수십 채에 불을 질렀어. 이때 죽임을 당한 사람이 수십 명이었대. 이렇게 일제가 무지막지하게 탄압하면서 독립 만세를 외치는 소리는 약해져 갔지.

　3월 1일에 시작된 만세 운동은 거의 3개월 동안 진행되었어. 오랫

동안 시위가 이어지면서 수많은 사람이 희생되었지. 그 규모와 피해가 어느 정도였냐면? 총 집회 수는 1500여 회, 참가한 사람은 200여 만 명, 잡힌 사람은 4만 6000여 명, 사망자는 7500여 명, 부상자는 1만 6000여 명이었어. 여기서 알 수 있듯이 3·1 운동은 우리 민족 최대의 독립운동이자 수많은 국민이 일제에 희생당한 사건이었어.

태극기 목각판
3·1 운동 당시 시위에 사용할 태극기를 찍어 내기 위해 만든 목각판이다.

박은식은 3·1 운동에 대한 감동을 《한국독립운동지혈사》에서 이렇게 밝혔어. '3·1 운동 이후 우리 민족은 남녀노소와 안과 밖, 멀고 가까움을 가리지 않고 전체로 활동하

제암리 비극을 세계에 알린 프랭크 윌리엄 스코필드

캐나다 사람인 스코필드는 세브란스 의학 전문학교(지금의 연세대학교 의과 대학) 교수였는데, 제암리 학살 소식을 듣고 바로 현장으로 달려갔다. 그는 불에 탄 유골을 모아 공동묘지에 묻어 주고, 일본군이 저지른 만행을 사진에 담아 보고서를 써서 외국 언론에 보냈다. 스코필드의 의로운 활동으로 제암리 학살 사건이 알려지게 된 것이다.

3·1 운동은 나라 안팎으로 많은 영향을 끼쳤어.

고, 일치단결하여 움직이며, 물불을 가리지 않고 뛰어들고, 수많은 죽음도 사양하지 않았다. 지난날에는 이토 히로부미를 저격한 자가 안중근 한 사람이었으나, 오늘날에는 수백의 안중근이 있다. 지난날에는 이완용을 칼로 찌른 자가 이재명 한 사람이었으나, 오늘날에는 수백의 이재명이 나왔다.'라고 말이야.

그만큼 3·1 운동이 지닌 역사적인 의의는 아주 커. 먼저 3·1 운동은 직업, 신분, 종교에 관계없이, 도시와 농촌, 남녀노소 할 것 없이 온 국민이 하나가 되어 참가한 전 민족적인 독립운동이었어. 또 3·1 운동을 통해 우리 민족이 완전한 자주 독립을 바란다는 것을 전 세계에 알렸어. 그리고 3·1 운동을 계기로 상하이에 대한민국 임시 정부를 세우게 되었어. 민족의 뜻을 하나로 모으고 독립운동을 책임지고 이끌어 갈 통일된 지도부가 절실히 필요했거든.

뿐만 아니라 제국주의 침략에 맞서 인류의 자유와 평화를 추구한 3·1 운동 정신은 중국, 인도 같은 아시아 국가들의 민족 운동에까지 영향을 끼쳤어.

대한민국 임시 정부가 세워져 독립 운동을 이끌다

3·1 운동을 계기로 우리 민족의 독립운동은 나라 안팎에서 더욱 다양하게 전개되었어. 3·1 운동이 곧바로 독립으로 이어지지는 못했지만, 우리 민족은 독립에 대한 희망과 의지를 더욱 굳세게 다지게 된 거야. 특히 독립운동가들은 적극적으로 임시 정부 수립 운동을 펼쳤어. 좀 더

조직적으로 독립운동을 추진하기 위해서 말이야.

처음에 임시 정부는 세 군데에서 세워졌어. 1919년 3월, 연해주에서 대한 국민 의회가, 4월에는 중국 상하이에서 대한민국 임시 정부가 세워졌어. 서울에서도 4월, 종교계 대표를 중심으로 13도 대표가 모여 한성 정부를 세웠어. 이렇게 해서 비슷한 시기에 임시 정부 3개가 생긴 거야. 그러자 독립운동가들 사이에서 이들 정부를 합쳐야 한다는 주장이 일어났어.

전 국민을 대표할 수 있는 통합된 정부만이 강력한 독립운동을 이끌 수 있다고 생각한 거야. 마침내 9월, 3개의 임시 정부를 하나로 통합한 대한민국 임시 정부가 세워졌어. 대한민국 임시 정부는 공화

상하이 임시 정부 청사
중국 상하이에 있었던 대한민국 임시 정부 청사의 모습이다.

3·1 운동의 가장 큰 열매는 대한민국 임시 정부 수립이야!

대한민국 임시 정부 헌장 내용(일부)

· 대한민국은 국민이 주인이 되는 나라이다.
· 대한민국은 임시 정부가 다스린다.
· 대한민국 국민은 모두가 평등하다.
· 대한민국 국민은 말을 하거나 책을 펴내거나 모임을 가질 자유가 있다.

대한민국 임시 정부 신년 축하식
1920년 1월 1일 대한민국 임시 정부와 임시 의정원(입법 기관) 사람들이 모여 새해를 축하하며 찍은 사진이다.

정을 바탕으로 한 국가 체제를 갖추고, 대통령제를 채택했어. 임시 정부의 대통령은 이승만, 국무총리는 이동휘가 되었고, 임시 정부 본부는 중국 상하이에 두었어. 상하이는 일제의 영향력이 거의 미치지 않았고, 세계 여러 나라를 상대로 외교 활동을 펼치기 쉬웠기 때문이야. 대한민국 임시 정부는 몇 차례에 걸쳐 헌법을 고치면서 정부 체제를 바꾸어 갔어. 나중에는 주석과 부주석의 지도 체제를 채택하고 김구가 주석이 되어 임시 정부를 이끌었지.

조직을 정비한 대한민국 임시 정부는 곧바로 독립을 이루기 위한 활동들을 펼쳐 나갔어. 먼저 독립운동 자금을 마련하기 위해 독립

대한민국의 뿌리는 대한민국 임시 정부

우리나라는 3·1 운동을 계기로 1919년에 세워진 대한민국 임시 정부를 계승하였다. 이는 우리나라 헌법 전문에 실린 '유구한 역사와 전통에 빛나는 우리 대한 국민은 3·1 운동으로 건립된 대한민국 임시 정부의 법통과 불의에 항거한 4·19 민주 이념을 계승하고,……'라는 글에서도 확인할 수 있다.

공채를 발행했어. 공채는 나라나 국가 기관에서 필요한 돈을 모으기 위해 발행하는 증서를 말해. 공채를 팔고, 일정한 기간이 지나면 공채를 산 사람한테 원금과 이자를 주는 거지. 대한민국 임시 정부에서 발행한 공채는 하와이에서 살던 동포들이 많이 샀어. 독립운동을 도와주려고 말이야. 덕분에 임시 정부가 독립 자금을 마련하는 데 큰 도움이 되었어.

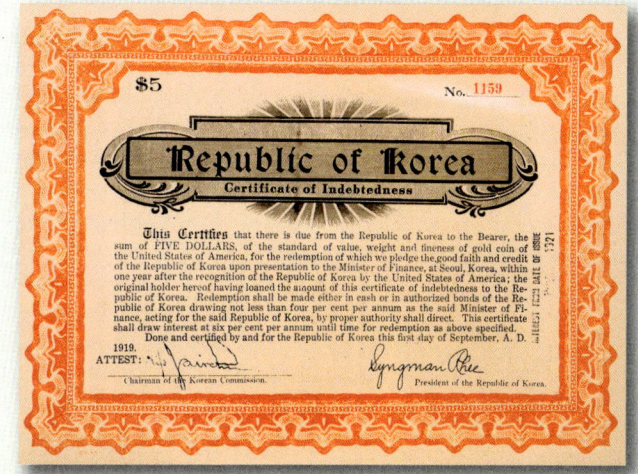

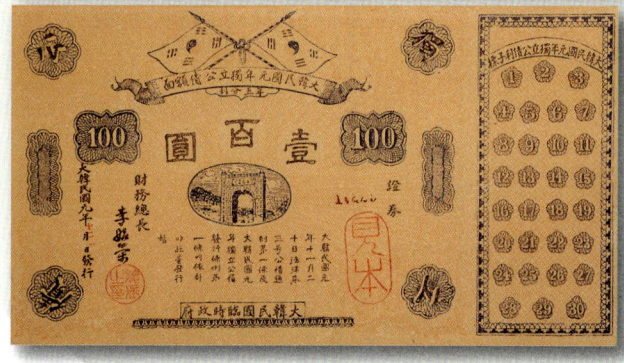

독립 공채
임시 정부는 독립운동 자금을 마련하기 위해 미국과 중국 등에서 독립 공채를 발행했다.

한편 임시 정부는 나라 안팎의 항일 세력들과 연락을 주고받을 수 있는 비밀 연락망을 만들었어. 교통국과 연통제를 설치한 거야. 교통국은 임시 정부의 통신 기관으로 평안도, 황해도, 만주 등에 설치되었어. 교통국은 나라 안팎의 독립운동 세력과 연락을 주고받으며 정보를 모아 분석하고, 독립운동 자금을 마련하는 데 힘썼어. 특히 아일랜드 사람 쇼가 경영하던 만주 이륭 양행에 설치한 단둥(안동) 교통국이 크게 활약했어. 연통제는 임시 정부의 지방 행정 기관이라고 할 수 있어. 국내 주요 지

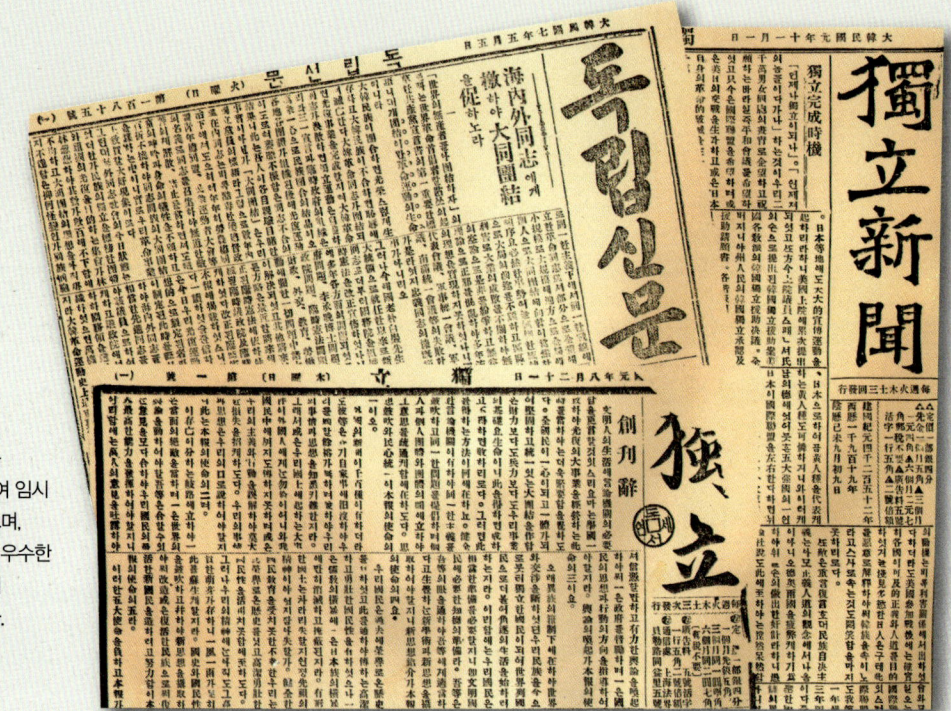

〈독립신문〉
대한민국 임시 정부는 〈독립신문〉을 발행하여 임시 정부의 소식을 알렸으며, 대한민국의 자주성과 우수한 민족 문화를 인식시켜 독립 의식을 드높였다.

역에 일제 몰래 연통제를 조직해 임시 정부의 문서와 지시 사항을 전하고 각 지역의 독립운동을 지도하는 한편 독립운동 자금을 마련하기도 했어.

임시 정부는 〈독립신문〉을 만들기도 했어. 〈독립신문〉을 통해 국내외 동포들한테 독립운동 소식을 알려 독립 정신을 일깨우고, 독립운동 단체들의 독립운동 방향을 제시했어. 또 사료 편찬소를 두어 독립운동과 관련된 자료들을 모아 펴냈어. 특히 한·일 관계 사료집을 펴내 국제 연맹에 제출해 일제의 침략을 알리기도 했지.

임시 정부는 외교 활동에도 힘썼어. 파리에 있던 김규식을 임시 정부의 외무총장으로 임명하고, 우리나라를 대표해 1920년까지 열린

국제 연맹
제1차 세계 대전 직후인 1920년, 미국 대통령 윌슨의 제창에 따라 국제 평화 유지와 협력을 촉진할 목적으로 창설한 국제 평화 기구이다. 1945년 국제 연합의 창설로 1946년에 해체되었다.

파리 강화 회의에 계속 보냈어. 우리나라의 독립에 대한 의지를 끊임없이 밝힌 거야. 미국에는 외교 담당 기관인 구미 위원부를 설치해 독립을 위한 외교 활동을 펼쳤지.

뿐만 아니라 군무부를 두어 서로 군정서, 북로 군정서 같은 만주 지역의 독립군을 끌어들였어. 나중에는 무관 학교를 세워 무장 독립군을 기르고 한국광복군을 조직하기도 했지.

이처럼 의욕적으로 활동하던 임시 정부에도 시련이 닥쳤어. 일제의 감시와 탄압으로 연통제, 교통국 같은 조직이 무너져 독립운동 자금을 마련하기 힘들어진 거야. 또 독립운동가들 사이에 독립운동 방법을 둘러싸고 갈등이 일어나 여러 가지 어려움을 겪기도 했어. 하지만 대한민국 임시 정부는 김구, 이동녕 등을 중심으로 조직을 다시 정비해 광복이 되는 날까지 독립을 위한 활동을 계속했고, 모든 동포에게 독립에 대한 희망과 용기를 주었어.

군무부
대한민국 임시 정부의 국방을 맡아보던 곳.

우리나라의 독립운동을 도운 아일랜드 사람, 쇼!

베델, 헐버트와 함께 우리나라의 독립운동을 도운 대표적인 외국 사람으로 아일랜드 사람 쇼가 있다. 쇼는 1919년 중국 단둥(안동) 현에서 무역회사인 이륭 양행을 경영하였다. 쇼는 이륭 양행 2층 사무실을 임시 정부의 단둥 교통국 사무국으로 쓸 수 있도록 빌려 주었다. 독립운동가를 숨겨 주고 상하이를 오가는 배를 제공해 주었을 뿐만 아니라, 자기 이름으로 우편물이 오갈 수 있도록 해 주고 무기를 들여오는 것도 도와주었다. 쇼는 1920년 7월 무기 운송을 돕다가 일제에 들켜 잡혔으나, 이 사건이 영국과 일본 사이의 외교 문제로 번지면서 11월에 풀려났다.

일제의 총칼에 맞서 싸운 소녀, 유관순

유관순은 1902년 충청남도 천안에서 태어났어. 1916년 미국인 선교사의 도움으로 이화 학당에 입학했고, 방학에는 고향에서 글을 가르쳤지.

3월 1일, 탑골 공원.

독도는 우리 땅!

일제는 러·일 전쟁 중인 1905년 2월, 독도(일본 이름 다케시마)를 자기들 마음대로 자기 나라 영토로 끼워 버렸다. 하지만 우리는 광복과 더불어 독도도 되찾았다. 그런데 일본은 독도를 국제 분쟁 지역으로 만들려고 하고 있고, 일본 교과서에서 독도를 일본 영토라고 쓰고 있다. 때문에 우리나라와 갈등이 심해지고 있다. 이에 우리는 독도가 우리 땅이라는 역사적인 근거를 분명히 알고 우리 땅을 지켜야 할 것이다. 독도가 우리 땅이라는 것을 알려 주는 역사적인 자료를 살펴보자.

《세종실록지리지》에 독도가 울릉도에 딸린 섬으로 쓰여 있다.

우산(독도)과 무릉(울릉도) 두 섬은 현(울진현)의 동쪽 바다에 있다. 두 섬은 서로 거리가 멀지 않아 날씨가 좋으면 울릉도에서 독도가 보인다.

독도

1900년, 울릉도를 군으로 올리고 독도를 담당한다는 '대한 제국 칙령 제41호'를 발표하였다.

'울릉도를 울도로 이름을 바꾸어 강원도에 딸리고, 도감을 군수로 바꿔 관제 중에 넣고 군의 등급은 5등으로 할 것이며, 군청 위치는 태하동으로 정하고, 구역은 울릉전도와 죽도, 석도(독도)를 담당할 것.' 이라는 내용으로, 울릉도 군수의 관할 지역에 '독도'가 포함된 것을 알 수 있다.

1877년, 일본 내무성이 태정관(외교부 장관)에게 올린 품의서 및 태정관 지령에서 독도가 한국의 영토라고 밝히고 있다.

1876년 10월 시마네 현에서는 공문을 통하여 '울릉도와 독도를 시마네 현에 포함할 것인가?'를 일본 내무성에 물었다. 이에 대해 1877년 3월 내무성은 '1699년에 끝난 문제로 울릉도와 독도는 조선의 영토로서 일본과 관계가 없다.'라고 결정하였다. 또한, 태정관은 '품의한 취지의 울릉도 외 1건에 대해서는 일본과 관계가 없다는 것을 명심할 것'이라는 결정을 내렸다.

《숙종실록》을 통해 일본이 독도가 우리 땅임을 인정한 것을 알 수 있다.

1693년(숙종 19)에 안용복은 울릉도에서 고기잡이를 하던 중 침입한 일본인과 실랑이하다 일본에 잡혀 갔다. 안용복은 울릉도와 그에 속한 섬들이 조선 땅임을 주장하고, 이를 확인하는 서계를 받아냈다. 이후 1696년(숙종 22)에 안용복은 일본으로 건너가 "울릉도와 그에 속한 섬들은 조선 땅으로 정하고 서계도 받았는데, 왜 일본인들이 침범하는가?"라고 항의하자, 일본은 안용복에게 "두 섬은 이미 당신네 나라에 속하니, 만일 다시 국경을 넘어 침범하는 자가 있으면 무겁게 처벌하겠습니다."라고 약속하였다.

〈신찬 조선국전도〉에 울릉도와 독도가 조선의 영토로 되어 있다.

1894년 일본에서 발행된 〈신찬 조선국전도〉에 울릉도와 독도가 조선 영토와 같은 색깔로 칠해져 있다.

〈신찬 조선국전도〉(부분)

2장 식민 정책에 맞서 민족 운동이 전개되다

3·1 운동 뒤, 일제는 문화 통치를 실시하며 우리 민족을 분열시켰다. 또 산미 증식 계획으로 식량을 빼앗아 갔고, 회사령을 없애 일본 기업을 성장시켰다. 일제의 식민 지배에 맞서 독립운동은 여러 갈래로 전개되었다. 나라 안에서는 물산 장려 운동과 민립 대학 설립 운동이 일어났고, 학생들이 6·10 만세 운동과 광주 학생 항일 운동으로 일제에 저항했다. 경제적 약탈에 맞서 소작 쟁의와 노동 쟁의가 일어났으며, 민족주의 세력과 사회주의 세력이 하나로 뭉쳐 신간회를 만들어 항일 운동을 펼쳐 나갔다. 나라 밖에서는 무장 독립 투쟁이 일어났다. 특히 만주 봉오동과 청산리에서 독립군이 크게 승리하였다. 의열단과 한인 애국단 단원 등 애국지사들이 일제 중요 인물들을 암살하고, 식민 통치 기관을 습격하기도 했다.

일제는 중·일 전쟁, 태평양 전쟁을 일으키면서 민족 말살 정책을 펼쳤다. 일제는 신사 참배 등으로 우리 민족정신을 뿌리 뽑으려고 하는 한편, 물적·인적 자원을 빼앗아 전쟁에 이용하였다. 이에 맞서 대한민국 임시 정부는 한국광복군을 만들어 일제에 선전 포고를 하고 연합군과 함께 대일 전쟁에 참전하였다. 또한 우리말과 우리 역사를 활발히 연구하고, 문화 예술 활동을 이어 갔다.

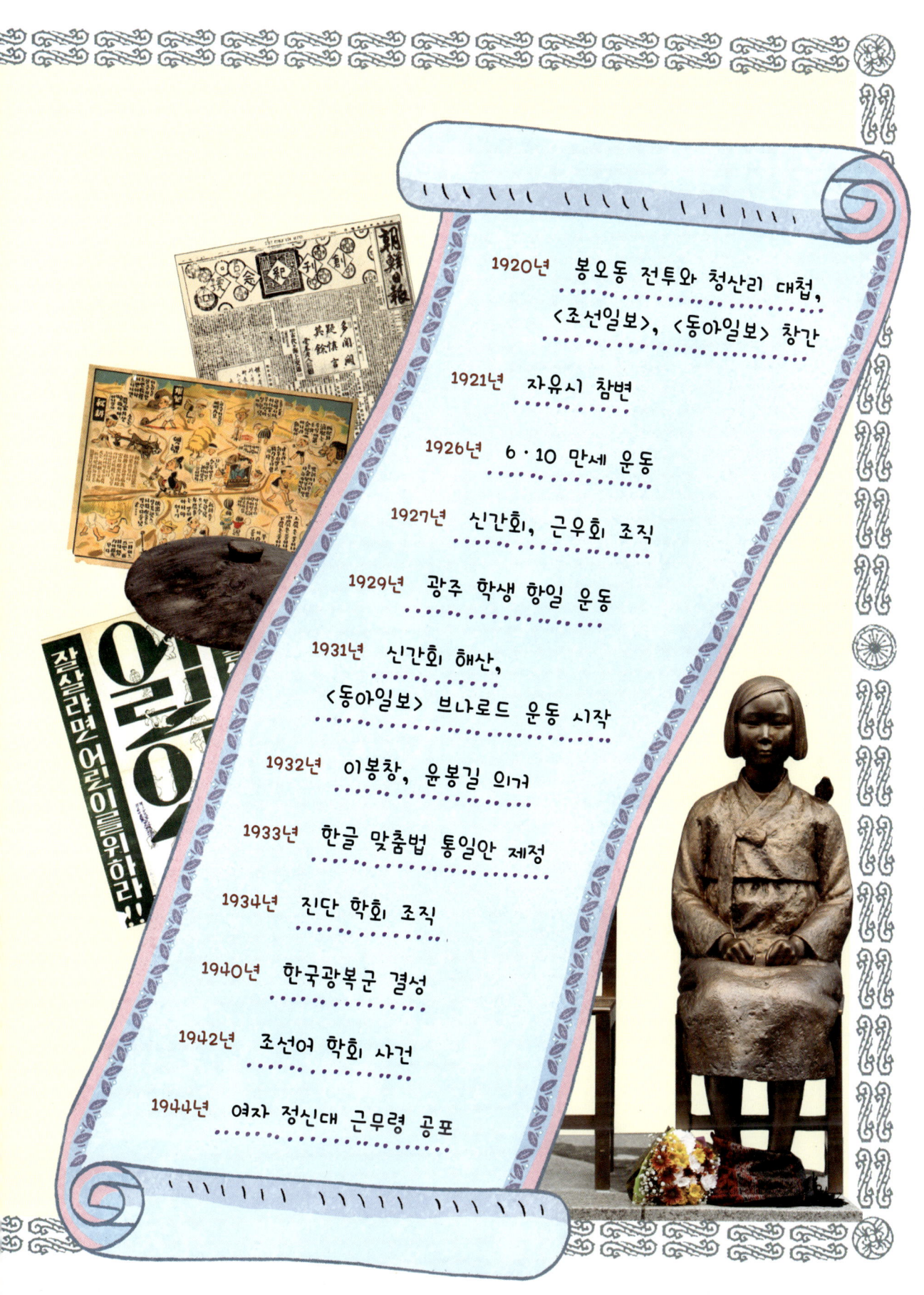

1920년 봉오동 전투와 청산리 대첩, <조선일보>, <동아일보> 창간

1921년 자유시 참변

1926년 6·10 만세 운동

1927년 신간회, 근우회 조직

1929년 광주 학생 항일 운동

1931년 신간회 해산, <동아일보> 브나로드 운동 시작

1932년 이봉창, 윤봉길 의거

1933년 한글 맞춤법 통일안 제정

1934년 진단 학회 조직

1940년 한국광복군 결성

1942년 조선어 학회 사건

1944년 여자 정신대 근무령 공포

1. 문화 통치로 우리 민족을 이간질하고 경제 수탈을 강화하다

∨ 문화 통치란?
∨ 산미 증식 계획은 왜 실시되었을까?
∨ 일본 기업이 성장하게 된 배경은?

문화 통치로 우리 민족을 분열시키다

1919년에 온 국민이 들고일어난 3·1 운동은 일제의 간담을 서늘하게 했어. 일제는 헌병 경찰을 앞세워 힘으로 다스리는 무단 통치로는 우리 민족을 지배할 수 없다는 것을 깨달았지. 그래서 3대 총독으로 사이토 마코토를 임명하고 우리 민족에 대한 통치 방법을 바꾸었어. 새로운 통치 방법은 이른바 '문화 통치'라는 거였어. 우리 민족의 문화와 관습을 존중하면서 다스리겠다는 거였지. 총, 칼이 아닌 부드러운 방식으로 말이야. 물론 일제의 진심은

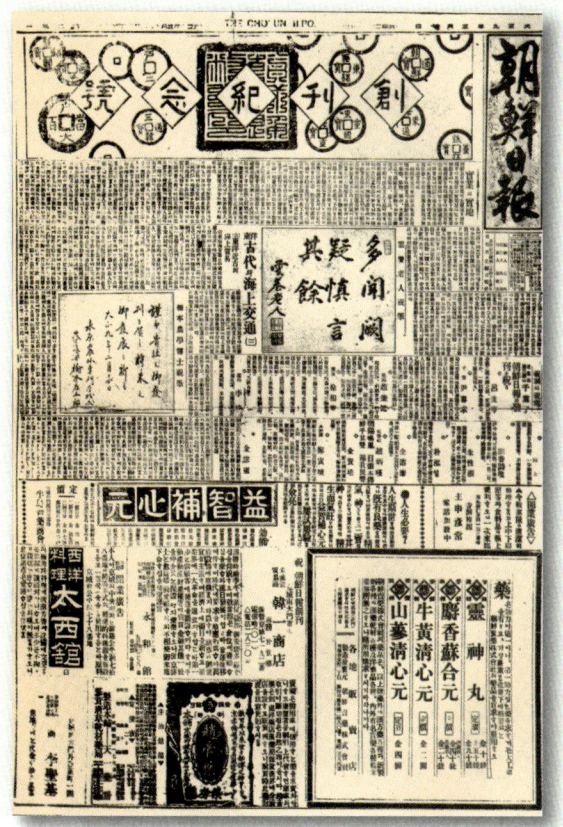 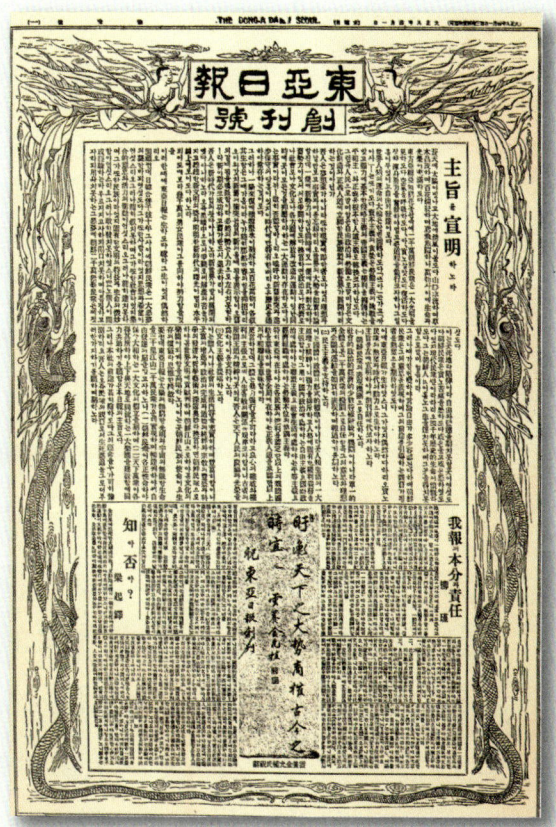

〈조선일보〉와 〈동아일보〉
문화 통치 이후 〈동아일보〉, 〈조선일보〉 같은 우리 민족이 발행하는 신문들이 창간되었다.

다른 데 있었어.

 그럼 문화 통치로 달라진 것이 무엇인지, 일제의 진심은 무엇인지 살펴보자. 일제는 먼저 군인만 임명하던 조선 총독을 일반인도 임명할 수 있게 규정을 고쳤어. 군사적인 분위기를 바꿔 보겠다는 거였지. 그런데 이 규정은 한 번도 지켜지지 않았어. 일제 강점기 동안 8명이 총독을 지냈는데, 모두 군인 출신이었던 거야.

 일제는 또 일본인만 임명하던 총독부 관리에 우리나라 사람도 임

치안 유지법은 일제가 천황 통치 체제나 사유 재산 제도를 부정하는 사상을 통제하고 탄압하기 위해 만든 법률이야.

치안 유지법을 통해 사회주의자뿐만 아니라 민족주의 사상을 지닌 독립운동가들도 탄압했어.

명하고, 헌병 경찰제를 보통 경찰제로 바꾸어 우리 민족에 대한 탄압을 줄이겠다고 했어. 하지만 우리나라 사람들은 높은 관리로는 임명되지 않았고, 대부분 독립운동가를 감시하는 순사나 세금을 걷는 낮은 관리가 되는 게 고작이었어. 헌병 경찰도 보통 경찰로 바꾸었다고는 하지만, 오히려 그 수는 크게 늘어났어. 1918년에서 1920년 사이에 경찰 수가 3배 가까이 늘어났을 정도야. 우리 민족을 더 철저히 감시한 거지. 1925년에는 치안 유지법을 만들어 독립운동가들을 더욱더 탄압했어.

한편 한글로 된 신문과 책을 만들 수 있게 하고, 단체를 만들거나 모임을 갖는 자유도 준다고 했어. 덕분에 〈조선일보〉, 〈동아일보〉 같은 신문들이 만들어졌지. 하지만 일제는 이 신문들을 철저히 검토하여, 일제의 식민 통치를 비판하거나 민족의식을 불어넣는 기사들은 싣지 못하게 했어. 일제의 말을 듣지 않으면 협박을 하고 아예 신문을 내지 못하게 했어. 단체를 만들거나 모임을 갖는 것도 일제가 허락하는 범위 안에서만 할 수 있었어.

일제는 교육에서도 변화를 줬어. 1922년에 제2차 조선 교육령을 발표해 일본 사람과 우리나라 사람을 똑같이 교육시키겠다고 했지. 그리고 경성 제국 대학을 세우고, 전체 학생의 3분의 1 정도를 우리나라 학생으로 뽑겠다고 했어. 대학을 세우고 우리나라 학생을 뽑겠다는 것에는 우리 민족에게 고등 교육을 시키겠다는 것보다는 친일 세력을 키우겠다는 뜻이 숨어 있었지.

하지만 근본적인 교육 방향이 달라지지는 않았어. 기초적인 초등 교육과 기술 중심의 실업 교육을 좀 더 시켰을 뿐이야. 게다가 우리나라 아이들이 학교에 들어가는 건 여전히 힘들었어. 학교에 다니려면 수업료를 내야 했는데 가난한 우리나라 사람들은 수업료를 내기 어려웠거든. 눈에 띄게 달라진 게 있다면 선생님들이 군복 같은 제복을 입지 않게 되고 칼을 차지 않게 되었다는 거였어.

어때? 일제의 문화 통치는 무단 통치와 견주어 보면 겉으로 보기에는 꽤 부드러워졌지? 하지만 알다시피 이 모든 정책은 우리 민족을 달래기 위한 것이었어. 일제의 지배를 자연스럽게 받아들이게 하

일제 언론 탄압의 대표적인 사건, 일장기 말소 사건

1936년 8월, 독일 베를린에서 열린 제11회 올림픽 마라톤 경기에서 우리나라 선수인 손기정이 우승, 남승룡이 3위를 했다. 〈동아일보〉는 신문에 손기정의 사진을 실으면서 가슴에 있던 일장기를 지워 버렸다. 이 사건으로 사회부장 현진건, 사진부장 신낙균, 사진을 고친 화가 이상범 등이 체포되어 처벌을 받았다. 또한 사장 송진우, 편집부장 설의식, 체육부 기자 이길용 등은 언론계에서 활동하지 못하게 되었고, 〈동아일보〉는 발간되지 못하다가 9개월 뒤에 다시 나올 수 있었다.

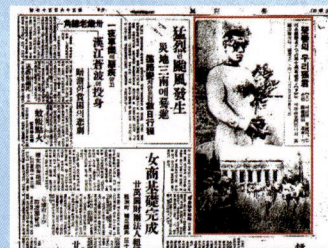

일장기가 지워진 사진이 실린 〈동아일보〉

려고 말이야.

또한 문화 통치는 친일파를 길러 우리 민족을 갈라놓으려는 교활한 정책이기도 했어. 이러한 일제의 진심은 사이토 총독이 1920년에 세운 '조선 민족 운동에 대한 대책'에도 잘 나타나 있어. 그 주요 내용이 '친일 인물을 귀족, 양반, 유생, 부호, 교육가, 종교가, 실업가 속으로 들어가게 하여 각종 친일 단체를 만든다, 우수한 조선 청년들을 지원해 친일파를 기른다.' 같은 것들이거든. 친일파를 길러 일제의 식민지 정책에 활용하겠다는 거였지. 일제는 문화 통치라는 그럴듯한 이름 아래 우리 민족을 분열시키고 우리 민족의 독립 의지를 꺾으려고 했던 거야.

산미 증식 계획으로 식량을 빼앗아 가다

일제는 겉으로는 문화 통치를 내세우면서 경제적인 수탈은 강화해 나갔어. 가장 대표적인 수탈 정책은 1920년부터 실시한 산미 증식 계획이야. 산미 증식 계획은 쌀을 더 많이 생산해 일본으로 가져가겠다는 정책이었지.

일제는 왜 쌀을 전보다 더 많이 가져가려고 했을까? 그건 제1차 세계 대전과도 관계가 있어. 일제는 제1차 세계 대전에 참가하면서 공업이 크게 발달했어. 전쟁에 필요한 여러 가지 물건을 만들어 팔면서 공업과 경제가 발달하게 된 거야. 일본의 경제가 발달하면서 많은 농민들이 일자리를 찾아 도시로 몰려들었어. 그러자 일본 농촌과 농민이 크게 줄어들었고, 일본의 식량 문제가 심각해졌지. 도시 노동자들이 늘어나면서 이들이 먹어야 할 쌀이 엄청 늘어났는데, 쌀 생산량은 턱없이 모자랐던 거야. 쌀값은 무척이나 올랐고, 일본 노동자들은 쌀값을 내리라며 곳곳에서 폭동을 일으켰어. 그 해결책으로 일제가 실시한 것이 산미 증식 계획이야. 부족한 쌀을 우리나라에서 생산하여 가져가겠다는 거였지.

조선 총독부는 쌀 생산을 늘리기 위해 온갖 방법을 다 동원했어. 먼저 농민들한테 다른 작물을 재배하지 못하게 하고 벼농사만 짓도록 강요했어. 또 황무지를 일궈 농토를

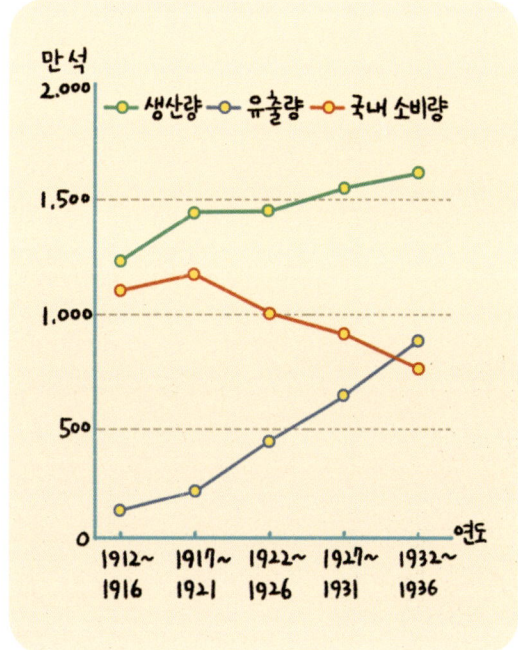

쌀 생산량과 일제의 수탈량
쌀 생산량은 늘어났는데, 국내 소비량은 줄어들고 유출량이 엄청나게 늘어난 것을 알 수 있다.

늘리고, 농민들에게 저수지를 만들게 하거나 물길을 내게 했어. 새로운 벼 품종을 사서 심게 하고 거름 대신 화학 비료를 많이 쓰게 하기도 했지. 그 결과 쌀을 전보다 더 많이 거둘 수 있게 되었어.

쌀이 쌓여 있는 인천항(위)과 군산항(아래)
일제가 한국에서 빼앗은 쌀을 일본으로 가져가기 위해 쌓아 둔 것이다.

쌀을 더 많이 생산하게 되면서 우리 농민들의 살림살이도 나아졌을까? 안타깝게도 그렇지 못했어. 소작농이 대부분인 농민들 생활은 더욱 어려워졌어. 수리 시설을 만드는 데 드는 비용이나 품종 개량비 같은 것을 농민들에게 내게 한 데다 소작료도 올렸기 때문이야. 뿐만 아니라 일제는 늘어난 생산량보다 더 많은 쌀을 가져갔어. 우리나라는 쌀이 점점 부족해졌고, 쌀값은 하늘 높은 줄 모르고 올랐어.

농민들은 치솟는 쌀값과 오르기만 하는 소작료에 농사 비용까지 감당하느라 허리가 휘었어. 보통 거두어들인 곡식의 50퍼센트 정도를 소작료로 냈는데, 이런저런 비용까지 다 떠맡다 보니 80퍼센트

산미 증식 강요 전단
조선 총독부에서 발행한 산미 증식 강요 전단이다. 일제는 이러한 전단까지 만들어 식량 생산을 늘리고, 늘어난 쌀을 강제로 빼앗아 갔다.

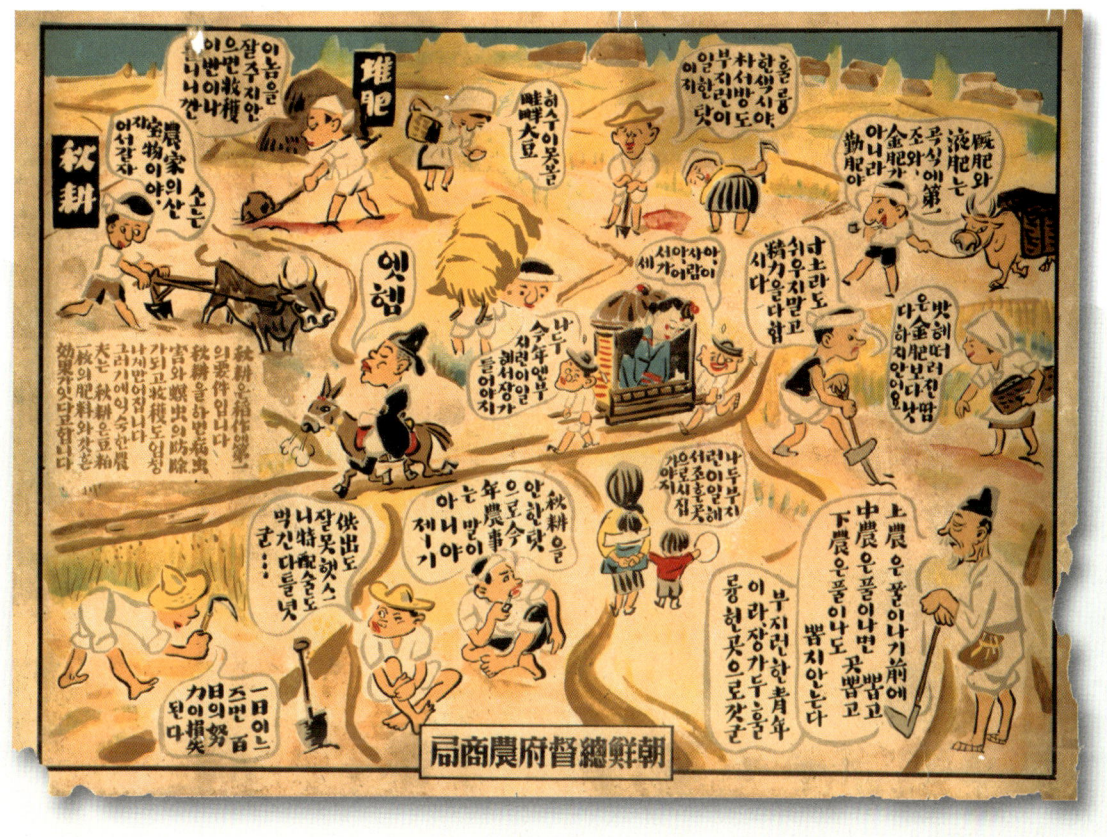

**가마니 짜기에
동원된 학생들**
일제는 빼앗은 쌀을 가져가기
위해 학생들까지 가마니
짜기에 동원했다.

정도까지 내게 된 거야. 남은 곡식으로는 봄을 넘기기 어려웠어. 식량이 떨어진 소작농들은 지주한테 높은 이자를 주기로 하고 곡식을 빌려 먹기도 했어.

가을에 곡식을 거둬들여 소작료 등으로 80퍼센트를 내고 봄에 꾼 곡식을 갚고 나면 남는 것이 거의 없었지. 농민들은 직접 농사지은 쌀을 제대로 먹어 보지도 못하고 굶주리는 날들이 많았던 거야. 그러자 일제는 만주에서 조나 수수, 콩 같은 싼 잡곡을 들여와 모자란 식량을 대신하게 했어. 하지만 이 수입 잡곡도 사 먹지 못하는 농민들이 많았어. 이들은 풀뿌리나 나무껍질 같은 것들을 먹으며 목숨을 이어 갔지.

나날이 어려워져 가는 형편을 견디다 못한 농민들은 산으로 들어가 화전민이 되거나 도시로 가서 토막집을 짓고 날품팔이를 하며 살기도 했어. 또 새로운 삶의 터전을 찾아 만주, 연해주, 일본 등으로 떠나기도 했지. 그런가 하면 적극적인 농민들은 조합을 만들어 소작료를 내려 달라고 요구하기도 했어. 농민 운동이 일어난 거야.

회사령을 폐지해 일본 기업을 키우다

제1차 세계 대전이 끝난 뒤 일본 기업들은 우리나라에 회사를 세우려고 했어. 우리나라에 회사를 세우면 상품을 만들 원료를 싸게 사고, 적은 임금으로 노동자들을 부릴 수 있기 때문이었지. 그러자 조선 총독부는 1920년 3월, 회사령을 없애 허가를 받지 않고 회사를 세울 수 있게 했어. 일본 기업들이 우리나라에서 자유롭게 회사를 세울 수 있도록 말이야.

회사령을 없애자 일본의 많은 기업들이 우리나라에 들어와 사업을 벌였어. 미쓰이, 미쓰비시 같은 대기업들은 지하자원이 많은 북부 지방을 중심으로 공업과 광업에 투자했고, 중소기업들은 주로 옷감을 만드는 면방직 공업이나 식료품 관련 사업을 벌였어.

우리나라 사람들도 회사령이 없어진 틈을 타서 회사를 세우기는 했어. 주로 술을 만드는 양조업이나 쌀을 찧는 정미업, 양말이나 고무신 공장 같은 작은 기업들이었지. 간혹 김성수가 세운 경성 방직 같은 큰 기업도 있었지만 몇 개 되지 않았어. 그나마 이 기업들을 유지하려면 일제의 정책에 협조하지 않을 수 없었어. 혹시 독립운동이라도 도왔다가 들키면 기업을 지킬 수 없었지. 대표적으로 부산에 세워진 백산 상회는 임시 정부 등 독립운동 단체에 막대한 지원금을 보

일제 강점기 때 일본인들은 우리나라에서 사업을 벌여 많은 돈을 벌어 갔어.

내는 민족 기업이었는데, 일제의 감시와 탄압으로 무너지고 말았어.
　게다가 우리나라 기업은 일본 기업과의 경쟁에서 밀릴 수밖에 없었어. 우리 기업은 일본 기업보다 자본도 적고 기술도 떨어지고 회사를 운영하는 방법도 서툴렀기 때문이야. 더구나 일본에서 우리나라에 수출하는 상품에는 세금을 매기지 않았기 때문에 일본 상품이 우리 상품보다 품질도 좋고 가격도 쌌어. 결국 우리나라는 일본에 원료를 대 주는 원료 공급지이자 상품을 사 주는 상품 판매 시장이 되어 일본 기업을 키우는 식민지 역할을 톡톡히 하게 되었지.
　조선 총독부는 1928년에는 신은행령을 발표했어. 자본을 200만 원 이상 가진 주식회사만 은행을 세우거나 운영할 수 있게 한 내용

조선 은행 군산 지점
일제가 경제 수탈을 목적으로 세운 조선 은행 군산 지점의 건물이다. 지금은 군산 근대 건축관으로 사용되고 있다.

일제 강점기 노동자들
일제 강점기에 우리 노동자들은 적은 임금을 받으며 힘들게 일해야 했다.

이었지. 그러고는 우리나라 사람이 운영하던 자본이 적은 은행을 강제로 일본인들이 운영하는 은행에 합병했어. 우리 민족 자본이 커 나가지 못하도록 막고 일본 기업만 클 수 있도록 말이야.

기업이 늘어나면서 함께 늘어난 건 일자리야. 일자리가 늘어난 것은 기뻐해야 할 일이지만 그렇지 못했어. 우리나라 노동자들은 일본인 노동자들의 반도 안 되는 돈을 받으면서, 더 많은 시간 동안 일해야 했거든. 우리 노동자들이 월급을 올려 달라며 노동 운동을 벌이기도 했지만, 일본 기업은 이들을 힘으로 짓눌렀지.

우리 민족 기업은 일본 기업에 밀려 큰 타격을 받을 수밖에 없었고, 노동자들은 낮은 임금을 받고 오랜 시간 일하며 힘겨운 생활을 해야 했어.

산미 증식 계획으로 더욱 비참해진 농민들

2. 나라 안에서 여러 갈래의 민족 운동이 일어나다

- 실력 양성 운동이란?
- 6·10 만세 운동, 광주 학생 항일 운동은 어떻게 전개되었을까?
- 농민과 노동자는 일제에 어떻게 맞섰을까?
- 신간회의 항일 운동이 갖는 의미는?

민족의 실력을 기르기 위해 물산 장려 운동과 대학 설립 운동이 일어나다

3·1 운동 뒤, 1920년대에 문화 통치가 실시되면서 독립운동에도 새로운 변화가 일어나기 시작했어. 이 가운데 하나가 먼저 우리 민족의 실력을 키우고, 어느 정도 실력이 쌓이면 독립 투쟁을 벌이자는 운동이었어. 우리 민족은 아직 독립할 실력이나 힘이 부족하다고 생각해서 민족의 실력부터 길러야 한다고 주장한 거지. 이런 운동을 '실력 양성 운동'이라고 해. 대표적인 실력 양성 운동으로 물산 장려 운동과 민립

대학 설립 운동이 있었어.

　물산 장려 운동은 민족 자본과 민족 산업을 키워 일제로부터 경제적으로 자립하려는 운동이었어. 이런 운동이 일어나게 된 배경은 무엇일까? 그건 우리나라가 일제 식민지가 되면서 일본 기업들이 많이 들어온 데서 찾을 수 있어. 일본 기업에서 만든 물건은 우리 물건보다 질이 좋았고 값도 쌌잖아. 그래서 우리나라 사람들도 우리 물건보다는 일본 물건을 많이 샀어. 그러니 일본 기업은 발전하고 우리 민족 기업은 대부분 무너질 수밖에 없었지.

경성 방직 광고
국산품 애용 운동이 펼쳐지자, 경성 방직 주식회사가 '우리가 만든 것 우리가 쓰자'는 내용으로 국산품 애용을 선전한 광고이다.

자급자족이란 물자를 스스로 생산하여 쓰는 걸 말해.

조만식과 김동원 같은 민족 운동가들은 우리 기업과 산업을 살려 경제적으로 자립해야 독립할 힘이 길러진다고 생각했어. 그래서 국민들한테 국산품을 쓰고, 자급자족하고, 절약하고, 술과 담배를 끊자는 운동을 벌였지.

1920년, 평양에서 조만식 등이 물산 장려회를 만들어 물산 장려 운동을 시작하자, 서울을 비롯한 여러 지역에서 자작회, 금주·단연회, 토산 애용 부인회 같은 단체들이 만들어졌어. 이들 단체 대표들은 1923년, 서울에서 모여 조선 물산 장려회를 만들고, 지방 여러 지역에도 지회를 조직해 물산 장려 운동을 전국적으로 퍼뜨려 나갔어.

조선 물산 장려회는 〈조선 물산 장려 회보〉, 〈실생활〉 같은 잡지를 만들어 물산 장려 운동을 널리 알리고, 국산품을 사용하자는 내용의 강연회를 열기도 했어. 또 '내 살림 내 것으로', '조선 사람 조선 것으로'라는 구호를 만들고, 물산 장려가를 지어 부르며 국민들이 민족 기업이 만든 물건들을 사서 쓰도록 이끌었어. 물산 장려 운동은 전국 곳곳으로 빠르게 퍼져 나가며 경제 자립 운동으로 발전했어. 국민들은 민족 경제를 살려 일제로부터 벗어나자며 국산품을 쓰고 술,

담배를 끊으며 절약했지. 이처럼 물산 장려 운동은 어느 정도 결실을 거두어 갔어.

그런데 물산 장려 운동이 진행되면서 부작용도 나타났어. 일부 기업인과 상인들이 국산품 애용 운동을 통해 상품값을 올려 자기 이익만 챙기려고 한 거야. 때문에 국민의 지지가 떨어졌고, 자본가의 이익만 추구하는 이기적인 운동이라는 비난을 받기도 했어. 여기에 일제의 탄압이 겹쳐지면서 물산 장려 운동은 시들어 가고 말았지.

민족의 실력을 기르자는 운동은 교육 분야에서도 일어났어. 당시

민립 대학 기성회 창립 총회 기념
민족 지도자들은 고등 교육 기관인 대학을 세우기 위해 1923년 3월, 민립 대학 기성회를 만들었다.

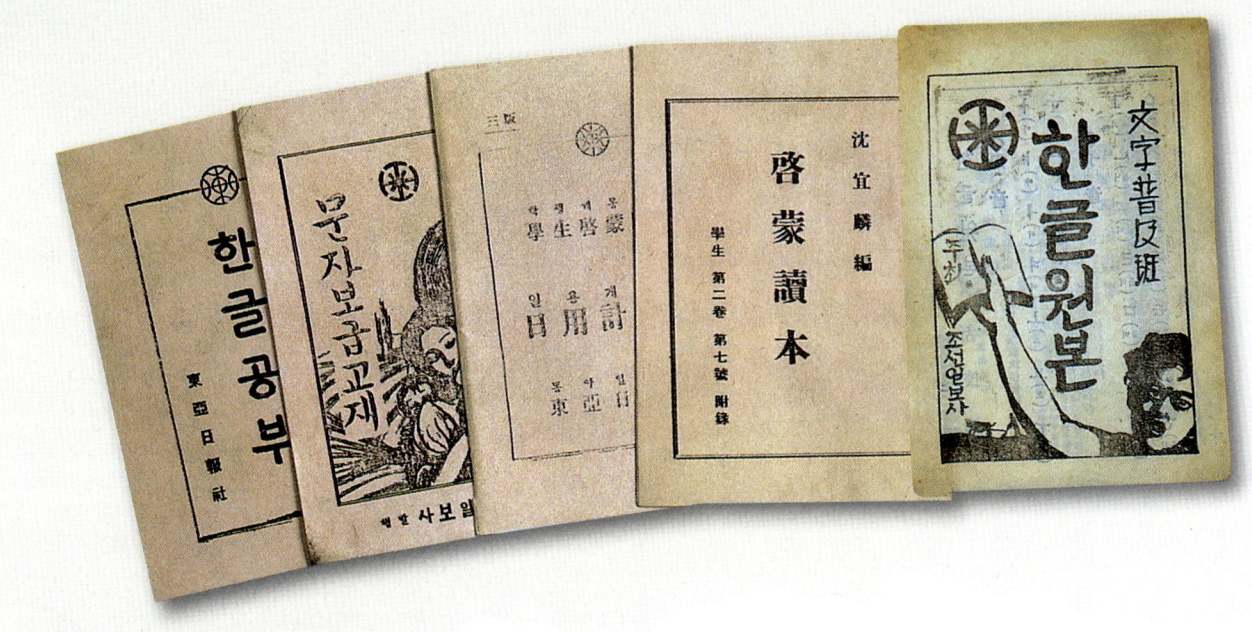

한글 교재
1920년대에는 야학을 통해 농민이나 노동자, 아이들에게 한글을 가르치는 운동이 일어났다. 〈조선일보〉, 〈동아일보〉 등의 언론사도 한글 보급에 앞장섰다.

일제는 교육에서도 우리나라 사람을 차별했잖아. 초등 교육이나 기술 중심의 실업 교육 정도만 시켰고, 고등 교육 기관으로는 전문학교 몇 개가 있었을 뿐이야. 이런 현실을 안타깝게 여긴 이상재, 한용운, 이승훈 같은 민족 지도자들은 민족의 실력을 기르려면 교육을 해야 한다며 민립 대학 설립 운동을 벌였어. 우리 민족의 힘으로 우리나라 사람을 위한 대학을 세우자는 운동이었지. 이상재 등은 민립 대학 기성회를 조직하고 전국적으로 모금 운동을 벌였어. 이 운동은 큰 지지를 받았어. 만주와 간도, 미국 하와이에 있는 동포들까지 모금에 참여할 정도로 말이야.

하지만 이 운동도 성공하지는 못했어. 일제가 민족 지도자들의 활동을 감시하며 방해했거든. 게다가 가뭄, 홍수 같은 자연재해가 일어나 모금 운동을 이어 가기 힘들어지면서 대학을 세울 만큼 돈을 모으지 못했어. 결국 우리 민족 스스로 대학을 세우는 것은 물거품이 되고 말았지.

대학 세우기는 실패했지만, 1920년대 들어 야학이 많이 생겼어. 학생들이 야학을 열어 배우지 못한 농민이나 노동자, 학교에 가지 못한 아이들한테 한글을 가르친 거야. 당시 우리나라는 문맹률이 80퍼센트에 달했거든. 야학에서는 한글뿐만 아니라 우리 역사도 가르치며 민족정신을 불어넣어 주었어. 이런 활동은 노동자와 농민의 의식을 일깨우는 데 큰 힘이 되었지.

1920년부터 1931년까지 10여 년 동안 세워진 야학의 수가 2000개가 넘을 만큼 교육에 대한 열기가 높았어. 3·1 운동 당시 앞장서서 활약했던 학생들이 3·1 운동 뒤의 민족 운동에서도 큰 역할을 한 거야.

노동자, 농민을 계몽하고 민족의 실력을 기르려는 운동에는 언론 기관도 적극적으로 참여했어. 〈조선일보〉는 1929년부터 한글 교재를 농촌 곳곳으로 보내 한글 보급 운동을 펼쳐 나갔고, 〈동아일보〉는 1931년부터 브나로드 운동을 전개했어. 브나로드는 러시아 말로 '민중 속으로'라는 뜻으로, 식민 통치에 저항

브나로드 운동 포스터
〈동아일보〉는 농촌 계몽 운동인 브나로드 운동을 펼쳤다.

하는 농촌 계몽 운동이었어. 브나로드 운동에서는 한글을 가르치고, 미신을 멀리하고 잘못된 관습은 없애자는 등 계몽 활동을 하기도 하고, 음악이나 연극을 지도하는 등 문화 운동을 하기도 했어.

이와 같은 실력 양성 운동은 사실 근본적인 한계가 있었어. 일제가 허락하는 한에서 이루어졌고, 일제의 탄압에 맞서 싸우지는 못했거든. 또한 먼저 실력을 기르고 나중에 독립하자고 했지만, 실력 기르기에만 힘쓰면서 독립에 대한 의지는 약해져 갔어. 그러면서 일부 민족 지도자들은 일제를 돕는 친일 활동을 하게 되었지.

6·10 만세 운동과 광주 학생 항일 운동으로 일제에 맞서다

3·1 운동을 통해 항일 민족 운동 중심 세력으로 떠오른 계층은? 학생들과 청년들이야. 이들은 1920년대 들어 국민들을 계몽하는 활동에 나섰을 뿐만 아니라 적극적으로 일제에 맞섰어. 학생들은 일제의 민족 차별 교육에 반대하고, 일본인 교사가 우리 학생을 깔보고 업신여기는 것에 대해 항거했어. 학생들은 항거의 표현으로 동맹 휴학 운동을 전개하기도 했어. 학교에 가지 않으며 자신들의 뜻을 나타낸 거야.

이런 가운데 1926년 4월, 조선의 마지막 임금인 순종이 세상을 떠났어. 국민들은 순종의 죽음에 몹시도 슬퍼했어. 사회주의 세력과 일부 민족주의 세력은 학생들과 함께 순종 장례일인 6월 10일에 맞춰 만세 운동을 준비했어. 고종의 장례일에 맞춰 3·1 운동을 일으킨 것처럼 말이야. 이 사실을 미리 알아챈 일제는 시위를 준비한 민족 운

6·10 만세 운동은 학생들이 중심이 되어 일어나, 우리 민족의 독립 의지를 다시 한 번 보여 준 운동이야.

동가들을 잡아들였어. 하지만 중앙 고보 학생들과 연희 전문학교 학생들은 감시를 피해 가며 만세 운동을 준비했지.

마침내 6월 10일, 계획대로 만세 운동이 일어났어. 학생들은 만세 운동을 알리는 격문을 인쇄해 돌리고 시위에 앞장섰어. 순종의 장례 행렬이 종로를 지나갈 때 격문을 뿌리고, 태극기를 흔들면서 "독립 만세!"를 외친 거야. 그러자 순종의 죽음을 슬퍼하며 거리에 나온 시민들이 시위에 합세했어. 순종의 장례 행렬을 따라가며 곳곳에서 시위를 벌였지. 이들은 "대한 독립 만세!"를 외치는 것은 물론이고, 세금을 내지 말자거나 일본인 지주한테 소작료를 내지 말자, 일본인 교사한테 배우지 말자는 등 일제의 식민 통치에 저항하는 내용의 구호도 외쳤어. 일제는 이 만세 운동도 무장 경찰을 동원하여 무자비하게 진압했어. 많은 학생들과 시민들이 다치고, 경찰한테 잡혀갔지. 이 소식은 지방으로 전해져 지방에서도 만세 운동이 일어났고, 학생들이 동맹 휴학 투쟁을 벌이기도 했어.

6·10 만세 운동은 일제가 빈틈없이 탄압하면서 3·1 운동만큼 널리 퍼지지는 못했어. 하지만 3·1 운동에 이어 다시 한 번 국민이 하나가 되어 우리 민족의 독립 의지를 밝힌 운동이었지. 한편 3·1 운동 뒤 가라앉았던 국내 민족 운동에 활기를 불어넣어 주기도 했어.

1920년대에 학생들이 중심이 되어 일어난

격문
어떤 일을 여러 사람에게 알리어 부추기는 글.

6·10 만세 운동
1926년 6월 10일 순종의 장례식날, 만세 시위를 벌이는 군중과 이를 탄압하려는 일본 경찰의 모습.

또 하나의 대표적인 민족 운동은? 1929년 11월 3일에 일어난 광주 학생 항일 운동이야. 광주 학생 항일 운동은 일본 남학생이 우리 여학생을 희롱한 일에서 시작되었어. 이를 본 우리 남학생들이 일본 남학생들한테 화를 내고 따지면서 싸움이 벌어졌고, 곧 우리 학생이 다니는 광주 고보 학생들과 일본 학생들의 패싸움으로 커졌어. 그러자 일본 경찰이 출동했는데, 일본 학생들 편을 들면서 우리 학생들만 잡아들였어. 게다가 광주의 일본어 신문인 〈광주일보〉도 일본 학생만 편드는 기사를 실었어. 이에 분노한 광주 고보 학생들이 민족 차별에 맞서 들고일어났어. 평소 참고 있었던 일제의 민족 차별과 식민지 교육에 대한 분노, 반일 감정이 폭발한 거야.

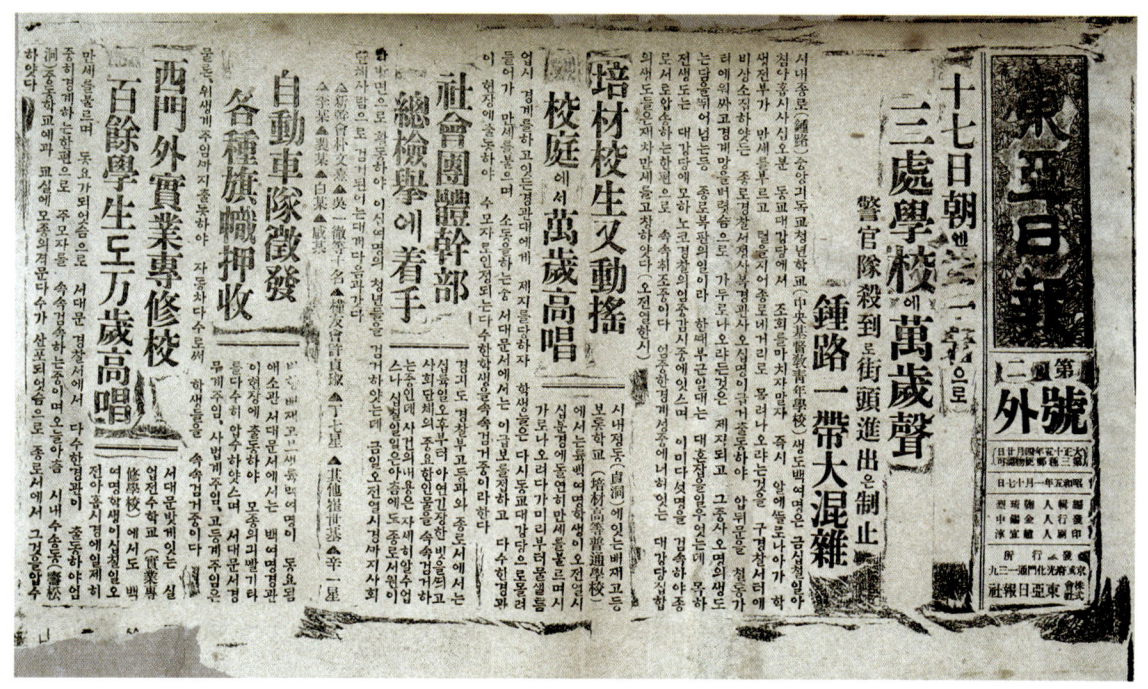

광주 학생 운동을 보도한 신문
1930년 1월 17일자 〈동아일보〉 호외로, 광주 학생 항일 운동에 대해 자세히 싣고 있다.

 어떤 학생들은 광주일보사에 몰려가 인쇄기에 모래를 뿌리고, 또 다른 학생들은 일본 학생들과 집단 싸움을 벌였어. 광주 지역 학생들은 함께 뜻을 모아 대규모 시위를 벌였고, 시위는 전국적으로 확대되었어. 시위는 해가 바뀌어도 이어져 전국 각지에서 학생들이 시위와 동맹 휴학을 하면서 일제에 맞서 싸웠지. 일반 시민들까지 참여하면서 시위는 더욱 거세어졌어. 시위가 확대되어 가면서 "식민지 교육 철폐!", "검거된 학생 즉시 석방" 같은 외침이 "대한 독립 만세!", "일본 제국주의 타도!" 등으로 발전했어. 일제 식민지 통치를 적극적으로 부정한 거야.
 광주 학생 항일 운동은 1929년 11월 3일에 시작되어 1930년 3월까지 전국적으로 일어났어. 이때 참가한 학교는 국내외 280여 개, 학생은 5만 4000여 명이었어. 3·1 운동 뒤 일어난 반일 학생 투쟁 가운데 가장 규모가 큰 민족 운동이었지. 그 뒤에도 학생들은 비밀 결사를 만들어 독립운동을 전개했어.

일제의 경제적 약탈에 맞서 소작 쟁의와 노동 쟁의가 일어나다

일제가 토지 조사 사업과 산미 증식 계획을 실시하면서 농민들 생활이 더욱 힘겨워진 거 알지? 소작농들은 거두어들인 곡식의 50퍼센트 이상을 소작료로 바쳤어. 게다가 지주들이 내야 할 토지세, 비료비 같은 온갖 세금과 비용을 대신 냈어. 그러고 나면 소작농들은 먹을 양식이 모자라 빚을 내야 했지. 또한 지주 집 일을 거들어 주고 지주들이 시키는 일을 해야 했어. 마치 하인처럼 말이야. 농사를 지으려는 사람은 많고 땅은 별로 없다 보니, 일본인 지주들은 우리 농민들을 멋대로 부려 먹었고, 우리나라 지주들까지도 덩달아 농민들을 쥐어짰어. 소작농들은 경제적으로, 인격적으로 고통받는 생활을 해야 했지.

소작농들은 아무리 열심히 농사를 지어도 먹고살기 힘들고 빚만 늘어 가니 참을 수가 없었어. 막다른 골목에 이른 소작농들은 힘을 모았어. 소작인 조합을 만들고 소작 쟁의를 벌인 거야. 먹고살기 위해 지주들의 횡포에 맞선 거지.

소작농들이 지주들한테 요구한 것은 크게 3가지였어. 농사지을 수 있는 소작권을 보호해 달라는 것, 소작료를 내려 달라는 것, 세금은

쟁의
지주와 소작인 또는 자본가와 노동자 사이에서 일어나는 다툼을 말한다.

지주가 내라는 것이었지. 처음에 농민들은 지주한테 직접 요구하거나 면사무소, 군청, 경찰서 같은 관공서에 가서 호소했어. 하지만 농민들의 호소는 받아들여지지 않았고, 오히려 경찰이 주동자를 잡아다 감옥에 가두었어. 그러자 농민들은 이들을 석방시켜 달라는 시위를 벌였고 경찰과 부딪치게 되었지. 그러면서 농민들은 자신들의 권리를 지키기 위해서는 일제를 몰아내야 한다는 것을 깨달았어. 농민들의 시위는 더욱 거세지고 점점 퍼져 나갔어. 1921년에는 27건에 지나지 않던 소작 쟁의가 2년 뒤인 1923년에는 176건으로 늘어나고 농민들도 점점 더 많이 참여하게 되었어.

농민 운동 가운데 가장 대표적인 것은 전라남도 신안에서 일어난 암태도 소작 쟁의야. 암태도 소작농들은 1923년 9월부터 1년 가까이 지주와 일본 경찰에 맞서 싸워, 소작료를 내리는 성과를 거뒀지.

이후 농민들은 농민 조합을 만들었어. 농민 조합은 소작 조건을 개선해 달라고 요구했을 뿐만 아니라, 토지의 고른 분배, 언론의 자유 등을 요구하며 일제의 지배에 맞서 싸웠어. 농민 운동이 항일 민족 운동으로까지 발전한 거야.

한편 노동 운동도 활발하게 일어났어. 살기 힘든 건 농민들뿐만이 아니었던 거야. 일제가 회사령을 폐지하면서 우리나라에 일본 기업이 많이 들어오고 공장들도 많이 세워졌다고 했지? 그러면서 노동자들도 빠르게 늘어났어. 하지만 노동 조건은 너무도 나빴어. 일본인보다 훨씬 많이 일하면서도, 임금은 훨씬 적게 받았어. 임금이 너무 적어서 하루 12시간 동안 꼬박 일해도 생활비는 늘 부족했지. 생활 환경도 형편없었어. 숙소는 돼지우리 같았고, 작업장에는 안전시설도 갖추어져 있지 않았어. 광산처럼 험한 곳에서는 노동자들이 목숨 걸고 일해야 했지. 게다가 노동자들은 민족 차별을 하는 일본인 감독한테 막말을 들으며 학대를 받았어. 노동자들은 이런 횡포를 참

광산 노동자들
일제 강점기의 광산 노동자들은 매우 위험한 곳에서 목숨을 걸고 일해야 했다.

아 내며 하루하루를 버텼어.

노동자들은 가혹한 노동 조건과 민족 차별에 맞서 1920년부터 서서히 노동 쟁의를 일으키기 시작했어. 노동조합을 만들어 임금을 올려 줄 것, 노동 시간을 줄여 줄 것, 작업 환경을 개선할 것 등을 요구한 거야. 노동 쟁의는 점점 조직화되었고, 규모도 커졌어. 당시 일어났던 노동 운동 가운데 대표적인 것이 부산 부두 노동자 총파업과 원산 노동자 총파업이야.

특히 원산 노동자 총파업은 일제 강점기에 일어났던 노동 쟁의 가

노동자들과 농민들은 참고 있을 수만은 없었던 거야.

사회적 약자들이 펼친 또 다른 민족 운동

어린이를 소중히 여긴 어린이 운동: 일제 강점기 가난한 아이들 대부분은 학교 대신 공장에 다녔고, 무척이나 적은 임금을 받고 오랜 시간 일하며 힘든 나날을 보냈다. 이에 방정환이 이끈 천도교 소년회를 중심으로 어린이를 인격적으로 대접하자는 어린이 운동이 일어났다. 천도교 소년회에서는 1922년, 5월 1일을 어린이날로 정하고, 어린이 보호 운동을 전개하였으며 〈어린이〉라는 잡지를 펴냈다. 일제는 어린이 운동도 민족 운동으로 보고 탄압했다.

백정에 대한 차별 폐지를 주장한 형평 운동: 소, 돼지 따위를 잡는 일을 하는 백정은 사회적으로 크게 차별받았다. 백정의 자식들은 돈이 있어도 학교에 들어가기 힘들었고, 일제는 호적에 붉은 점을 찍어 백정이라는 신분을 드러내며 차별했다. 이에 1923년, 경남 진주에서 백정들이 형평사를 조직하여 저울처럼 평등한 세상을 만들겠다는 형평 운동을 일으켰다. 형평 운동도 1930년대에 일제의 간섭과 탄압이 심해지면서 약해져 갔다.

원산 노동자 총파업
1929년. 원산의 노동자들이 총파업을 일으킨 사건으로, 일제 강점기의 노동 운동 중 가장 규모가 컸다.

운데 가장 규모가 컸어. 원산 노동자 총파업은 함경남도 덕원에 있는 한 석유 회사에서 시작되었어. 일본인 감독이 우리 노동자를 때리자 노동자들이 감독을 해고하고 노동 조건을 개선해 달라고 요구하면서 시작된 거야. 회사는 노동자들의 요구를 들어주지 않았고, 노동자들은 총파업을 하기에 이르렀지.

1929년 1월부터 4월까지 2000여 명의 원산 노동자들과 시민들이 힘을 모아 일본인 기업가와 일제에 맞서 싸웠어. 일본인 자본가들은 폭력배까지 동원했고, 일제 경찰들은 노동자들을 잡아들이며 탄압했어. 원산 총파업은 결국 노동자들의 패배로 끝나고 말았지. 하지만 원산 노동자 총파업이 일어나면서 노동 운동은 단순한 노동 쟁의를 넘어서 노동조합 운동으로 발전했어. 또한 노동 운동이 노동자들의 생존권 투쟁을 넘어 항일 민족 운동으로까지 발전하게 되었지. 노동자들의 권리를 제대로 찾기 위해서는 일제를 몰아내야 한다는 데 뜻을 모으게 된 거야.

한편 노동자 가운데서도 여성은 남성과 비교할 수 없을 정도로 낮은 임금을 받았어. 여성 노동자가 전체 노동자의 35퍼센트 정도나 되었는데 말이야. 1931년, 평양에 있는 고무 공장에서 일하던 여성 노동자 강주룡은 임금 문제로 파업을 일으켰어. 강주룡은 평양의 을밀대라는 정자 지붕 위에 올라가 파업을 한 이유를 알리며 사람들의 관심을 끌어내면서 노동 운동을 이끌었지.

이처럼 농민들과 노동자들은 일제의 경제적 수탈에 맞서 소작 쟁의와 노동 쟁의를 일으켰어. 이는 농민과 노동자의 권리를 찾으려는 경제 투쟁인 동시에 일제에 맞서 싸운 항일 독립운동이었지.

신간회를 만들어 항일 운동을 펼치다

3·1 운동을 전후해 우리나라에는 사회주의 사상이 들어왔어. 1917년, 러시아에서 사회주의 혁명이 성공하면서 우리나라도 그 영향을 받은 거야. 사회주의란 자본가와 노동자, 지주와 소작인 등 서로 다른 계급 사이의 불평등을 없애고 모두가 고르게 잘사는 사회를 만들자는 이론이야.

이런 사상이 들어오면서 민족 운동에도 새로운 흐름이 생겼어. 사회주의 사상에 관심을 갖고 연구한 지식인들이 사회주의 단체를 만들어 독립운동을 이끈 거야. 노동자와 농민의 편이었던 사회주의 단체들은 일제의 지배를 받으며 고통받는 노동자들과 농민들한테 큰 힘이 되었어. 그러면서 주로 자본가와 지주 중심인 민족주의 세력과 갈등이 일어났어. 독립운동의 방법을 둘러싸고 민족주의 세력과 사

1920년대의 민족 운동은 민족주의 계열과 사회주의 계열로 나뉘어 전개되었어.

자치 운동
일본의 지도 아래 우리 민족 스스로 정부를 운영하자는 운동.

회주의 세력이 서로 비판하며 맞선 거야.

민족주의 세력은 물산 장려 운동, 민립 대학 설립 운동 같은 실력 양성 운동에 힘썼고, 사회주의 세력은 소작 쟁의, 노동 쟁의 같은 농민 운동과 노동 운동을 적극적으로 도와주며 격렬한 항일 운동을 펼쳤어. 사회주의자들은 민족주의자들의 물산 장려 운동을 자본가들만 위한 것이라고 비난했고, 민족주의자들은 사회주의자들이 과격해서 일제의 가혹한 탄압만 불러온다고 비난했어.

그러는 사이 민족주의 세력이 타협적 민족주의자들과 비타협적 민족주의자들로 나뉘어졌어. 타협적 민족주의자들은 우리 힘으로는 독립을 이룰 수도 없고 유지할 수도 없으므로, 일제의 지배를 받아들이고 일제와 협상해 자치권을 얻어 내는 것이 가장 바람직하다고 주장했어. 마침 총독부가 '자치제 실시'를 검토하겠다며 자치 운동을 지

신간회 강령과 규약
신간회 창립 당시 발표한 강령과 규약이다.

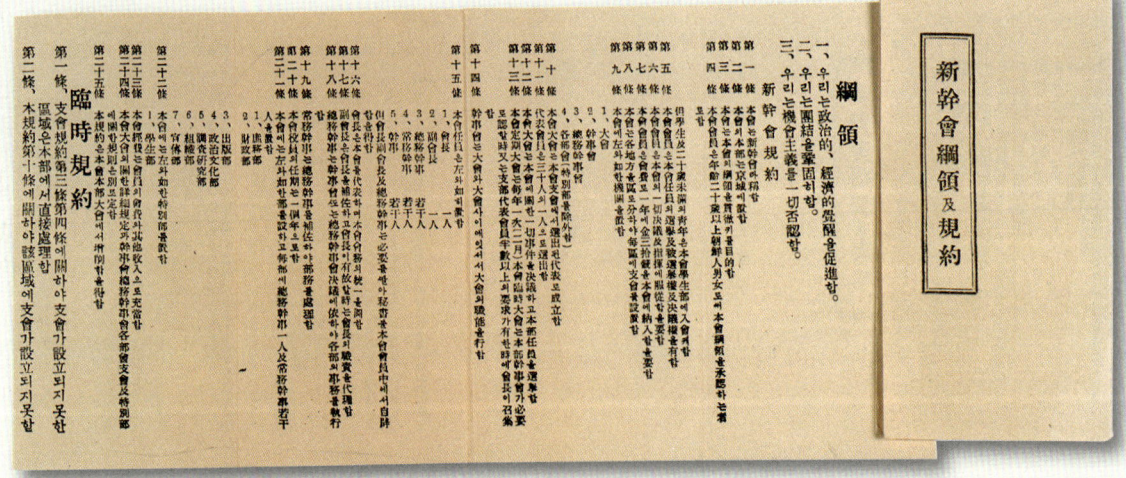

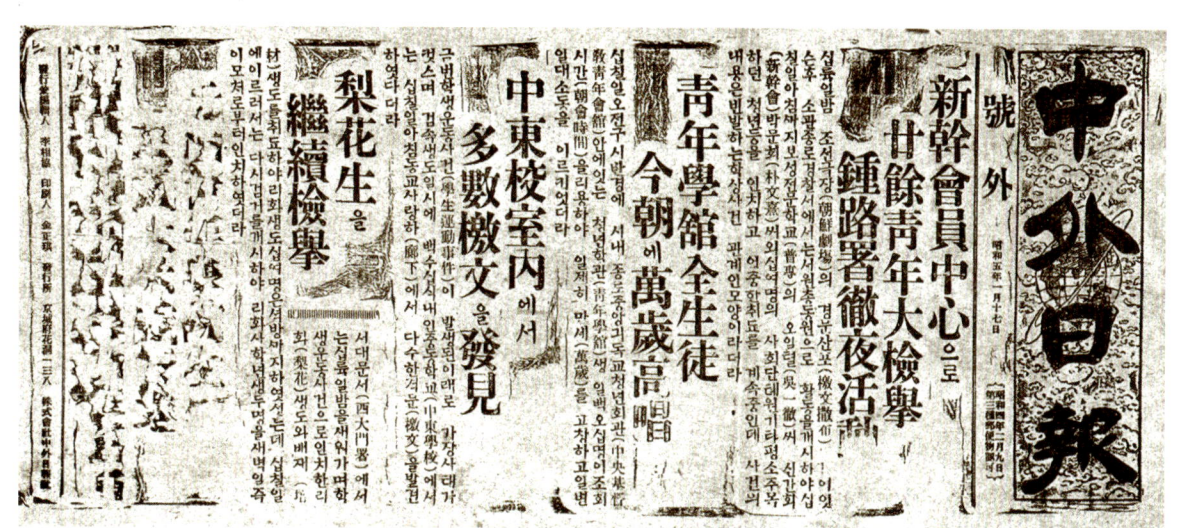

신간회 관련 기사
광주 학생 항일 운동을 후원한 신간회 회원들이 강제 연행된 사건을 보도한 〈중외일보〉 호외.

원했어. 우리 민족 운동을 분열시키기 위해서 말이야. 타협적 민족주의자들이 벌인 자치 운동은 우리나라의 완전 독립과는 거리가 먼 운동이었지. 일제의 지배를 인정하는 범위 내에서 자치를 주장한 운동이었으니 말이야. 사회주의 계열뿐만 아니라 비타협적 민족주의자들도 독립 의지가 없다며 타협적 민족주의자들을 비판했어.

이렇게 1920년대의 민족 운동은 나라의 독립이라는 큰 숙제를 앞에 놓고 여러 갈래로 나뉘어 갈등하고 있었어. 그러면서 일제에 맞서 싸우려면 사상이나 이념에 상관없이 모두 힘을 합해야 한다는 주장이 강하게 일어났어.

마침내 1927년 2월, 비타협적 민족주의자들과 사회주의 계열 민족 운동가들이 힘을 합쳐 '신간회'라는 단체를 만들었어. 회장에는 이상재, 부회장에는 홍명희가 뽑혔지. 신간회는 전국적으로 140여 개의 지회를 만들었고, 회원만 해도 3만 명이 넘었어. 신간회는 민족

이상재
항일 독립운동가로 서재필과 함께 독립 협회를 창립했고, 조선 기독교 청년회 연합 회장 등을 지냈다. 1927년 신간회를 창립하면서 회장에 취임하였다.

홍명희
일제 강점기 민족 운동가이자 소설가로, 소설 《임꺽정》으로 잘 알려져 있다. 신간회 창립 당시 부회장을 지냈다.

여성 민족주의자와 사회주의자가 힘을 합쳐 만든 근우회

1927년 5월, 여성 민족주의 단체들과 사회주의 단체들이 하나로 통합된 근우회가 만들어졌다. 근우회는 여성에 대한 사회적·법률적 차별 폐지, 조혼 폐지 및 결혼의 자유, 여성 노동자의 임금 차별 폐지 등을 주장하고 강연회 등을 통해 여성들을 계몽하였다.

주의 계열과 사회주의 계열의 민족 운동가들이 모두 참여한 가장 큰 항일 단체가 된 거야. 여성 단체들이 통합된 근우회도 만들어져 신간회와 함께 활약했어.

신간회는 전국 곳곳을 돌아다니며 강연회나 연설회를 열었어. 일

근우회 강령과 규약
여성 독립운동 단체들이 통합되어 만든 근우회의 설립 목적과 조직 등이 담겨 있다.

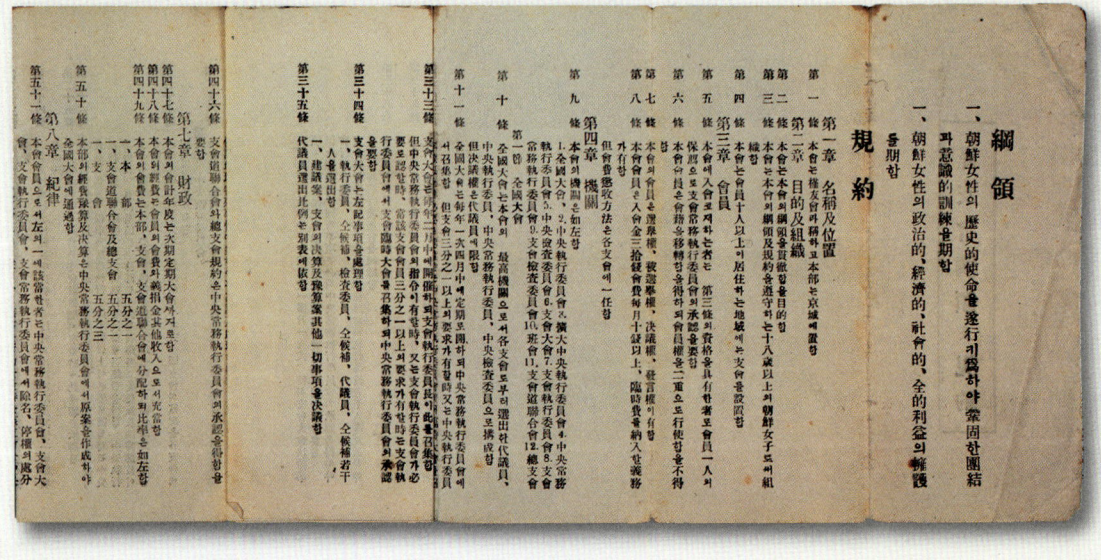

제의 식민 통치를 비판하며 민족의식과 항일 정신을 길러 주기 위해서였지. 일제의 식민지 지배 기관 철폐, 악법 폐지, 차별 교육 금지, 우리말 교육과 학문 연구의 자유 등을 주장하면서 말이야. 또한 야학을 열어 노동자, 농민을 계몽하기도 하고, 노동 쟁의, 소작 쟁의, 동맹 휴학 등을 이끌었으며, 협동조합 운동도 펼쳐 나갔어. 광주 학생 항일 운동이 일어났을 때는 일본 경찰이 우리 학생들을 부당하게 대우한 것에 항의했어. 그러면서 이 운동이 3·1 운동 같은 전국적인 독립운동으로 펼쳐지도록 계획을 세우기도 했어. 하지만 이 계획은 탄로가 나 신간회 주요 회원들이 잡혀가면서 실행되지 못했지.

이처럼 신간회는 다양한 민족 운동을 지원하며 국민의 지지를 받고 커다란 민족 운동 세력이 되어 갔어. 그러자 일제는 갖은 방법으로 신간회의 활동을 방해했어. 게다가 신간회 안에서도 독립운동을 어떻게 이끌어 갈 것인가를 놓고 갈등이 일어났어. 신간회는 결국 1931년에 해산되고 말았지.

〈근우〉와 〈여자시론〉
〈근우〉는 근우회의 기관지로 항일 여성 운동을 이끌었다.
〈여자시론〉은 1920년에 창간되었다. 여성의 계몽을 위해 남녀평등과 여성 해방을 다룬 기사를 주로 실었다.

 # 소작농들이 이긴 암태도 소작 쟁의

● 할 : 비율을 나타내는 단위. 1할은 전체 수량의 10분의 10이다.

● 송덕비 : 공덕을 기리기 위하여 세운 비.

- 봉오동 전투와 청산리 대첩의 의의는?
- 간도 참변, 자유시 참변이란?
- 의열단, 한인 애국단은 어떤 활동을 했을까?

봉오동과 청산리에서 독립군이 크게 이기다

3·1 운동 뒤 문화 통치를 하면서 무시무시한 분위기를 거두기는 했지만, 일제는 친일파를 기르면서 우리 민족을 분열시키고 더욱 철저히 민족 운동가들을 감시했어. 우리 민족 운동가들은 일찍부터 일제의 감시에서 벗어나 나라 밖에서 무장 투쟁을 준비했지. 우리 동포들이 살고 있었던 만주, 연해주 등을 중심으로 독립운동 기지를 마련한 거야. 독립운동가들은 이 지역에 학교를 세워 민족의 힘을 기르고, 군사 훈련을 실시해 무장 투쟁을

할 수 있는 기반을 닦았어. 3·1 운동을 전후해 수십 개의 독립군 부대가 조직되었지. 이 가운데 대표적인 독립군 부대가 홍범도가 이끄는 대한 독립군, 김좌진이 이끄는 북로 군정서, 지청천 등이 중심이 된 서로 군정서 등이야.

3·1 운동으로 독립에 대한 열기가 높아지면서 일제에 맞서 무장 투쟁을 벌이려는 분위기도 무르익었어. 독립군은 주로 우리나라와 만주의 국경 지대인 함경도와 평안도로 들어와 경찰서 같은 기관을 습격하기도 하고, 일본군이나 경찰과 크고 작은 전투를 벌이며 성과를 거두기도 했어. 이런 독립 전쟁 가운데 가장 빛나는 싸움이 봉오동 전투와 청산리 대첩이야.

만주, 연해주의 독립군 부대
1920년대에는 우리 동포들이 이주해 살고 있는 만주와 연해주 지역에 여러 독립군 부대가 조직되었다.

1920년 6월, 홍범도가 이끄는 부대가 두만강을 건너와 함경북도 종성에 있는 헌병 초소를 습격했어. 이 소식을 듣고 당시 만주 일대의 독립군 부대를 소탕하려던 일본군들이 달려왔는데, 홍범도 부대는 이들도 물리쳤어. 약이 오른 일본군은 당하면서도 계속 홍범도 부대를 추격해 왔어. 일본군은 결국 만주에 있는 봉오동까지 들어오게 되었지. 봉오동은 두만강에서 40리 정도 떨어진 계곡 지대로, 한국인 100여 가구가 살고 있었어. 이곳은 대한 독립군을 비롯한 여러 독립군 부대들이 머물고 있던 독립군의 근거지이기도 했지. 홍범도

홍범도
만주 대한 독립군의 총사령관이 되어 봉오동 전투에서 큰 승리를 거두었으며, 청산리 대첩에서는 제1 연대장으로 참가하였다. 그 뒤 항일 단체들의 통합을 주선하여 대한 독립 군단을 조직하여 부총재가 되었으며, 고려 혁명 군관 학교를 설립했다.

김좌진
만주 북로 군정서의 총사령관으로, 1920년에 청산리 대첩에서 일본군을 크게 무찔렀다.

는 일본군이 뒤쫓아오는 것을 알고 있었어. 그래서 사람들을 미리 대피시키고, 일본군을 봉오동 계곡 깊숙이 끌어들였어. 일본군을 둘러싼 홍범도 부대는 한꺼번에 일본군을 공격했어. 당황한 일본군은 죽거나 다친 군사들을 그대로 놔둔 채 폭우가 쏟아지는 틈을 타 간신히 도망갔어. 이 싸움에서 일본군 150여 명이 죽고 수백 명이 다쳤어. 반면에 독립군은 거의 피해를 입지 않았지. 홍범도가 이끄는 독립군이 일본군을 크게 이긴 이 싸움이 바로 봉오동 전투야.

봉오동 전투에서 진 일제는 더욱 큰 부대를 만주에 보냈어. 일본군이 대대적으로 만주의 독립군을 공격한 거야. 그러자 김좌진 장군이 이끄는 북로 군정서군과 홍범도 부대는 연합 작전을 폈어. 독립군은 숲이 우거지고 계곡이 많은 청산리로 일본군을 끌어들였어. 북로 군정서군은 청산리 백운평 계곡에 숨어 있다가 일본군을 공격하여 큰 승리를 거두었어. 이어 홍범도가 이끄는 부대도 일본군과 싸워 크게 이겼지. 이와 같은 전투가 청산리를 중심으로 1920년 10월 21일부터 26일까지 6일 동안 벌어졌어. 전투가 10여 차례 벌어지는 동안 일본군은 연대장을 비롯해 1200여 명이 죽거나 다친 반면 독

립군은 100여 명 정도만 죽거나 다쳤어. 독립군이 크게 이긴 이 싸움이 바로 청산리 대첩이야.

　일본군과 비교해 무기도 보잘것없고 군사력도 약한 독립군이 어떻게 이렇게 크게 이길 수 있었을까? 그건 독립군이 지형을 잘 알고 효과적인 작전을 폈기 때문이야. 또 반드시 독립을 이루겠다는 생각으로 목숨 걸고 싸웠기 때문이기도 하고. 전투가 벌어지는 동안 이 지역에 살던 동포들이 독립군을 도와준 것도 큰 힘이 되었어.

　봉오동 전투와 청산리 대첩은 우리 민족이 일본군과 벌인 독립 전쟁에서 가장 크게 이긴 싸움이었어. 이 전투들은 우리 민족한테 일본군과 싸워 이길 수 있다는 자신감을 불어넣고 독립에 대한 희망을 심어 주었지.

〈청산리 대첩〉
청산리 대첩은 1920년 김좌진이 이끄는 북로 군정서군을 중심으로 한 독립군이 만주 청산리에서 일본군과 싸워 크게 이긴 싸움이다.

일본군의 보복 공격으로 독립군과 동포들이 수난을 당하다

봉오동 전투와 청산리 대첩에서 큰 피해를 당한 일본군은 그대로 물러나지 않았어. 간도에 있는 한국인 마을에 쳐들어와 집과 학교, 교회 등을 불태우고, 남자들은 물론 여자와 아이들까지 죽였어. 독립군을 뿌리 뽑을 생각으로 무자비하게 탄압한 거야. 이때 우리 동포 수천 명이 목숨을 잃었어. 이것이 1920년에 일어난 간도 참변이야.

일본군이 동포들한테 잔인하게 보복하자, 독립군은 더 이상 간도에 있을 수 없었어. 독립군은 일본군의 탄압을 피하고 조직을 정비하기 위해 러시아령의 자유시에 자리 잡았어. 여기서 독립군은 지휘권을 두고 갈등이 일어나 분열되었지. 한편 처음에 호의적이었던 러시아가 독립군을 도와주지 말라는 일제의 요구를 받아들여 독립군에게 무장을 해제하고 러시아군으로 들어올 것을 요구했어. 독립군

간도 참변
간도 참변은 1920년 간도에 사는 우리 민족이 일본군에 의해 대량 학살당한 사건이다. 사진은 간도 참변으로 폐허가 된 농가의 모습이다.

이 거부하자, 러시아군과 러시아의 지원을 받는 독립군이 강제로 무장 해제에 나섰어. 이 과정에서 독립군 수백 명이 죽거나 포로로 잡혔고, 살아남은 독립군은 만주로 돌아와야 했지. 이 사건이 바로 1921년에 일어난 자유시 참변이야.

간도 참변과 자유시 참변까지, 우리 동포들과 독립군이 겪은 고통과 배신감은 이루 말할 수 없었지. 하지만 우리 민족은 주저앉지 않았어. 만주로 돌아온 독립군은 다시 조직을 정비했어. 먼저 흩어져 있는 독립운동 단체들을 합치는 데 힘썼어. 그 결과 참의부, 정의부, 신민부의 세 단체가 만들어졌어. 이 단체들은 만주의 동포들이 뽑은 사람들로 행정부, 사법부, 입법부를 구성했고, 동포들이 내는 세금으로 운영했어. 즉 세 단체는 만주의 동포들을 다스리는 정부이자 무장 독립군이었던 거야. 1920년대 말에는 세 단체를 통합하려는 운동이 전개되었어. 이에 국민부와 혁신 의회라는 2개 조직으로 바뀌어 무장 독립 투쟁을 이어 갔지.

의열단 단원을 비롯한 애국지사들이 일제의 기를 꺾다

만주와 연해주에는 무장 독립운동 단체가 무척 많았어. 이 가운데는 독립군 부대를 만들어 일본군과 독립 전쟁을 벌이는 단체도 있었고, 애국지사 몇 명이 몰래 만든 항일 의거 단체도 있었어. 항일 의거 단체는 주로 조선 총독부나 경찰서 같은 일제의 식민 통치 기관을 폭파하거나, 일본인을 암살하는 등의 투쟁으로 일제를 괴롭혔어.

의거
정의를 위하여 개인이나 집단이 의로운 일을 도모하는 것

이런 항일 의거 단체 가운데 대표적인 것이 의열단이야.

의열단은 신흥 무관 학교를 나온 김원봉이 1919년 만주에서 동지 10여 명과 함께 만들었어. 의열단은 일제에 맞서 싸워 독립하려면 더욱 강력하고 조직적으로 싸워야 한다고 생각한 단체였지. 더 직접적이고 과격한 방법으로 일제를 공격해야 한다고 생각한 거야. 의열단은 국내와 상하이, 베이징 등으로 옮겨 다니며 활발한 활동을 벌였어. 단원들은 무술 훈련을 하고 폭탄 만드는 법을 배우기도 하며 일제와 싸울 날을 기다렸어.

의열단의 활약은 1920년 9월, 박재혁이 부산 경찰서에 폭탄을 던지는 것으로 시작되었어. 1921년 9월에는 김익상이 조선 총독부에 폭탄을 던지고 중국으로 탈출했고, 다음 해에는 중국 상하이에서 일본 육군 대장한테 폭탄을 던졌어. 김익상은 이 사건으로 붙잡혀 21년 동안 감옥살이를 했는데, 나중에 의문의 죽음을 당하고 말았지. 1923년 1월에는 김상옥이 종로 경찰서에 폭탄을 던져 큰 피해를 주었어. 종로 경찰서는 애국지사들한테 잔인한 고문을 일삼아 악명이 높았거든. 김상옥은 일본 경찰한테 잡힐 위기에 처하면서 스스로 목숨을 끊고 말았지. 1926년 12월에는 나석주가 식산 은행과 동양 척식 주식회사에 폭탄을 던졌고, 회사 사람들을 죽였어. 그러고는 거리에서 일제 경찰과 전투를 벌인 뒤 스스로 목숨을 끊었어.

어때? 의열단 단원들의 활동이 대단했지? 일본인과 친일파는 의열단 소리만 들어도 두려움에 떨었어. 언제 어떻게

김상옥
종로 경찰서에 폭탄을 던진 뒤 스스로 목숨을 끊었다.

자신들을 공격해 올지 몰랐으니까. 급기야 일제는 김원봉을 잡는 사람한테는 많은 현상금을 주겠다고 하기도 했어.

의열단은 1920년대 후반부터는 개인적인 폭력 투쟁에 한계를 느끼고, 무장 독립 투쟁으로 활동 방향을 바꾸었어. 의열단 단원들은 중국 황푸 군관 학교에 들어가 군사 훈련을 체계적으로 받았어. 1930년대에는 중국 국민당 정부의 도움을 받아 조선 혁명 간부 학교를 세워 독립운동 간부를 키우고 군사 훈련을 하기도 했지.

한편 의열단 단원 말고도 많은 애국지사들이 일제를 괴롭혔어. 1919년, 3·1 운동 뒤 러시아의 블라디보스토크에서 대한 국민 노인 동맹단이 조직되었어. 대한 국민 노인 동맹단은 노인들로 결성된, 청년 독립투사들을 지원하는 단체였지. 이 단체의 단원인 강우규는 적극적으로 일제에 맞서기로 결심하고 서울역에서 새로 부임하는 3대

의열단의 과감한 의거 활동은 일제를 두려움에 떨게 했어.

나석주의 편지
나석주가 김구에게 자신의 활동 상황을 보고한 내용의 편지이다.

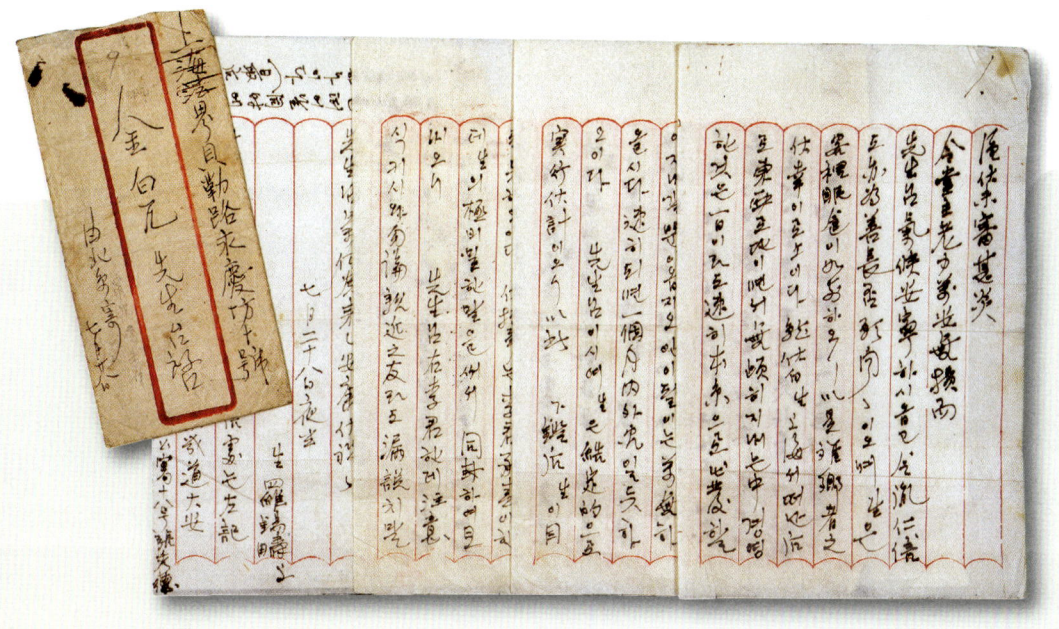

총독 사이토에게 폭탄을 던졌어. 강우규는 곧바로 붙잡혀 사형을 선고받고 서대문 형무소에서 세상을 떠나고 말았지.

이 밖에 양근환은 일본에서 친일파 민원식을 죽였고, 일본에 살고 있던 박열은 일본 국왕 부자를 없애기 위한 준비를 하다가 들켜 22년 동안이나 감옥에서 고통을 겪었지. 조명하는 타이완에서 일본 왕족을 칼로 찔러 죽음에 이르게 했고. 이들 말고도 많은 애국지사들이 일본인과 친일파를 공포에 떨게 했어.

이처럼 애국지사들이 펼친 의로운 활동으로 우리 민족은 독립에 대한 의지를 다져 나갈 수 있었고, 우리 민족의 독립 의지를 전 세계에 알릴 수 있었어.

강우규
1919년 조선 총독으로 부임하는 사이토 마코토를 죽이기 위하여 폭탄을 던졌으나 실패하고 체포되어 세상을 떠났다.

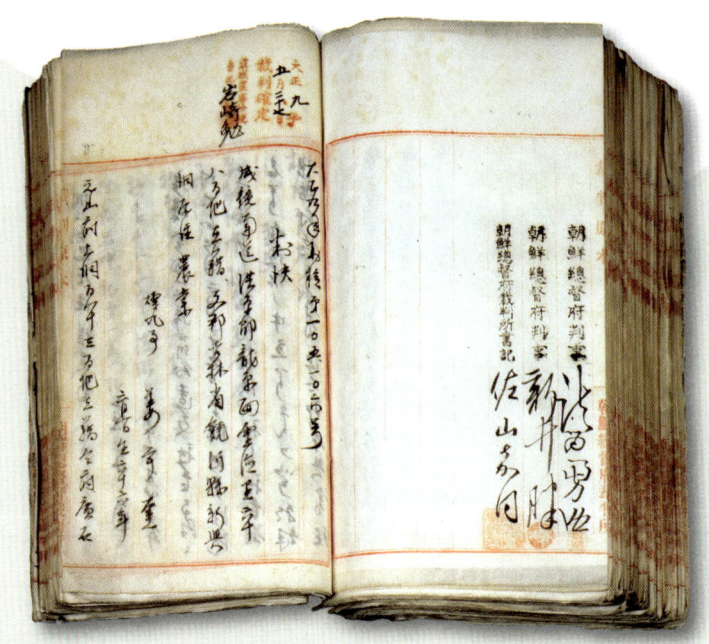

강우규 재판 판결문
사이토 총독 암살 사건을 일으킨 강우규에게 선고된 재판 판결문이다.

이봉창과 윤봉길이 일제를 응징하다

대한민국 임시 정부는 1920년대 후반 들어 활동하는 데 어려움이 많았어. 독립운동 자금이 부족한 데다 일제의 감시가 무척이나 심해졌기 때문이야. 더구나 1931년, 일제가 만주를 침략하면서 중국에서 독립운동을 하는 것이 더욱 힘들어졌어. 그러자 김구는 상하이에서 비밀 조직인 한인 애국단을 만들었어. 한인 애국단은 일본의 주요 인물들을 없애 독립운동에 대한 열기를 드높이려고 했어.

 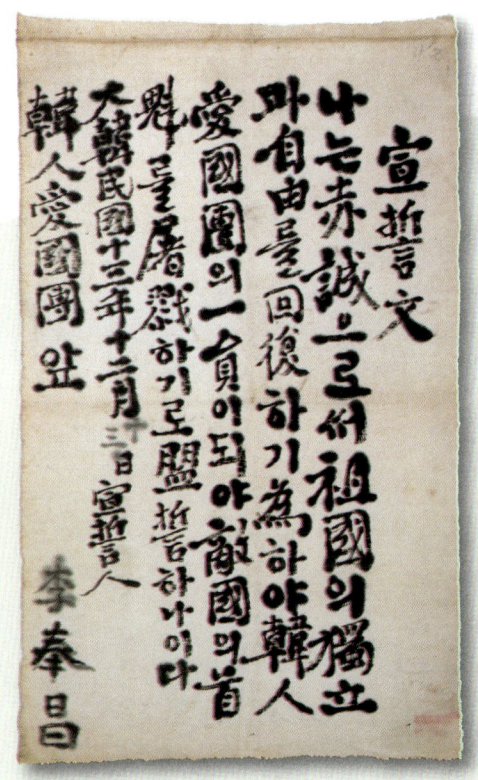

이봉창과 선서문
한인 애국단 단원이었던 이봉창은 1932년 일본 국왕 히로히토에게 수류탄을 던졌으나 수류탄이 터지지 않아 거사는 실패했다. 이 일을 위해 일본 도쿄로 떠나기에 앞서 태극기 앞에서 찍은 사진이다. 한인 애국단 앞으로 쓴 선서문이 함께 있다.

한인 애국단 단원으로 크게 활약한 사람으로는 이봉창과 윤봉길이 있어. 이제부터 이들의 활약을 살펴보자.

김구는 1932년 1월, 이봉창한테 일본 국왕 히로히토를 응징하라는 임무를 맡겼어. 나라의 독립을 위해 목숨을 바칠 각오를 하고 있던 이봉창은 기꺼이 받아들였지.

이봉창의 독립에 대한 의지는 한인 애국단에 가입하면서 쓴 선서문에도 잘 나타나 있어. 선서문에서 이봉창은 '나는 참된 정성으로, 조국의 독립과 자유를 되찾기 위하여 한인 애국단의 일원으로서 적국의 수괴를 도륙하기로 맹세하나이다.'라고 밝혔지.

이봉창은 도쿄로 가서 히로히토가 탄 마차에 수류탄을 던졌어. 그런데 아쉽게도 수류탄이 터지지 않아 뜻을 이루지는 못했어. 하지만 이봉창은 품속에 숨겨 둔 태극기를 꺼내 흔들며 "대한 독립 만세!"를 외쳤어. 그것도 일본 도쿄 시내 한가운데에서 말이야. 일본인들한테 우리 민족의 항일 의지를 뚜렷이 보여 준 거야. 이봉창은 곧바로 잡혀 사형당하고 말았어.

이봉창이 일본 국왕에게 폭탄을 던진 이 사건은 중국인들한테도 큰 감명을 주었어. 중국 상하이의 신문들은 이봉창의 의거를 적극적으로 보도했어. 한 신문은 이 사건을 보도하며 '일본 국왕에 불행히도 명중되지 않았다.'라고 썼어. 우리 민족

김구와 윤봉길
상하이 훙커우 공원 의거에 앞서 윤봉길과 김구가 함께 찍은 사진이다.

의 아쉬움을 대신 나타낸 말이지.

안 그래도 상하이를 공격하고 싶었던 일제는 이 기사를 트집 잡아 상하이를 공격했고, 중국과 싸워 승리를 거두었어. 그리고 전쟁 승리와 일본 국왕 탄생을 기념하기 위해 4월 29일 상하이 훙커우 공원(지금의 루쉰 공원)에서 기념식을 하기로 했지.

김구는 이 기회를 이용하기로 했어. 김구는 윤봉길에게 그 임무를 맡겼지. 이봉창의 거사가 있은 지 3개월 뒤인 1932년 4월, 윤봉길은 상하이의 훙커우 공원에서 열린 일본군의 상하이 점령 축하 기념식

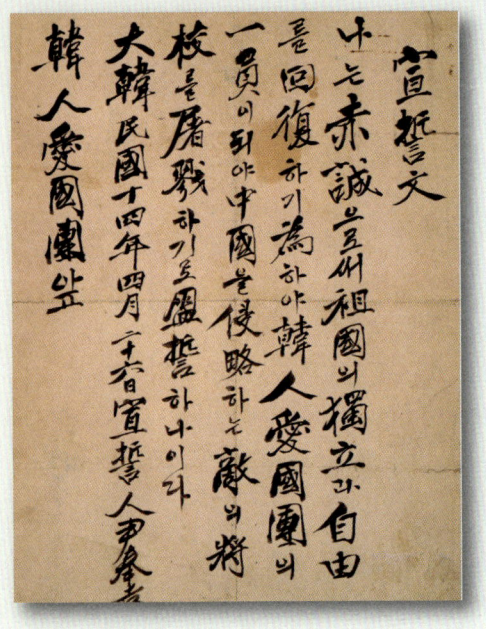

윤봉길 선서문
1932년 홍커우 공원에서의 거사에 앞서 윤봉길이 한인 애국단에 가입하고 쓴 선서문이다.

장에 폭탄을 던졌어. 폭탄은 터졌고, 이때 일본군 최고 사령관을 비롯해 일본의 주요 인물들이 죽거나 다쳤어. 윤봉길도 그 자리에서 잡혔고, 이후 사형당하고 말았지. 죽기 전에 윤봉길은 아들한테 유서를 남겼어. "너희도 만일 피가 있고 뼈가 있다면 반드시 조선을 위해 용감한 투사가 되어라."라고 말이야. 아들한테까지 독립투사가 되라고 당부한 거야. 나라에 대한 윤봉길의 마음과 독립 의지를 절절히 느낄 수 있지.

윤봉길의 의거는 일제에 큰 충격을 주었어. 또한 당시 일본의 침략을 경계하고 있던 중국인들에게 커다란 감동을 주었어. 윤봉길의 용기 있는 행동에 감탄했지. 중국의 지도자 장제스가 "중국의 100만 대군이 하지 못한 일을 한국의 용사가 해냈다."라고 칭찬했을 정도로 말이야. 이 사건을 계기로 중국 정부와 중국인들이 우리 민족의 항일 독립 투쟁을 적극적으로 지원해 주게 되었어.

이봉창과 윤봉길의 의거는 우리 민족한테 독립할 수 있다는 자신감과 해내고야 말겠다는 의지를 심어 주었어.

이봉창과 윤봉길을 비롯한 애국지사들의 의거가 정말 감동적이지? 애국지사들은 이렇게 나라의 독립을 위해 목숨을 아끼지 않았단다.

간토 대지진 때 벌어진 한국인 대학살

1923년 9월 1일, 일본 간토 지방에서 대지진이 일어났어. 도쿄와 요코하마는 아수라장이 되었고, 수십만 명이 죽거나 다쳤어. 사회는 걷잡을 수 없이 혼란스러웠어.

일본 정부는 민심을 수습하기 위해 일본에 사는 한국인들한테 화풀이를 하게 했어. 이때 죽음을 당한 한국인이 6000여 명에 이르렀어.

4. 민족 말살 정책에 맞서며 광복을 준비하다

- 민족 말살 정책이란?
- 일제는 우리 민족을 어떻게 전쟁에 이용했을까?
- 임시 정부와 한국광복군이 독립을 위해 펼친 활동은?
- 우리말과 역사 연구, 종교, 문화 예술 활동 등은 어떻게 이루어졌을까?

민족 말살 정책으로 우리 민족정신을 뿌리 뽑으려고 하다

일제는 1931에 만주를 침략해 점령한 뒤, 1937년에는 중국 대륙을 침략하여 중·일 전쟁을 일으켰어. 당시 일제는 경제적 어려움을 겪고 있었던 데다가 중국과의 전쟁이 길어지면서 물자가 부족해졌어. 그러자 일제는 필리핀, 싱가포르를 비롯한 동남아시아 일대로 쳐들어갔어. 부족한 물자를 만들기 위한 산업 원료를 빼앗으려고 말이야.

일제가 동남아시아로 쳐들어가자 미국은 일본에 석유 등의 물자

공급을 끊어 버렸어. 당시 동남아시아는 미국의 영향력 아래에 있었거든. 이에 일제는 1941년, 하와이 진주만의 미군 기지를 공격해 태평양 전쟁을 일으키고 말았어. 일제는 이 전쟁을 치르기 위해 우리나라 사람과 물자를 이용하려고 했어. 일제는 우리의 민족정신을 완전히 뿌리 뽑기 시작했지. 우리나라 사람들이 일제에 충성할 수 있도록 말이야.

일제는 우리 민족 정신을 뿌리 뽑으려는 민족 말살 정책을 집요하게 펼쳤어. 일제는 먼저 '일·선 동조론'을 주장했어. 일·선 동조론은 일본 민족과 우리 민족의 조상이 같다는 이론이야. 이 이론을 바탕으로 '내선일체'와 '황국 신민화' 같은 통치 정책을 실시했지. 내선일

태평양 전쟁
1941년부터 1945년까지 일본과 미국, 영국, 중국 등의 연합국 사이에 벌어진 전쟁.

민족 말살 정책
우리 민족의 전통과 문화를 없애며 민족정신을 뿌리째 뽑으려는 정책.

신사 참배
일제는 전국 곳곳에 신사를 세워 우리 국민들에게 억지로 참배하게 했다.

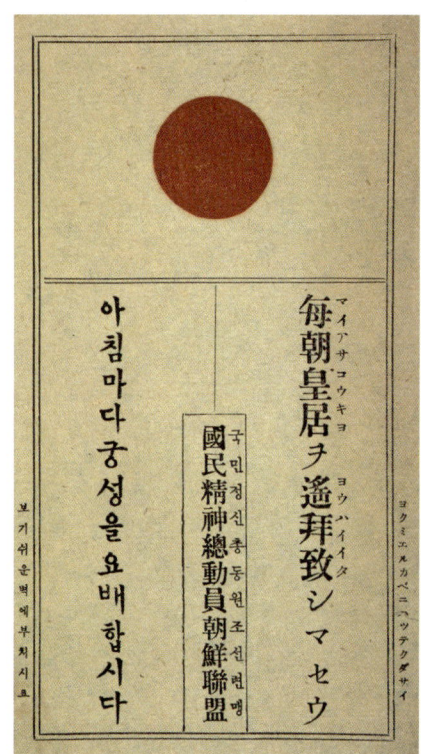

궁성 요배 강요 전단
일본 국왕의 궁성을 향해 경례하는 것을 강요하는 내용의 전단이다.

체(內鮮一體)에서 내(內)는 일본, 선(鮮)은 조선을 뜻해. 즉 내선일체는 조선과 일제가 하나라는 걸 강조하는 말이야. 황국 신민화는 우리나라 사람들을 일본 국왕에게 충성하는 백성으로 만들려고 한 정책이고. 일제는 이런 이론과 정책을 통해 우리의 민족의식을 완전히 없애려고 한 거야.

그럼 일제가 실시한 황국 신민화 정책이 어떻게 이루어졌는지 살펴볼까? 일제는 국왕한테 충성하겠다고 맹세하는 '황국 신민 서사'를 만들어 외우게 했어. 어린 학생들한테까지도 황국 신민 서사를 외우게 해 일본 국왕에 대한 충성심을 심어 주려고 했지. 또 전국 곳곳에 일본 신사를 세워 우리나라 사람들한테 억지로 참배하게 했어. 신사는 역사적으로 일본 왕조와 나라에 공이 있는 사람들을 신으로 모시는 사당이야. 따라서 일본 신사에 절을 한다는 것은 일제에 충성하기로 맹세하는 것과 같아. 일제에 대한 충성심을 끌어내기 위해 우리나라 사람들 개개인이 가진 종교를 무시하고 무조건 일본 신사에 절을 하게 한 거야. 신사 참배를 하지 않는 사람은 잡아다 벌을 주었고, 학교에서 신사 참배를 하지 않으면 아예 학교를 없애 버렸어.

'소학교'라고 부르던 초등학교 이름도 '황국 신민의 학교'를 뜻하는 '국민학교'로 바꾸었어. 우리나라는 해방 후에도 일제의 잔재인 '국민학교'라는 이름을 계속 사용했어. '국민학교'를 '초등학교'로 바

어린이들이 외웠던 황국 신민 서사

1. 우리는 대일본 제국의 신민(臣民)입니다.
2. 우리들은 마음을 합하여 천황 폐하에게 충의를 다합니다.
3. 우리들은 인고단련(忍苦鍛鍊)하여 훌륭하고 강한 국민이 되겠습니다.

인고단련이란 '괴로움을 참고 견뎌 몸과 마음을 튼튼히 한다'라는 뜻이지만, 일제로 인한 어떤 시련과 괴로움도 참고 견디라는 의미가 담겨 있었어.

꾸어 부르기 시작한 것은 1996년부터야.

우리 민족성과 전통, 풍습을 무시하고 억누른 민족 말살 정책은 날이 갈수록 더 철저히 실시되었어. 학교나 관공서에서는 우리말과 글을 쓰지 못하게 하고 일본어만 쓰도록 강요했어. 우리말을 쓰다가 들키면 벌을 받아야 했지. 우리말뿐만 아니라 우리 역사도 연구하지

일본어 독본을 읽고 있는 어린이들
황국 신민화 정책 아래에서는 학교에서 일본어만 쓰도록 강요했다.

못하게 했어. 한글로 내던 〈조선일보〉, 〈동아일보〉 같은 신문도 모두 내지 못하게 했어. 뿐만 아니라 이름까지도 일본식 성과 이름으로 바꾸어 쓰게 했지. 이를 따르지 않으면 자식을 학교에 보내지 못하게 한다거나 식량을 배급해 주지 않는 등 불이익을 주고 괴롭혔어. 그 결과 많은 사람들이 성과 이름을 일본식으로 바꾸었어. 하지만 저항하는 사람들도 많았어. 자기 이름을 장난스럽게 짓거나 끝내 이름을 바꾸지 않았던 거야. 일제의 민족 말살 정책은 1945년 8월, 일제가 망할 때까지 계속되었어.

우리나라의 자원을 빼앗아 전쟁에 이용하다

일제는 전쟁을 확대하면서 한반도를 일제 침략 전쟁에 필요한 사람과 물자를 대어 주고 지원하는 근거지로 만들었어. 일제는 이를 위해 1938년, 국가 총동원법을 만들었어. 국가 총동원법은 사람이든 물건이든 상품 원료든 우리나라에 있는 모든 것을 전쟁에 사용할 수 있게 한 법이었지.

일제는 전쟁에 필요한 물자를 만들기 위해 금속, 기계, 화학 등과 관련된 군수 공장을 세웠어. 또 무기를 만들기 위해 철, 석탄, 텅스텐 같은 지하자원을 더 많이 생산했어. 이것으로도 모자라 공출이라는 이름으로 온갖 것을 빼앗아 갔어. 학교 철문, 교회 종, 가마솥, 놋그릇, 숟가락, 못 같은 금속 제품을 걷어다

공출
국민이 국가의 수요에 따라 농업 생산물이나 기물 따위를 의무적으로 정부에 내놓는 것.

나무 솥뚜껑
일제는 공출을 통해 모든 금속류를 빼앗아 가고, 사기나 나무로 된 식기만 쓰도록 강요했다. 쇠 솥뚜껑도 빼앗겨 나무로 솥뚜껑을 만들어 써야 하는 집들이 많았다.

집에서 쓰던 그릇까지 빼앗아 가다니 정말 너무했지?

금속류 공출
전쟁 물자를 만들기 위해 가정에서 놋그릇 등을 거두어들인 모습이다.

비행기와 총알을 만들었지. 심지어 비행기 연료로 쓰기 위해 소나무 껍질을 벗겨 송진까지 뽑아 갔어.

그리고 군인들의 먹을거리를 마련하기 위해서 감자, 고구마, 소, 돼지 등 식량이 될 만한 것은 무엇이든지 거두어 갔어. 사정이 이러니 사람들이 먹을 식량은 더 모자랄 수밖에 없었어. 그래서 실시한 것이 식량 배급제야. 먹는 양을 최소한으로 정해 식량을 배급해 준 거야. 나중에는 전쟁에서 질 것 같으니까 전투기를 만드는 데 쓰려고 강제로 성금을 거두어 가기도 했지.

일제가 빼앗아 간 것은 물자만이 아니었어. 사람들까지 온갖 구실

강제 징병
강제로 군인들을 모집하는 징병제를 실시하고 시가 행진을 하는 모습.

로 끌어들여 전쟁에 이용했지. 일제는 우리나라 사람들을 좋은 곳에 취직시켜 준다면서 국내와 일본 홋카이도, 러시아 사할린 등에 있는 군수 공장, 비행장, 철도, 탄광 같은 곳으로 끌어가 일을 시켰어. 끌려간 사람들은 강제로 수용되어 월급도 제대로 받지 못하면서 노예처럼 일했어. 그래도 일할 사람이 모자라자 일제는 징용이라는 이름으로 노동자들을 강제로 동원하기까지 했지.

전쟁에 참여할 군인도 마찬가지였어. 처음에는 마치 우리나라 사람들이 스스로 원해서 전쟁에 참여하는 것처럼 보이려고 지원병 제도를 실시했어. 사실은 각 지역별로 모집해야 할 지원병 숫자를 정해 놓고 관리들이 청년이 있는 집을 돌아다니면서 지원병으로 나갈 것을 강요한 거야. 이것으로도 모자라 학생들한테도 학도 지원병으로 나가라고 강요했어. 그러다 1944년에는 강제 징병제를 실시했어. 군대 갈 나이가 된 청년은 무조건 군대에 가도록 한 제도였지. 당시 전쟁터에 끌려간 우리나라 학생들과 청년들이 20만 명이 넘었어. 우리나라 젊은이들이 억지로 끌려가 원수인 일본을 위해 싸워야 했지.

일제의 침략 전쟁에 이용된 건 남자만이 아니었어. 일제는 1944년, '여자 정신대 근무령'이라는 것을 만들었어. 그러고는 근로 보국대, 여자 근로 정신대라는 이름으로 여성들을 우리나라와 일본의 군수 공장으로 데려가 일을 시켰어. 이 여성들 가운데 일부는 일본군이 머물고 있는 중국이나 동남아시아 각 지역으로 끌려가서 노동자가 아닌 일본군의 '위안부'로 지내야 했어.

일제가 저지른 만행 가운데 가장 잔인하고 어이없는 일이 바로 이 '위안부' 제도야. 위안부란 일본군에 의해 강제로 전쟁터에 끌려다니면서 성 노예 생활을 강요당한 여성들을 일컫는 말이야. 위안부로 끌려간 젊은 여성들은 일본군 성 노예가 되어 몸도 마음도 철저히 망가졌어. 일제는 우리나라 여성들을 위안부로 끌어가기 위해 조직적으로 모으기도 했는데, 그 수가 무려 20여 만 명에 이르렀어. 일본군 위안부는 우리나라뿐 아니라 일제 점령지인 중국, 동남아시아 등에서도 동원되었어. 위안부로 끌려간 여성들은 말로 다 표현할 수 없는 고통스럽고 비인간적인 생활을 해야 했지. 일제의 이런 만행은 1945년 일제가 망할 때까지 계속되었어.

위안부 문제는 지금까지도 해결되지 않은 국제 문제로 남아 있어. 2000년 '일본군 성 노예 전범 여성 국제 법정'은 일본 전쟁 범죄인들한테 죄가 있다고 밝혔어. 그리고 일본에게 이 사실을 인정

위안부 소녀상
일본 대사관 앞에 있는 위안부 소녀상. 위안부로 끌려갔던 할머니들의 아픔과 상처를 위로하고, 위안부 문제를 널리 알리기 위해 세워졌다.

하고 배상하라고 선고했지. 하지만 일제는 배상은커녕 이런 사실조차 인정하지 않아서 우리나라뿐만 아니라 국제 사회에서도 비난을 받고 있어.

일제 강점기 동안 이래저래 강제로 동원되어 몸과 마음을 상한 우리나라 사람들이 700만 명이나 된다고 하니 분통이 터질 노릇이야.

지청천
일본 육군 사관 학교를 졸업하고, 만주로 망명하여 항일 무장 독립 투쟁에 적극 참여하였다.

한국광복군이 일제에 맞서 싸우며 독립을 향해 가다

1931년 일제가 만주를 침략했을 때 우리 독립군은 중국군과 힘을 합쳐 일제에 맞서 싸웠어. 특히 지청천이 이끄는 한국 독립군과 양세봉이 이끄는 조선 혁명군은 중국군과 함께 여러 차례 일본군을 이겼어. 1920년대 말에 만주의 독립운동 단체들이 국민부와 혁신 의회의 2개의 조직이 된 거 알지? 조선 혁명군은 국민부의 군사 조직, 한국 독립군은 혁신 의회의 군사 조직이었어.

그 뒤 일제가 본격적으로 중국을 침략하면서 만주

〈광복〉
〈광복〉은 한국광복군에서 발간한 잡지로, 대한민국 임시 정부의 독립운동 취지 및 활동 상황, 광복군의 전투 상황 등을 실어, 독립 사상을 널리 퍼뜨리는 역할을 했다.

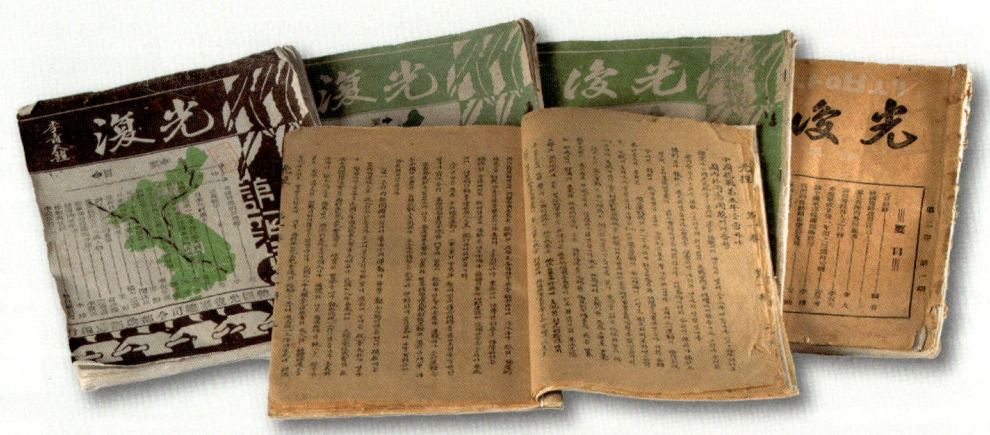

한국광복군 성립
1940년 9월 17일 중국 충칭에서 열린 한국광복군 총사령부 성립 기념식 모습이다.

지역 독립군 대부분이 중국이 관할하는 지역으로 옮겨 가게 되었어.

한편 3·1 운동 뒤 독립운동을 이끌었던 대한민국 임시 정부는 윤봉길이 상하이 훙커우 공원에서 의거를 일으키면서 일제의 감시와 탄압을 심하게 받았어. 일제가 독립운동가들을 잡으려고 눈에 불을 켜고 다녔기 때문에 임시 정부 지도자들은 상하이에서 활동하기가 힘들어졌지. 임시 정부는 중국 항저우, 창사 등으로 근거지를 옮겨 다녀야 했어.

훈련 중인 광복군
1940년 조직된 한국광복군은 중국 정부의 도움을 받으며 군사 훈련을 했다.

그러다 1940년이 되어서야 임시 정부는 충칭에 자리를 잡을 수 있게 되었어. 김구가 임시 정부를 이끌며 항일 독립 전쟁을 이어 갔지. 임시 정부는 9월, 만주 지역에서 들어온 독립군을 바탕으로 한국광복군(광복군)을 조직했어. 지청천이 총사령관, 이범석이 참모장이 되었지.

한국광복군은 처음에는 중국 정부의 도움을 받으며 군사 훈련에 힘썼어. 그러다 1942년 5월, 김원봉이 이끄는 조선 의용대 군사들이 광복군에 합류했어. 또한 중국 여기저기에서 살고 있던 동포들과 일본 군대에 강제로 끌려갔다가 탈출한 우리 청년들이 광복군에 들어오기도 했어. 광복군의 군사력이 커진 거지. 이로써 대한민국 임시 정부는 독립적인 정부로서 독자적인 군대를 가지고 독립 전쟁을 적극적으로 펼칠 수 있게 되었어. 그럼 임시 정부와 광복군이 어떻게 독립 전쟁을 펼쳐 갔는지 살펴보자.

당시 세계는 제2차 세계 대전이 벌어지고 있었어. 일제는 만주 사변과 중·일 전쟁을 일으켜 중국과 싸우면서 1940년에 독일, 이탈리아와 3국 동맹을 체결하고 제2차 세계 대전에 끼어들었어. 그리고 1941년 12월 미국 하와이의 진주만을 공격해 태평양 전쟁을 일으켰지. 일제가 태평양 전쟁을 일으키자, 임시 정부는 일본에 정식으로 선전 포고를 했어. 광복군이 미국, 중국, 영국 같은 연합국 편이 되어 일본군에 맞서 싸우게 된 거야.

광복군은 중국 곳곳에서 중국군과 힘을 합쳐 일본군과 싸웠어. 그러면서 임시 정부는 1943년, 영국군의 요청으로 인도와 미얀마(버마) 전선에 광복군 공작대를 보냈어. 광복군은 대체로 일본어를 잘했기 때문에 연합군을 적극적으로 도울 수 있었어. 일본군 문서를 번역하고, 정보를 수집하고, 일본군 포로를 조사하기도 했어. 또 전투가 벌어지는 곳에서 좀 떨어진 지역에서 일본군을 대상으로 선전 활동을 했어. 일본군한테 전쟁 상황을 알려 주면서 항복하라고 권하

조선 의용대

김원봉이 1938년에 만든 조선 의용대는 중국 서북부 지역에서 항일 투쟁을 전개하였다. 그러다 1942년 김원봉을 중심으로 한 조선 의용대 군사들은 광복군에 합류하였고, 광복군에 합류하지 않은 조선 의용대 군사들은 중국 화베이 지방에서 사회주의계 독립운동가들과 함께 조선 독립 동맹을 조직하고 조선 의용군으로 이름을 바꾸어 항일 투쟁을 이어 갔다.

는 등 후방을 어지럽히는 일들을 한 거야. 이처럼 광복군은 여러 가지 특수 업무를 맡아 하면서 성과를 올렸어.

한편 임시 정부는 무엇보다도 국내 진공 작전에 힘을 기울였어. 중국에 파견된 미군 전략 첩보국(OSS)과 협의해 특수 공작을 펴기 위한 준비를 한 거야. 국내로 들어가 일제를 몰아내는 데 앞장서려고 말이야. 우리 힘으로 독립을 이루어 내겠다는 의지를 나타낸 거였지. 광복군은 OSS에서 보낸 미군 장교한테 특수 훈련을 받기도 했어. 국내로 몰래 들어와 일제의 주요 기관을 차지하거나 무너뜨리려고 말이야. 김구는 미군과 광복군의 특수 작전에 대해 군사 협정까지 맺었어. 그런데 아쉽게도 국내 진공 작전은 실행되지 못했어. 광복군이 출발 명령을 기다리고 있었는데, 일제가 예상보다 빨리 항복했기 때문이야.

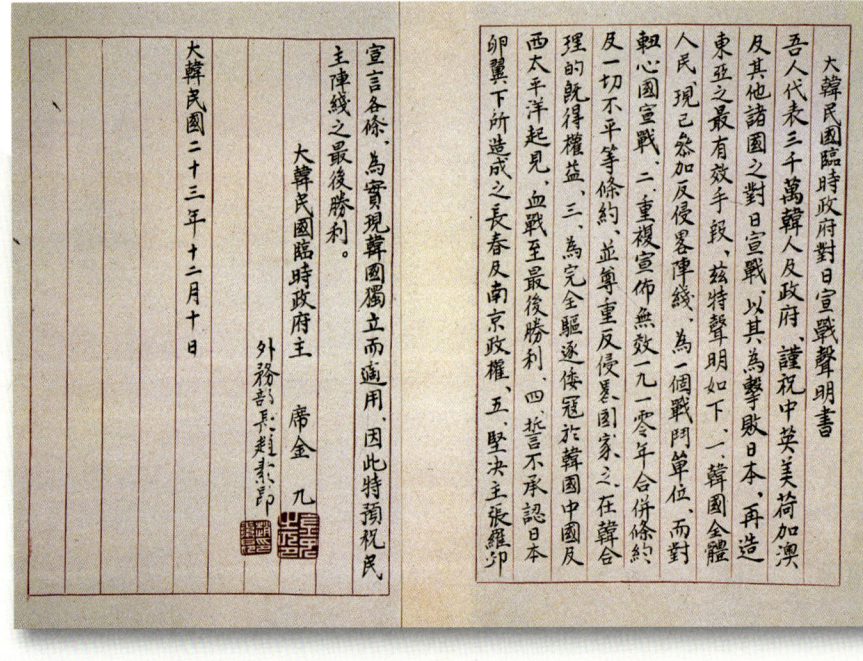

대일 선전 성명서
태평양 전쟁이 일어나자 대한민국 임시 정부는 일제에 선전 포고를 하는 대일 선전 성명서를 발표하였다.

김구는 일제가 항복했다는 소식을 듣고 무척이나 실망했어. 광복군이 일본군과 직접 싸우면서 일제가 무너져야 독립된 나라에서 우리 민족의 발언권이 세질 텐데, 그럴 수 있는 기회를 놓쳐 버렸기 때문이야. 김구가 걱정한 대로 나중에 한반도에 들어온 미군은 광복군과 임시 정부를 인정해 주지 않았지. 비록 광복군의 국내 진공 작전이 이루어지지는 못했지만, 임시 정부가 얼마나 우리 힘으로 독립을 이루려고 애썼는지 알 수 있겠지?

광복군 배지
한국광복군 부대가 착용한 배지이다. 배지에 쓰인 K.I.A는 한국광복군(Korea Independence Army)의 영문 약자이다.

제2차 세계 대전

제2차 세계 대전은 1939년부터 1945년까지 독일, 이탈리아, 일본을 중심으로 한 추축국과 영국, 프랑스, 미국, 소련, 중국 등을 중심으로 한 연합국 사이에 벌어진 세계 전쟁이다. 전쟁은 1939년 9월 1일 독일이 폴란드를 공격하자, 이에 맞서 영국과 프랑스가 독일에 선전 포고를 하면서 시작되었다. 1941년 독일과 소련의 전쟁이 시작되었고, 이어 일본이 미국의 하와이 진주만을 공격해 태평양 전쟁을 일으키면서 미국이 전쟁에 참가하게 되었다. 전쟁은 1942년 미국이 태평양을 차지하였고, 연합국이 북아프리카에서도 이겼으며, 독일이 1943년 스탈린그라드 전투에서 진 뒤 소련에서 철수하는 등 연합국한테 유리하게 돌아갔다. 1944년 노르망디 상륙 작전이 성공하면서 독일이 항복하였다. 1945년 8월, 일본 히로시마와 나가사키에 원자 폭탄이 떨어지고 소련이 일본에 선전 포고를 하자, 일본이 항복하면서 제2차 세계 대전은 끝이 났다.

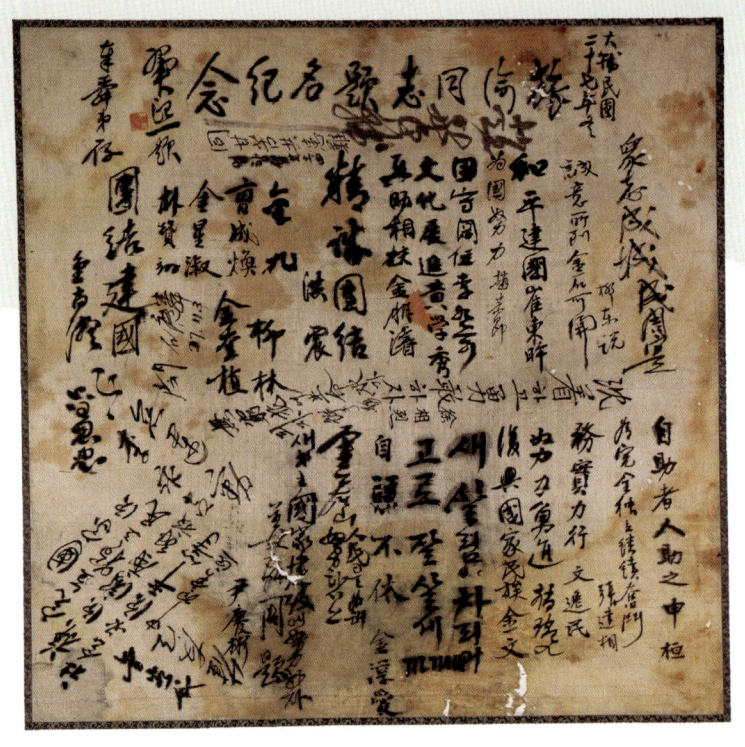

임시 정부 요인 서명포
광복을 맞아 임시 정부 요인들이 국내로 들어오기 전날 친필로 쓴 서명포이다.

　이처럼 우리 민족은 일제로부터 독립하기 위해 치열하게 독립 전쟁을 펼쳤어. 독립에 대한 우리 민족의 의지는 세계적인 관심을 끌었지. 덕분에 제2차 세계 대전이 한창 진행되고 있을 때 세계 열강은 우리나라의 독립 문제를 논의하게 되었어. 1943년 11월, 미국의 루스벨트, 영국의 처칠, 중국의 장제스, 이렇게 세 나라의 대표가 이집트의 카이로에 모여 일본에 대한 대응 및 우리나라의 독립 문제를 논의한 거야.

　이 카이로 회담에서 연합국은 적절한 시기에 우리나라를 독립시킨다고 결의했어. 이것이 우리나라의 독립을 처음으로 보장한 카이로 선언이야. 1945년 7월에는 미국의 트루먼, 영국의 처칠, 중국의 장제스가 독일의 포츠담에 모여 카이로 회담에서 결정한 우리나라의 독립을 다시 확인했어.

이렇게 세계가 우리나라에 관심을 가지고 독립을 약속하게 된 것은 우리 민족이 일제의 탄압에 꺾이지 않고 다양한 방법으로 독립운동을 펼쳐 세계 지도자들의 마음을 움직였기 때문이야.

우리말과 역사를 지키기 위해 애쓰다

일제가 민족 말살 정책으로 우리 민족정신을 억누르며 온갖 방법으로 탄압해 올수록 우리 민족정신을 잇고 민족 문화의 전통을 지키려는 노력은 여기저기에서 이루어졌어.

한글 보급 운동 교재
국어 학자들은 우리말을 적극적으로 연구하고 한글 교재를 만들어 바른 우리말 보급에 힘썼다.

민족정신, 민족 문화 같은 민족의 뿌리를 지키려면 어떻게 해야 할까? 무엇부터 지켜야 할까? 우리말과 글 아닐까? 몇십 년 동안 우리말과 글을 쓰지 못하고 일본 말과 일본 글자를 쓴다면 우리는 자신도 모르는 사이에 한민족으로서의 정체성과 정서를 잃어버리고 말거야. 일제는 이런 점을 노려 민족 말살 정책을 실시하면서 우리말과 글을 쓰지 못하게 했어. 하지만 일제가 우리말을 못 쓰게 하면 할수록 우리 국어 학자들은 우리말을 연구하고 퍼뜨리는 데 힘썼어.

우리말을 적극적으로 연구하기 시작한 것은 1921년, 주시경의 제자인 이희승, 최현배, 장지영, 이윤재 같은 국어 학자들이 조선어 연구회를 만들면서부터였어. 이들은 주시경의 학문과 정신을 이어받았어. 주시경은 훈민정음을 '한글'이라고 이름 붙인 국어 학자야. 주시경은 우리말과 우리글을 잘 가꾸는 것이 민족의 독립을 지키고 나라를 발전시키는 길이라 믿고, 한글 교육과 우리말 연구에 한평생을 바쳤어.

가갸날이 오늘날의 한글날이 된 거야. 매년 10월 9일이 한글날인 건 모두 알고 있지?

주시경의 제자들은 이 뜻을 그대로 이어받아 우리말과 글을 제대로 정리해 바른 말과 글을 퍼뜨려야 한다고 생각했어. 그래서 우리말과 글을 연구해 발표하고 강연회도 열었어. 1926년에는 한글 반포 480주년을 기념하면서 '가갸날'을 정했어. 한글이 반포된 날을 기리고, 우리말과 글을 쓰도록 격려하기 위해서였지. 가갸날이 바로 지금의 한글날로 이어진 거야.

1931년, 조선어 연구회는 이름을 조선어 학회로 바꾸고 활발한 활동을 벌였어. 한글 맞춤법 통일안과 표준어를 정하고, 《우리말 큰사전》을 만들기 시작했지. 그러면서 〈조선일보〉와 〈동아일보〉의 민중 계몽 운동을 도왔어. 한글 교재를 만들어 글을 모르는 사람들이 한글을 익히도록 도운 거야. 그러자 일제는 조선어 학회 활동을 더욱 감시했어. 일제는 우리말과 글을 쓰지 못하게 하고 일본어만 쓰도록 강요했는데, 조선어 학회에서 말을 듣지 않으니까 이들을 탄압할 구실을 찾은 거지.

마침 1942년에 일이 터졌어. 함흥에서 한 학생이 우리말을 쓰다 경찰에 잡혔는데, 경찰은 이 일을 빌미로 이 학생을 가르친 선생 정태진을 잡아갔어. 정태진은 조선어 학회에서 《우리말 큰사전》을 만드는 일을 했어. 경찰은 정태진을 고문해 조선어 학회가 순수한 연구 단체가 아니라 독립운동 단체라는 거짓 자백을 받아 냈어. 경찰은 이 자백을 빌미로 10년 넘게 만들어 온

《우리말 큰사전》 원고
조선어 학회가 《우리말 큰사전》을 만들기 위해 썼던 원고. 조선어 학회 사건으로 일제에 빼앗기기도 했다.

《우리말 큰사전》 원고를 빼앗고, 최현배, 장지영을 비롯한 많은 회원들을 잡아 가두고 고문을 했어. 이때 고문을 심하게 받아 목숨을 잃은 회원도 있었어. 결국 일제는 독립운동을 한다는 구실로 조선어 학회를 강제로 해산시켰어. 이것이 바로 조선어 학회 사건이야. 《우리말 큰사전》은 광복이 된 뒤에야 세상에 나올 수 있었지.

이처럼 일제가 우리말을 쓰지 못하게 탄압했는데도 조선어 학회 회원들이 우리말을 연구하고 퍼뜨리려고 힘쓴 덕분에 우리말과 글을 지키고, 민족정신을 이어 갈 수 있었던 거야.

우리말 연구와 함께 활발하게 진행된 것이 우리 역사 연구야. 일제가 우리 역사와 문화를 거짓으로 꾸며 우리나라를 침략한 것을 정당화했거든. 우리 역사학자들은 일제의 역사 왜곡에 맞서 우리 역사를 적극적으로 연구했어. 그럼 일제가 우리 역사를 어떻게 왜곡했는

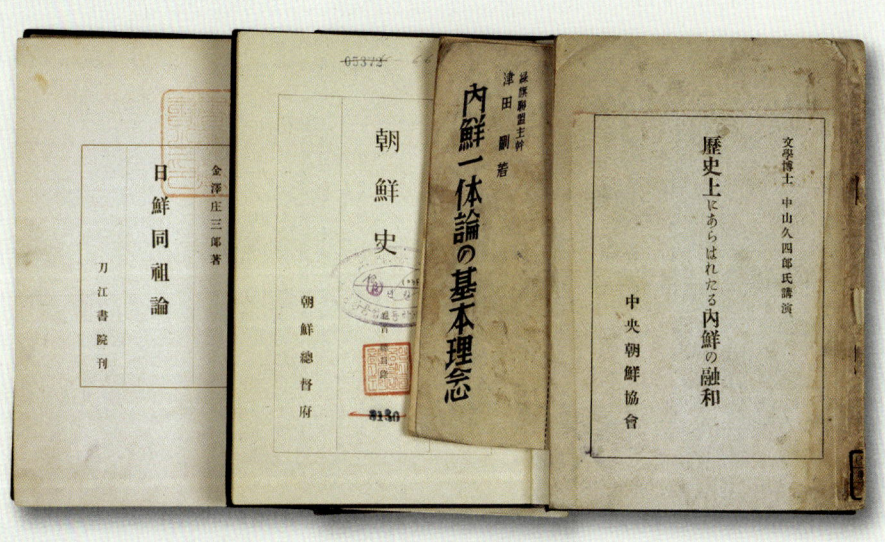

한국사 왜곡 도서
일제는 《조선사》, 《일선동조론》 등 우리 역사를 왜곡하는 책들을 펴내어 식민 사관을 퍼뜨렸다.

민족 사학 역사서들
민족의식을 높이기 위해 민족주의 사학자들은 우리 역사를 연구한 책을 펴냈다. 왼쪽부터 《한국독립운동지혈사》, 《조선사연구초》, 《조선상고사감》의 모습이다.

지부터 간단히 살펴보자.

  일제는 1925년에 총독부 안에 우리 역사를 일제의 의도에 맞게 편찬하기 위해 조선사 편수회를 설치했어. 조선사 편수회는 식민 사관을 만들어 퍼뜨리고, 이를 바탕으로 우리 역사를 사실과 다르게 쓴 《조선사》 수십 권을 펴냈지. 일제는 식민 사관에서 우리나라는 늘 중국과 일본 같은 다른 나라의 간섭과 지배를 받아 왔다고 주장했어. 그러면서 일본이 4세기 후반부터 백제, 신라, 가야를 지배하고, 특히 가야에는 일본부라는 기관을 두어 6세기 중반까지 직접 지배하였다는 임나일본부설을 주장하고, 우리나라와 중국이 조공을 중심으로

일제는 식민 통치를 합리화하기 위해 우리 역사를 왜곡한 거야!

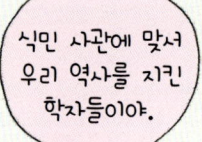

식민 사관에 맞서 우리 역사를 지킨 학자들이야.

박은식
역사가이자 독립운동가인 박은식은 〈황성신문〉의 주필로 활동했으며 민족의 역사의식을 높이는 역사서를 펴냈다. 상하이 대한민국 임시 정부 대통령을 지내기도 했다.

신채호
독립운동가이자 역사학자로, 〈황성신문〉, 〈대한매일신보〉 등에서 활동했으며, 국사 연구에 힘써 민족의식을 높이는 데 힘썼다.

맺은 전통적인 관계를 무조건 비판했어. 또한 조선 시대에 펼쳐졌던 붕당 정치를 지배자들의 파벌 싸움으로 깎아 내리며 우리 민족이 모래알처럼 흩어져 하나로 뭉치지 못한다고 비난했어. 조선은 스스로 발전하지 못하는 나라라고 억지 주장을 펼치기도 하고, 조선과 일본은 옛날부터 같은 민족이었다고 꾸며 댔어. 일제가 우리나라를 지배하는 것을 합리화하기 위해 식민 사관을 만들고, 역사적인 사실들을 멋대로 갖다 붙인 거야. 우리가 열등감을 느끼고 일제의 지배를 자연스럽게 받아들일 수 있도록 말이야.

이런 일제의 식민 사관에 맞서 우리 민족주의 사학자들은 우리 역사와 문화가 독자적이고 자주적으로 발전해 왔다는 것을 밝히는 데 힘썼어. 우리 역사를 제대로 연구해 민족의식과 독립에 대한 의지를 높이려고 한 거야.

　민족주의 사학을 발전시킨 대표적인 사람이 박은식과 신채호야. 이들은 대한민국 임시 정부의 사료 편찬 위원회에서 일하며 일제 식민 사관의 잘못된 점을 하나하나 비판했어. 임시 정부에서 활동한 박은식은 일제의 침략 과정과 우리나라 역사에 관한 《한국독립운동지혈사》를 써서 우리 민족에게 독립에 대한 의지를 심어 주려고 했어. 이 책에서 박은식은 일제에 맞선 우리 민족의 독립 정신을 '혼'이라고 강조했어. 신채호는 《조선상고사》를 써서 우리 고대 문화의 우수성을 밝혔어. 또 을지문덕, 이순신 등에 대한 영웅전과 고조선, 고구려 등에 관한 역사책을 써서 우리 민족의 우수성을 알리고 우리 민족이 우리 역사의 주인이라는 것을 강조했어.

　1934년에는 이병도, 손진태 등을 중심으로 진단 학회가 만들어졌어. 진단 학회에서는 조선의 역사와 문화, 언어 등을 연구했어. 특히 역사적인 증거를 바탕으로 객관적으로 역사를 연구하고 강연회와 토론회를 열어 청구 학회에 맞섰어. 청구 학회는 일본인과 친일파로 구성된 연구 단체로, 식민 사관을 중심으로 조선의 역사를 연구하는 곳이었지. 진단 학회는 연구 성과들을 모아 〈진단 학보〉를 펴내기도 했어. 그런데 1942년 조선어 학회 사건이 일어나면서 진단 학회 연구자들도 많이 잡혀갔고, 진단 학회도 더

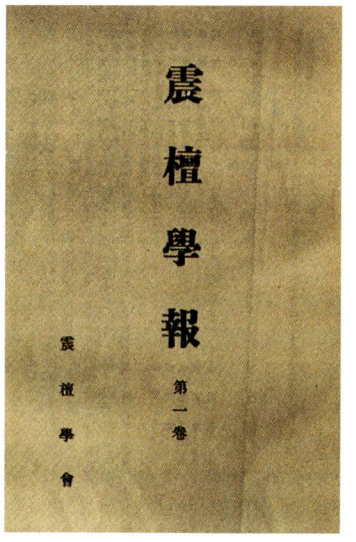

〈진단 학보〉 창간호
진단 학회에서 펴내던 학술지로, 1934년에 창간되었다.

이상 활동할 수 없게 되었지.

　이처럼 우리 역사와 문화를 연구하고 지킨 사람들이 있었기에 우리 민족은 민족의 정체성을 잃지 않고 민족 문화와 전통을 가꾸어 나갈 수 있었던 거야.

　자, 어떠니? 지금은 우리가 자유롭게 누리는 것들을 일제 강점기에는 목숨을 걸고 지켜야 했다는 사실을 보니, 우리말과 역사, 문화, 전통 같은 것들이 더 소중하게 느껴지지 않니?

종교 단체와 종교 지도자들이 항일 운동에 나서다

　일제의 지배 아래에서는 종교 단체들도 일제에 저항하고 사람들 마음을 위

로해 주었어. 기독교, 천도교, 불교 같은 종교 세력은 3·1 독립 선언을 이끌었고, 3·1 운동을 지방으로 퍼뜨리는 데에도 큰 역할을 했지. 그 뒤에도 종교 단체들은 설교나 설법을 통해 독립 정신을 불어넣어 주었고 항일 운동에 앞장섰어.

종교 세력 가운데 무장 독립 전쟁에 앞장선 유명한 종교가 있어. 바로 대종교야. 대종교는 1909년 나철, 오기호 등이 단군 신앙을 내세우며 만든 민족 종교야. 대종교 신도들은 나라를 빼앗기자 민족의식을 일깨우는 데 힘썼어. 그러다 일제의 탄압이 심해지면서 대종교 교단 본부를 만주로 옮겼어. 만주에서도 독립군과 동포들한테 우리 민족이 단군의 자손이라는 것을 강조하면서 민족의식을 불어넣어 주었지. 또 중광단이라는 항일 무장 단체를 만들었어. 중광단은 1919년 12월, '북로 군정서'로 이름을 바꾸고 무장 독립 전쟁을 적극적으로 펼쳐 나갔지.

천도교는 야학을 운영하며 노동자와 농민들한테 민족의식을 불어넣고, 청년회와 소년회를 만들어 청년, 여성, 어린이 운동을 벌였어. 〈개벽〉, 〈신여성〉 같은 잡지를 펴내 평등 사상을 퍼뜨리기도 했지.

어린이날 포스터
천도교에서는 방정환을 중심으로 어린이날을 제정하고, 어린이 운동을 펼쳤다.

의민단
1919년 만주에서 천주교도들을 중심으로 조직된 무장 독립운동 단체.

천주교와 개신교는 일찍부터 학교와 병원을 세우는 등 사회사업을 벌이고, 국민 계몽에 힘썼어. 특히 개신교는 신사 참배 반대 운동을 펼쳤어. 이 때문에 많은 교회 지도자들이 감옥에 갇혔지. 이 가운데 주기철 목사는 끔찍한 고문을 당하면서도 끝까지 신사 참배를 하지 않다가 감옥에서 세상을 떠나고 말았어. 천주교 신자들 가운데는 만주에서 의민단을 만들어 직접 무기를 들고 항일 독립운동을 펼친 사람들도 있었어.

불교도 일제가 우리 불교를 일본 불교에 통합하려고 하자 일본에 맞서 싸웠어. 3·1 운동 때 민족 대표의 한 사람이었던 한용운이 항일 운동에 참여하면서 민족 불교의 전통을 이어 갔어. 또한 한용운을 비롯한 승려들이 조선 불교 유신회를 만들어 일제의 불교 탄압에 맞서 싸웠어.

1916년에 박중빈이 만든 원불교도 여러 가지 사회 운동을 벌였어. 원불교는 총독부가 우리 불교를 장악하려고 하자, 이에 반발해 만든 거야. 박중빈은 허례허식을 없애고 부지런하고 검소하게 살며 저축을 많이 하자고 주장했어. 또 담배와 술을 끊고 미신을 믿지 말자는 등 생활 개선 운동을 벌이고, 봉사 활동을 하면서 자립정신을 길러 주기도 했지.

이들 종교 단체는 저마다 학교를 세워 교육 활동을 하며 민족의식과 항일 정신을 키우는 데에도 힘썼어. 이렇게 일제 강점기 동안 여러 종교 단체와 종교 지도자들이 민족 운동에 앞장섰지. 그런데 일제 말기에 이르러 일부 종교 지도자들이 친일 활동을 펼치기도 했

나라의 독립을 위해 애쓰는 데는 종교 단체들도 예외가 아니었지!

어. 일제 식민지 정책을 홍보하며 신사 참배에 앞장서고, 일본군을 위문하거나 위문금을 모금하기도 한 거야. 안타깝게도 말이야.

문학가와 예술가들도 작품으로 일제에 저항하다

문학가와 예술가들도 민족 문화의 전통과 정신을 잇기 위해 애썼어. 일제가 민족 말살 정책을 펴며 문화적으로도 깊이 관여하고 통제했거든. 문학, 예술에서도 일제가 우리나라를 지배하는 것을 찬양하는 내용만 다루도록 한 거야. 우리 민족은 이에 저항하며 독창적인 작품들을 쏟아 냈지.

먼저 문학을 살펴보자. 3·1 운동 뒤 한용운, 심훈 등이 민족 의식을 높이거나 민족에 대한 사랑을 나타낸 문학 작품을 많이 썼어. 대표적인 작품으로는 한용운이 쓴 '님의 침묵', 심훈이 쓴 '그날이 오면' 등이 있어. 한용운은 독립운동가이자 불교 사상가로, 저항 시인으로 독립을 바라는 마음을 담은 시들을 많이 썼지. 심훈은 1935년, 농촌 계몽 소설인 《상록수》를 써서 농촌 계몽 운동을 펼치는 젊은이들의 활동을 보여 주고 독립 의지를 심어 주었어.

윤동주
일제 강점기의 저항 시인으로, 연희 전문학교를 거쳐 일본에 유학하였다. 1943년에 독립운동 혐의로 일본 경찰에 체포되어 규슈 후쿠오카 형무소에서 세상을 떠났다.

한용운
3·1 운동 때 민족 대표로 활동한 한용운은 승려이자 시인, 독립운동가이다. 시집 《님의 침묵》을 펴내 저항 문학에 앞장섰고, 불교 개혁에도 힘썼다.

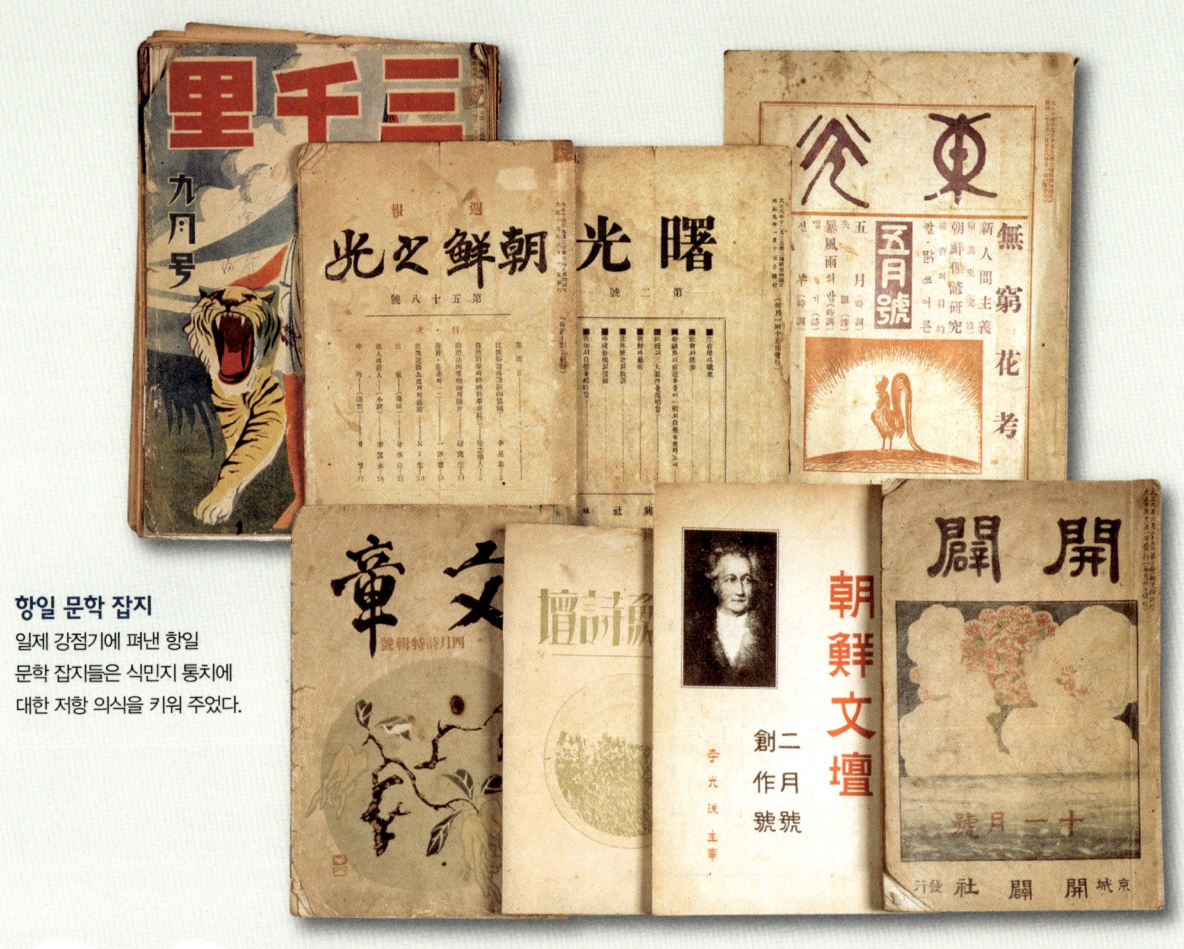

항일 문학 잡지
일제 강점기에 펴낸 항일 문학 잡지들은 식민지 통치에 대한 저항 의식을 키워 주었다.

　일제의 침략 전쟁이 확대되고 민족 말살 정책이 강화되면서 문학 활동도 크게 탄압받았어. 이런 상황에서도 이육사, 이상화, 윤동주 등이 민족혼을 일깨워 주는 작품을 발표했어. 이상화는 '빼앗긴 들에도 봄은 오는가'를, 이육사는 '광야', '청포도' 같은 시들을 써서 나라를 빼앗긴 슬픔을 달래고 독립에 대한 의지를 나타냈어. 윤동주는

'서시', '참회록' 같은 시들을 써서 우리 민족의 아픔을 달래 주었지.

음악가들도 민족적 감정이 스며들어 있는 곡을 써서 나라를 빼앗긴 사람들 마음을 위로해 줬어. 홍난파가 '봉선화'를, 현제명이 '고향 생각'을, 윤극영이 '반달'을 작곡했어. 우리 국민들은 이 노래들을 부르면서 참담한 마음을 달래고 나라를 되찾으려는 의지를 다졌지. 안익태는 해외에서 활동하며 '애국가'와 이를 주제로 한 '코리아 환상곡'을 작곡했어. 코리아 환상곡은 유럽 여러 나라들에서 연주되어 큰 감동을 불러일으켰어.

미술에서는 이중섭이 우리 민족과 친근한 소 그림을 많이 그려 민족적인 정서를 나타냈어.

연극 분야에서는 1923년, 일본 유학생들을 중심으로 토월회가 만들어졌어. 토월회는 남녀평등, 항일 등을 주제로 한 창작극을 공연하면서 새로운 연극 문화를 열었어. 1930년대에 활동했던 극예술 연구회는 일제의 지배로 고통받는 민족의 처지를 사실적으로 나타내 민족의 비참한 현실을 고발했어. 대표적인 작품이 유치진의 〈토막〉이야.

영화에서는 나운규가 민족의 저항 의식과 우리 정서를 담은 영화 예술을 발전시켰어. 특히 일제 강점기 우리 민족의 아픔과 고통을 영화 〈아리랑〉에 담아 항일 정신을 일깨워 주었지. 그러자 일제는

〈흰 소〉
서양화가인 이중섭은 야수파의 영향을 받았으며 향토적이고 개성적인 그림을 그렸다. 우리 민족의 정서를 담은 동물인 소를 주제로 많은 그림을 남겼다. 〈흰 소〉는 이중섭의 대표적인 작품이다.

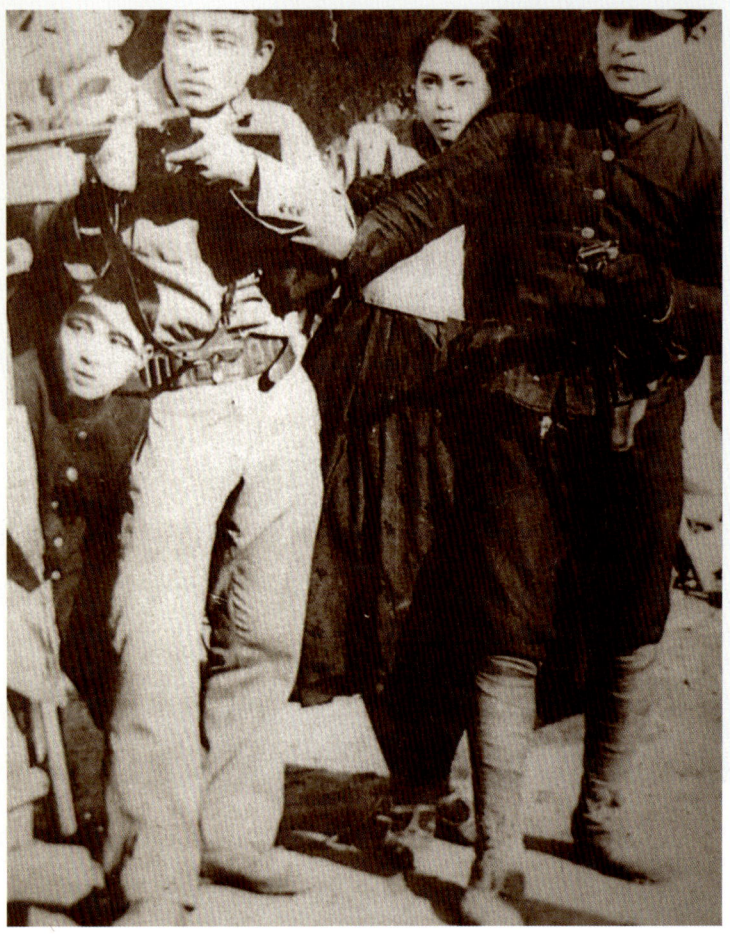

나운규(위)
일제 시대 영화 감독이자 배우인 나운규는 영화 〈아리랑〉을 만들어 민족의식을 불어넣어 주었다.

영화 〈아리랑〉(오른쪽)
나운규의 대표작인 영화 〈아리랑〉의 한 장면. 영화 〈아리랑〉은 일제 강점기 우리 민족의 힘겨운 삶과 정서를 표현한 작품이다.

    1940년, 조선 영화령을 제정해서 영화를 하나하나 검열하고 민족 감정을 자극하는 영화는 만들지 못하게 했어. 대신 조선 영화사를 만들어 일제의 침략 전쟁을 찬양하고 선전하는 영화를 만들었지.
    체육 활동에서의 손기정도 잊을 수 없는 사람이야. 손기정은 베를린 올림픽 마라톤 경기에서 우승을 하고도 굳은 표정으로 자신의 가슴에 있는 일장기를 감추어 국민들의 마음을 뭉클하게 했어.

한편 팔려 나가는 우리 문화재를 모아 민족 문화를 지키려고 노력한 사람도 있었어. 바로 간송 미술관을 세운 전형필이야. 전형필은 일본인들이 우리나라의 문화재와 미술품, 국학 자료 등을 해외로 빼돌리는 것을 막기 위해 자기 전 재산을 들여 이것들을 수집했어. 그러고는 이런 문화재와 작품들을 관리하고 전시하기 위해 간송 미술관을 세운 거야. 전형필 같은 사람들이 있었기에 우리 것을 좀 더 지켜 낼 수 있었지.

이렇게 많은 문화 예술가들이 일제에 맞서 민족 정서와 문화를 지키고 전통을 이어 갔지만, 안타까운 점도 많아. 일제 말기, 일제가 우리의 문화, 예술 활동을 억누르고, 친일 단체들을 만들어 일제의 침략 전쟁을 찬양하도록 강요하면서 많은 문학가와 예술가들이 일제에 협력했어.

많은 문화 예술가들이 친일 활동을 하게 되었다니, 참 안타까운 일이야.

대표적인 친일 단체가 1939년에 만들어진 조선 문인 협회야. 일제는 잘 알려진 작가들한테 황국 신민의 이름으로 친일 작품을 쓰라고 요구했어. 이광수, 최남선, 유치진, 서정주, 모윤숙, 김활란 같은 많은 작가들이 일제의 요구를 받아들여 일제의 태평양 전쟁을 성스러운 전쟁으로 꾸미고, 수많은 청년과 여성들을 전쟁터로 내모는 글들을 썼어.

이들 말고도 일제 말기에 친일 활동을 펼친 사람들이 참 많아. 작곡가 홍난파, 현제명, 윤극영도 나중에는 일제 침략을 지지하는 곡을 만들었지. 자신의 편안한 삶을 위해 양심을 저버린 거야.

민족 운동가에서 친일파로 변절한 최남선

최남선은 1890년에 태어났어. 12살부터 〈황성신문〉에 글을 실을 정도로 글을 잘 썼어. 1907년에는 집에 신문관이라는 출판사를 차렸어.

1919년, 민족 대표들이 3·1 운동을 준비하기 위해 모였어.

3월 1일, 인사동 태화관.

최남선은 민족 대표들과 함께 만세 운동을 주동한 혐의로 구속되었다가, 다음 해 가석방되었어.

일제 강점기 사람들은 어떻게 살았을까?

일제 강점기에는 도시가 발전하고 새로운 문물이 들어와 생활이 편리해지기도 했다. 하지만 이런 편리함을 누린 사람들은 일본인과 소수의 한국인들뿐이었다. 일제의 지배를 받은 우리나라 사람 대부분은 비참할 정도로 가난한 생활을 하였다. 일제 강점기에 부자와 가난한 사람들 생활은 어떻게 달랐을까?

1. 일제 강점기 부자들은 어떻게 살았을까?

- 화장실과 목욕탕, 상하수도 시설이 있는 신식 집에서 살았다.
- 세련된 모자를 쓰고, 서양식 옷을 입고, 구두를 신으며 한껏 멋을 부렸다.
- 의료 시설이 제대로 잘 갖춰진 병원을 이용하였다.
- 명동, 충무로, 남대문로 등에 들어선 백화점과 상점에서 새로 들어온 물건들을 샀다.
- 극장에서 영화를 보고, 전축으로 음악을 듣고, '카페'에서 커피를 마시며 여가 생활을 즐겼다.
- 아이들은 서양식 교복을 입고, 새로 지은 학교에서 공부를 하였다.

2. 일제 강점기 가난한 사람들은 어떻게 살았을까?

- 일본인이 경영하는 공장에서 일하는 한국인 노동자들은 아주 나쁜 환경 속에서 적은 임금을 받으며, 하루 12시간 넘게 힘든 일을 하였다.
- 농민들은 턱없이 오른 소작료와 온갖 세금을 내고, 얼마 남지 않은 쌀을 팔아 만주에서 들어온 싼 잡곡을 사서 먹었다. 보릿고개가 되면 먹을 것이 모자라 풀뿌리나 나무껍질을 먹는 사람들도 있었다.

- 농촌을 떠나 도시로 몰려온 사람들은 일자리를 구하기 힘들어 지게꾼, 인력거꾼 같은 날품팔이를 하며 하루 벌어 하루 먹고 살거나 구걸을 하며 살았다. 그나마 사람들이 철도와 자동차를 이용하면서 인력거꾼들은 일자리를 잃었다. 이들은 도시 변두리에서 가마니 등으로 만든 어두컴컴한 토막집에서 살았다. 1936년 무렵, 서울 인구 60만여 명 가운데 토막민이 11만 명 정도나 되었다. 이들의 살림살이라고는 찌그러진 냄비와 대야, 깨진 독 같은 것 몇 가지뿐이었다.

3장 광복된 뒤 나라가 나누어지다

1945년, 우리 민족은 끈질긴 독립 투쟁과 제2차 세계 대전에서 연합국의 승리로 마침내 일제의 지배에서 벗어나 광복을 맞이하였다. 우리 민족은 건국 준비 위원회를 만들어 나라를 바로 세울 준비를 했다. 하지만 북위 38도선을 경계로 남과 북에 군정이 실시되었다. 남한은 미 군정 아래에서 혼란을 겪고, 북한은 소련 군정 아래에서 사회주의 체제에 대한 반발이 일어났다.

한편 모스크바 3국 외상 회의 결과 나온 신탁 통치 문제로 좌익 세력과 우익 세력이 맞섰다. 좌익과 우익의 갈등이 깊어지자 좌우 합작 운동과 남북 협상으로 통일 정부를 세우려고 힘썼으나 결실을 맺지 못했다. 결국 미국과 소련의 대립 속에서 남한에서는 5·10 총선거가 실시되어 대한민국 정부가 세워지고, 북한에서도 조선 민주주의 인민 공화국이 들어섰다. 이로써 남과 북은 둘로 나누어지게 되었고, 1950년 6·25 전쟁이라는 민족적 비극을 겪게 되었다.

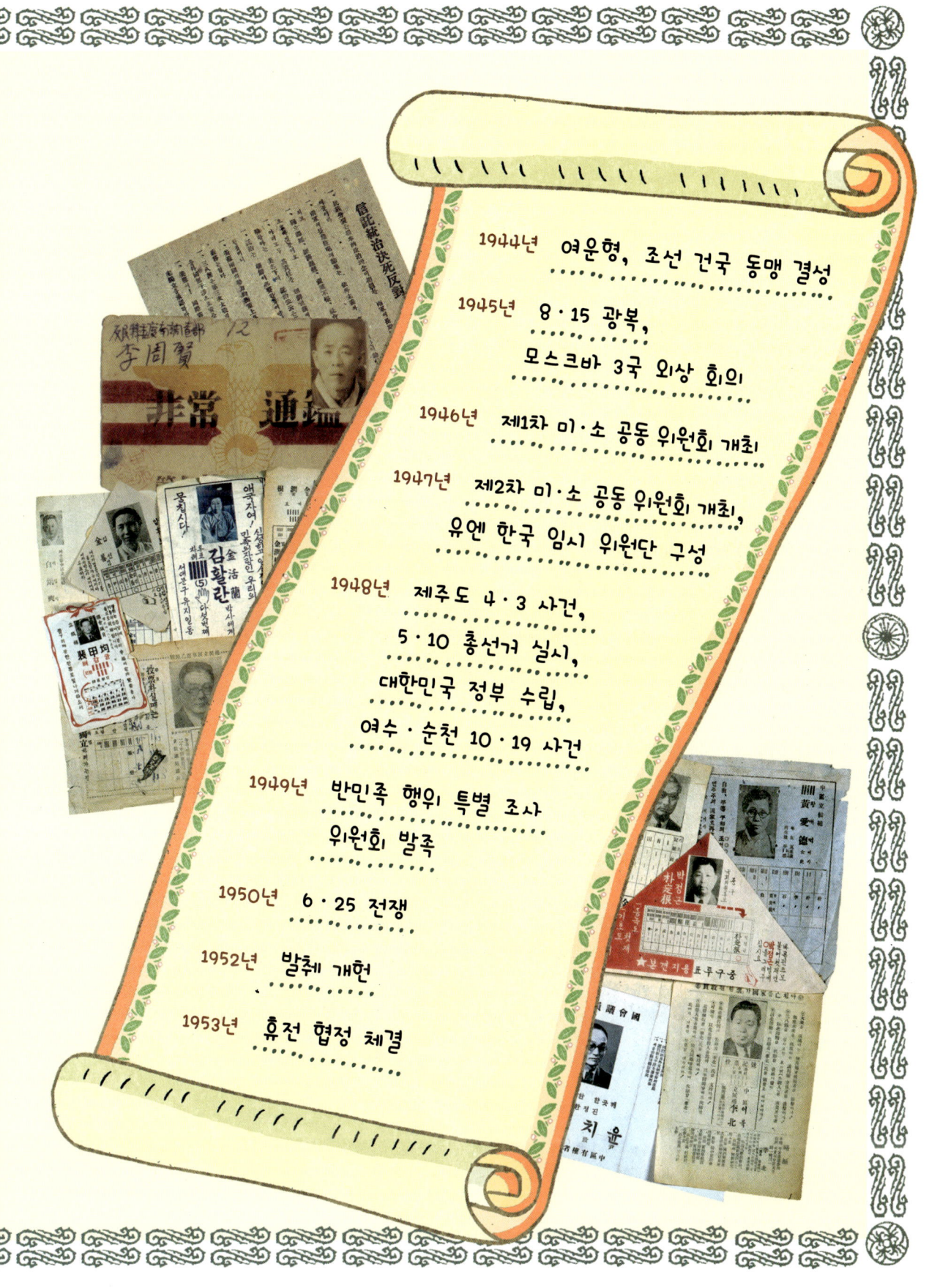

1. 광복을 맞이하고, 또다시 혼란을 겪다

∨ 어떻게 광복이 되었을까?
∨ 우리나라에 미군과 소련군이 들어온 까닭은?
∨ 신탁 통치란 무엇일까?

끈질긴 독립 투쟁과 연합국의 승리로 광복을 맞이하다

1945년 8월 15일, 우리나라는 드디어 광복을 맞이했어. 36년 동안 시달렸던 일제의 가혹한 식민 통치에서 벗어나게 된 거야.

우리가 광복을 맞이할 수 있었던 것은 무엇보다도 우리 민족이 일제에 맞서 끈질기게 독립운동을 해 온 덕분이야. 나라 안에서 벌인 독립운동, 만주와 연해주, 중국 대륙 등 나라 밖에서 펼친 무장 독립 전쟁, 의열단, 한인 애국단 등이 잇달아 일으킨 의거, 대한민국 임시

8·15 광복
1945년 8월 15일 광복이 되자 형무소에서 풀려난 애국지사들이 나라의 독립을 기뻐하는 모습이다.

정부의 외교 활동, 한국광복군의 대일 항전 등이 광복의 밑거름이 된 거지.

우리 민족의 독립운동이 광복의 밑거름이 되었다면, 광복을 맞게 된 결정적인 계기는 제2차 세계 대전에서 연합국이 이긴 거야. 제2차 세계 대전은 세계가 독일, 이탈리아, 일본 등의 추축국과 영국, 프랑스, 중국, 미국 등을 중심으로 한 연합국의 두 편으로 나뉘어 벌인 전쟁이라는 거 알지? 1939년에 시작된 전쟁은 세계를 전쟁의 소용

원자 폭탄
일본 히로시마와 나가사키에 떨어진 원자 폭탄은 수많은 사람들을 죽음으로 몰아넣고, 두 도시를 폐허로 만들었다. 사진은 원자 폭탄이 폭발하면서 생긴 거대한 구름의 모습이다.

돌이 속으로 몰아넣었지. 전쟁이 진행되면서 추축국인 이탈리아와 독일이 차례로 항복했어. 그런데 일제는 끈질기게 버텼지. 그러자 미국이 1945년 8월 6일 히로시마에, 9일에는 나가사키에 원자 폭탄을 떨어뜨렸어. 두 도시가 철저히 파괴되고, 수십만 명이 목숨을 잃거나 크게 다쳤어. 이와 함께 8월 9일에는 소련이 일본에 선전 포고를 하고 한반도 북쪽에서 일본군과 싸웠어. 1945년 2월에 미국, 영국, 소

얄타 회담

1945년 2월 미국, 영국, 소련의 지도자들이 크림 반도 얄타에서 만나 연 회담으로, 소련군의 대일 참전과 제2차 세계 대전의 전후 처리 문제를 논의하였다.

련 정상들이 모여 열린 얄타 회담에서 소련군이 일본과의 전쟁에 참가하기로 결의했었거든.

결국 1945년 8월 15일, 일본 국왕이 연합국에 무조건 항복하면서 식민지였던 우리나라는 해방이 되었지.

안타까운 건 광복군이 국내로 들어와 일본군을 공격할 준비를 하고 있었는데 미처 실행하지 못한 채 광복이 되었다는 거야. 광복군이 국내에서 일본군과 직접 싸울 기회를 놓치면서 우리나라는 국제 사회에서 힘을 발휘할 수 없었어. 우리 민족 스스로 새로운 나라를 세우기 어려워진 거야.

우리 민족의 힘으로 독립을 이루지 못했다니, 정말 안타깝지?

건국 준비 위원회가 힘을 잃고 남과 북에 군정이 실시되다

1945년 8월 15일, 일제가 항복하기 전부터 우리 민족 지도자들은 일제가 전쟁에서 져 무너지리라는 것을 알고 있었어. 일제가 전쟁에서 밀리고 있었거든. 우리 민족은 우리 손으로 나라를 세울 수 있다는 희망으로 광복되기 전부터 나라를 세울 준비를 했어. 나라를 세울

여운형
시민들이 조선 건국 준비 위원회를 만든 여운형을 환영하는 모습이다.

준비를 한 세력은 충칭의 대한민국 임시 정부, 옌안의 조선 독립 동맹, 국내의 조선 건국 동맹 등이었어.

이 가운데 가장 먼저 건국을 준비한 세력은 1944년 여운형이 만든 조선 건국 동맹이야. 1945년 8월, 조선 총독부는 일제가 망할 것을 예감하고 여운형을 만나 협상을 벌였어. 총독부는 우리나라의 독립을 지원해 주겠다고 약속하고, 대신 우리나라에 살고 있는 일본인들이 일본까지 안전하게 갈 수 있도록 도와 달라고 했어. 그러자 여운형은 몇 가지 조건을 내걸었어. 감옥에 있는 독립운동가들을 풀어 줄 것, 우리나라 사람들이 3개월 동안 먹을 음식을 줄 것 등을 요구한 거야. 총독부는 들어주겠다고 약속했지.

마침내 일제가 항복하자 사회주의자였던 여운형은 조선 건국 동맹을 중심으로 민족주의 세력과 함께 조선 건국 준비 위원회를 만들었어. 조선 건국 준비 위원회에는 민족주의 세력과 사회주의 세력이 모두 참여해 함께 일했어. 조선 건국 준비 위원회는 전국에 치안대를 만들어 혼란스러운 사회 질서를 바로잡고, 국민들 생활을 안정시키는 데 힘썼어. 조선 총독부가 관리하던 경찰서, 신문사, 방송국 같은 기관을 그대로 넘겨받아 운영하기도 했어. 그러면서 조선 건국 준비 위원회는 정부의 모습을 갖춰 갔지. 조선 건국 준비 위원회가 설치한 지부가 전국적으로 145개에 이를 정도로 말이야.

그런데 우리 민족이 새로운 정부를 세우는 일은 큰 벽에 부딪쳤어. 미국과 소련이 북위 38도선을 군사 분계선으로 설정하고, 북한에는 소련군이, 남한에는 미군이 머물게 된 거야. 소련군과 미군이 왜 우리나라에 들어왔는지 궁금하지? 간단히 살펴보자.

1945년 8월 9일 전쟁에 참가한 소련은 한반도 북쪽에서 일본군과 싸우면서 북한 지역을 점령해 나갔어. 그러자 미국은 소련이 한반도를 모두 점령할까 봐 불안했어. 그래서 미국은 소련에게 북위 38도선을 경계로 북한에서는 소련군이, 남한에서는 미군이 일본군을 무장 해제시키자고 제안했어. 이를 소련이 받아들이면서 북한에는 소련군

군사 분계선이었던 38도선이 남한과 북한을 갈라놓는 분단선이 되어 갔어.

이, 남한에는 미군이 머물게 된 거지. 이때만 해도 38도선은 단순한 군사적 경계선이었어. 하지만 제2차 세계 대전 뒤 미국을 중심으로 한 자본주의 진영과 소련을 중심으로 한 사회주의 진영의 관계가 나빠지면서 38도선은 남과 북을 정치적으로 나누어 놓는 경계선이 되었어. 그러면서 남한에서는 미군이, 북한에서는 소련군이 군정을 실시하게 되었지. 미국과 소련의 군대 사령관이 행정권과 입법권을 가지고 임시로 우리나라를 이끌어 가게 된 거야.

조선 건국 준비 위원회는 미군이 들어오기 전인 9월 6일에 사회주의 세력을 중심으로 '조선 인민 공화국'을 세웠지만, 미군은 이 정부를 인정하지 않았어.

남한, 미 군정이 실시되면서 혼란스러워지다

미군은 1945년 9월 9일 서울에 들어와 군정을 실시한다고 선언했어. 미 군정은 일제의 식민 통치 기관인 조선 총독부의 관료와 경찰을 그대로 두고 총독부의 행정 체제를 활용하여 우리나라를 다스리려고 했어. 한반도가 공산화되는 것을 막고 질서를 유지하기 위한 것이라고 하면서 말이야. 친일파들이 주요 기관의 자리를 그대로 지키면서 미 군정을 돕게 된 셈이었지.

한편 전국 곳곳에서 감옥에 있던 많은 애국지사들이 풀려나 정치 활동을 하기 시작했어. 또 나라 밖에서 독립운동을 하던 애국지사들과 군대, 공장, 광산 등에 억지로 끌려 갔던 수많은 동포들이 돌아왔

김구와 임정 요인들
광복이 되자 고국으로 돌아오는 길에 상하이 비행장에 내린 김구와 임시 정부 요인들의 모습.

어. 10월에는 미국에서 이승만이 돌아왔고, 11월에는 김구 등 대한민국 임시 정부 지도자들이 중국에서 돌아왔지. 그러면서 조선 건국 준비 위원회 말고도 여러 정치 세력들이 생겨났어.

송진우, 김성수 같은 지주와 기업가들이 한국 민주당을 만들어 자본주의를 주장하며 지주와 기업가 편에 섰고, 박헌영 같은 사회주의자들은 조선 공산당을 만들어 노동자와 농민 편에 섰어. 이승만은 독립 촉성 중앙 협의회를 만들고 한국 민주당과 관계를 맺었어. 김구는 임시 정부의 중심 정당이었던 한국 독립당을 중심으로 활동했고. 이처럼 많은 정당과 사회단체들이 저마다 가지고 있는 이념과 입장에 따라 활동했어. 그러면서 민족 국가를 세우는 데 힘을 하나

로 모으지 못했어.

　게다가 미 군정은 조선 인민 공화국, 대한민국 임시 정부 같은 정치 기구와 그 활동을 하나도 인정하지 않았어. 미 군정은 우리나라 실정을 정확하게 파악하지 못한 채 한국 민주당 사람들과 밀접한 관계를 맺으면서 여러 정책을 펼쳐 나갔지.

　당시 가장 큰 사회 문제는 토지 문제였어. 일제 강점기에는 농민 대부분이 소작농들이었잖아. 소작농들은 수확량의 반 이상을 소작료로 내면서 매우 힘겨운 생활을 했고. 농민들은 일제와 친일파 지주가 갖고 있던 토지를 농민들한테 다시 나눠 주고 소작료도 내려 달라고 요구했어. 하지만 미 군정은 이들의 말에 귀 기울이지 않았어.

　또 외국에 있던 많은 사람들이 국내로 돌아오면서 식량 문제가 심각해졌어. 식량이 턱없이 부족해진 거야. 미 군정은 식량 문제를 해결한다면서 1946년 2월부터 식량을 모으기 시작했어. 그런데 식량 배급에 필요한 쌀을 거둔다는 이유로 농민들한테 시중의 3분의 1도 안 되는 가격에 쌀을 팔게 했어. 토지 문제가 해결되지 않은 데다 쌀값도 제대로 못 받은 농민들은 분통이 터졌어. 결국 여기저기서 크고 작은 저항 운동이 일어났지.

노동 문제도 심각했어. 미 군정이 철도 노동자 가운데 4분의 1을 줄이고 월급을 하루 품삯으로 주겠다고 발표한 거야. 그러자 철도 노동자들이 파업을 일으켰어. 이 파업이 확산되어 전기, 해운 노동자들까지 26만여 명이 파업을 하면서 시위를 벌였어. 이것이 1946년에 있었던 9월 총파업이야. 미 군정은 경찰과 무기를 동원해 시위를 진압했어. 또 같은 해 10월, 대구에서도 경찰이 총을 쏘아 시민이

광복이 되었어도 농민들, 노동자들 삶이 힘들기만 하구나!

자본주의, 사회주의, 공산주의란?

자본주의: 개인이 재산을 갖는 사유 재산제에 바탕을 두고 이윤을 얻기 위한 상품 생산을 인정하는 경제 체제이다. 자본주의 아래에서는 사람들이 더 많은 이익을 얻으려고 자유롭게 경쟁한다. 사회주의 경제 체제와 반대되는 의미이다.

사회주의: 자본주의에서 일어나는 노동 임금 착취와 그에 따른 경제적 불평등에 반발하여 나타난 사상이다. 사회주의자들은 생산 수단을 공동 소유하고 관리할 것, 계획적으로 생산하고 평등하게 분배할 것 등을 주장한다.

공산주의: 공동 생산, 공동 분배를 원칙으로 한다. 사유 재산 제도를 부정하고 공유 재산제를 실시함으로써 빈부 차이가 완전히 없는 사회를 추구한다.

죽자 시위가 일어났어. 이 시위는 전국적으로 확대되었지. 전국에서 수십만 명이 강제로 쌀을 거두는 것에 반대하고 토지 제도를 개혁할 것, 미 군정은 물러갈 것 등을 요구하며 시위를 벌였지. 미 군정에 대한 국민들의 불만은 커져 갔고, 남한은 혼란스러운 상황이 이어졌어.

북한, 소련이 군정을 실시하면서 사회주의 체제에 대한 반발이 일어나다

북한도 혼란스럽기는 마찬가지였어. 광복 직후에는 평양에서 조만식을 중심으로 평남 건국 준비 위원회가 결성되어 민족 국가 건설에 나섰어. 하지만 북한에 들어온 소련군은 건국 준비 위원회를 인민 정치 위원회로 개편하도록 유도했어. 그러면서 소련군은 민족주의자들과 사회주의자들이 동등하게 활동하는 정책을 폈어.

그런데 얼마 지나지 않아 소련군 사령부는 조만식을 비롯한 민족주의 세력을 제거하고 사회주의자들을 지원하기 시작했어. 사회주의 정부를 세우기 위해서 말이야. 소련군 사령부는 소련군과 함께 북한에 들어온 김일성을 북한의 지도자로 삼고 사회주의 정권을 세우기 위한 기반을 다져 나갔어. 1946년에 김일성을 위원장으로 하는 북조선 임시 인민 위원회가 만들어져 행정적인 일들을 처리하고 사회 질서를 잡아 갔지. 이 과정에서 조만식 같은 민족주의 지도자들이 밀려나고 사회주의자들이 정권을 차지하게 되었어.

소련의 사회주의화 정책에 대해 북한 주민들의 반발도 적지 않았어. 대표적인 사건이 신의주 학생 의거야. 1945년 11월, 신의주에서 학생들이 소련군에 반대하는 시위를 벌인 거야. 학생들이 '공산당을 몰아내자', '소련군 물러가라', '학원의 자유를 쟁취하자'라고 외치며 사회주의 반대 운동을 펼쳤어. 이때 소련군이 무력으로 진압하면서 수많은 사람이 죽거나 다쳤지. 신의주뿐만 아니라 다른 곳에서도 사회주의에 반대하는 의거가 일어났어. 소련군과 사회주의자들은 이들을 힘으로 눌렀어. 결국 민족주의 지도자들과 사회주의 체제에 반대하는 주민들은 38도선을 넘어 남한으로 내려올 수밖에 없었어.

우리 민족의 뜻과는 전혀 상관없이 그어진 38도선 때문에 한반도의 남과 북에는 각기 다른 정치 체제가 들어서게 되었어. 남한에는 민주주의 체제가, 북한에는 사회주의 체제가 들어선 거야.

38도선 푯말
북위 38도선을 경계로 미국과 소련이 한반도를 나누어 점령하면서 분단이 시작되었다.

신탁 통치 문제로 좌익 세력과 우익 세력이 맞서다

1945년 12월, 미국, 영국, 소련의 외무 장관들이 제2차 세계 대전 뒤처리를 하기 위해 모스크바에 모였어. 이 회의를 모스크바 3국 외상 회의라고 해. 회의 내용 가운데는 우리나라 문제도 있었어. 회의 결과는 우리나라에 임시 정부를 수립하고

신탁 통치 반대 운동
우익을 비롯한 신탁 통치를 반대하는 세력은 강력한 반대 운동을 벌였다.

이를 지원하기 위한 미·소 공동 위원회를 설치하며, 미국, 영국, 소련, 중국 네 나라가 최고 5년간 우리나라를 신탁 통치한다는 것이었어. 신탁 통치란 독립할 능력이 없는 나라를 강대국이 정해진 기간 동안 다스리는 것을 말해. 즉 우리 민족이 완전한 독립 국가를 세울 때까지 미·영·중·소, 네 나라가 한반도를 함께 관리하겠다는 거야. 길면 5년 정도 말이야. 나라가 안정되면 독립 정부를 세우게 한다는 거지.

그런데 12월 27일, 동아일보는 모스크바 3국 외상 회의 내용을 잘못 전했어. 소련이 신탁 통치를 주장했고 미국은 즉시 독립을 주장했다고 말이야. 광복된 뒤 독립 정부를 세우려던 우리 민족은 신탁 통치 결정을 민족에 대한 모욕으로 받아들였어. 신탁 통치를 식민 통치나 마찬가지라고 생각한 거야. 김구를 중심으로 한 민족 지도자들이 신탁 통치 반대 운동을 전개하였고, 이 반탁 운동은 전국적으로 확산되었지.

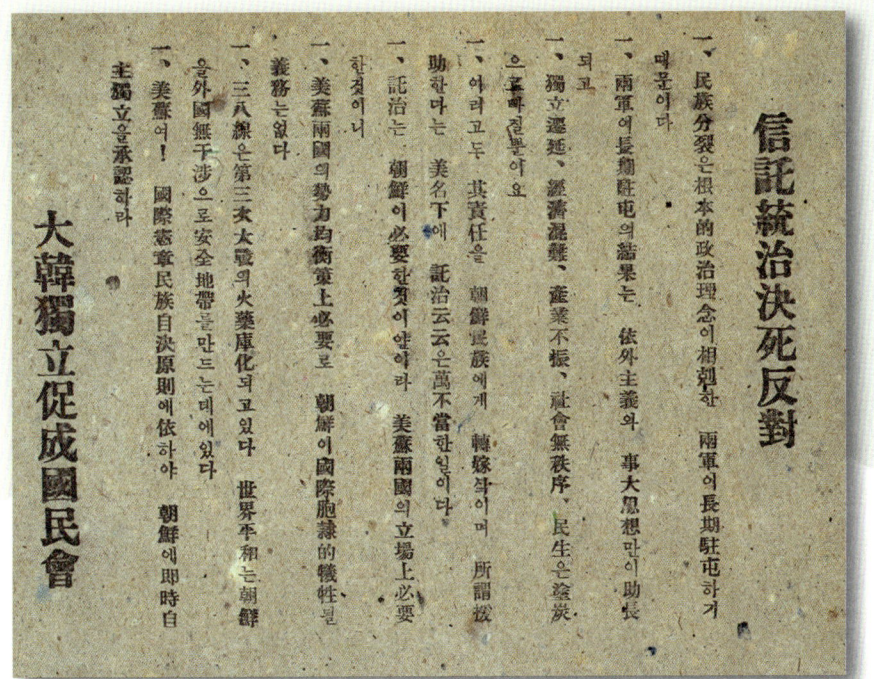

신탁 통치 반대 전단
우익 세력은 신탁 통치를 반대하는 내용을 담은 전단을 만들어 뿌리며 반탁 운동을 벌였다.

며칠 뒤 모스크바 3국 외상 회의 내용이 정확히 다시 전해졌어. 그러면서 사회주의자들인 좌익 세력과 민족주의자들인 우익 세력이 맞서게 되었어. 우익 세력은 신탁 통치 절대 반대를 주장하고, 좌익 세력은 '모스크바 3국 외상 회의 결정 지지'를 주장하며 맞선 거야. 좌익 세력은 신탁 통치를 비롯한 모스크바 3국 외상 회의 내용을 독립 정부를 세우기 위한 전 단계로 보았고, 우익 세력은 독립 정부를 세우지 못하는 것으로 본 거야. 처음에는 좌익 세력도 신탁 통치를 반대했지만 모스크바 3국 외상 회의 내용이 제대로 알려지면서 찬성하게 되었지. 좌익 세력은 이 결정안을 지지하면 국가 건설에 대한 주도권을 잡을 수 있다고 생각한 거야.

미 · 소 공동 위원회
모스크바 3국 외상 회의 결정에 따라 미 · 소 공동 위원회가 열렸지만 별다른 성과를 내지 못했다.

이처럼 모스크바 3국 외상 회의의 결정을 놓고 남한에서는 좌익과 우익이 치열하게 맞섰어. 이와 달리 북한에서는 반탁을 주장한 조만식을 가두고 반탁 운동을 벌이지 못하게 막았어.

이런 가운데 1946년 3월, 서울 덕수궁에서 제1차 미·소 공동 위원회가 열렸어. 모스크바 3국 외상 회의의 결정에 따라, 신탁 통치 문제와 우리나라의 임시 정부 수립 문제를 의논하기 위해서 말이야. 그런데 임시 정부 수립 협의에 참여할 대상을 놓고 소련과 미국이 맞섰어. 소련은 모스크바 3국 외상 회의 결정을 지지하는 단체들만 참여시키자고 했고, 미국은 모든 정치 단체를 참여시키자고 주장했어. 결국 미국과 소련은 합의하지 못했고, 제1차 미·소 공

모스크바 3국 외상 회의 주요 결정 사항

1. 한국의 독립 국가 수립을 위해 임시 민주주의 정부를 수립한다.
2. 임시 민주주의 정부 수립을 돕기 위해 미 · 소 공동 위원회를 설치하고 한국의 정당 및 사회단체와 협의한다.
3. 임시 정부와 협의해 최대 5년간 미국, 소련, 중국, 영국 등 네 나라가 신탁 통치 실시 여부를 결정한다.

> **좌익과 우익**
>
> '좌익(左翼)'은 '왼쪽 날개'라는 뜻인데, 정치적으로는 진보적이거나 사회주의적인 사상이나 경향을 가진 인물이나 단체를 가리킨다. '오른쪽 날개'라는 뜻을 가진 '우익(右翼)'은 보수적이거나 자본주의적인 사상이나 경향을 가진 인물이나 단체를 가리킨다.

동 위원회는 아무런 성과를 거두지 못했어.

그러자 여운형을 중심으로 한 일부 좌익 세력과 김규식을 중심으로 한 일부 우익 세력이 좌우 합작 위원회를 구성했어. 좌우 합작 위원회는 좌익과 우익이 힘을 모아 미·소 공동 위원회를 통해 임시 정부를 수립한다는 목표를 세웠어. 이를 위해 먼저 남한에서 좌우 세력이 합작한 뒤 남과 북이 연합하기로 했지. 좌우 합작과 민족 통일을 중시하는 중도파 세력들과 김구는 이들을 지지했어. 하지만 반공주의를 내세우며 남한만의 단독 정부를 세우려는 우익 세력과 토지 개혁, 친일파 처리에 적극적이었던 좌익 세력은 좌우 합작 운동을 반대했어. 그러면서 좌익과 우익은 더 심하게 대립했지.

이런 가운데 1947년 5월에 열린 제2차 미·소 공동 위원회도 아무 성과 없이 끝났어. 게다가 7월 19일에는 좌우 합작 운동을 이끌었던 여운형이 암살당하고 말았어. 결국 좌우 합작 위원회는 해산되고 말았지. 그러자 미국은 우리나라 문제를 유엔(국제 연합)에 넘겼어. 미·소 공동 위원회와 좌우 합작 운동이 아무 결실을 맺지 못하면서 우리 민족은 통일된 독립 정부를 세우기가 더욱 어려워진 거야.

좌우 합작이 성공했다면 통일 정부를 세울 수 있지 않았을까?

유엔(국제 연합)
제2차 세계 대전 후 국제 평화와 안전의 유지를 위하여 창설한 국제 평화 기구. 국제 연맹의 정신을 계승하여 더욱 강화한 조직으로서 1945년 10월 24일에 정식으로 창립하였다.

민족 독립과 통일에 평생을 바친 김구

김구는 1876년, 황해도 해주에서 태어났어. 동학 농민 운동에도 참여했고, 만주로 가서 의병 투쟁을 벌이기도 했어.

1905년, 을사조약이 체결되자~

1911년에는 데라우치 총독 암살 사건 관련자로 잡혀 감옥살이를 했어.

1919년 3·1 운동 뒤, 상하이로 망명해 대한민국 임시 정부 초대 경무국장이 되고 국무령이 되었어. 1928년에 한국 독립당을 만들고, 1931년 한인 애국단을 만들었지.

이봉창의 의거는 폭탄이 터지지 않아 실패했으나~

2. 남한과 북한에 단독 정부가 수립되다

- 우리나라에는 왜 통일 정부가 세워지지 못했을까?
- 5·10 총선거와 그 결과는?
- 이승만 정부는 친일파를 어떻게 처리했을까?
- 북한에는 어떤 정부가 세워졌을까?

자본주의 대표 미국과 사회주의 대표 소련이 한반도에서 맞서다

우리나라가 일제로부터 벗어나자마자 왜 이렇게 또 미국과 소련에 휘둘렸는지 답답하고 궁금하지? 우리나라가 제2차 세계 대전 결과와는 상관없이 순전히 우리 힘으로 독립했다면 미국과 소련이 마음대로 한반도를 반으로 갈라서 점령하지는 못했을 거야. 그건 그렇고 미국과 소련이 왜 이렇게 한반도를 반씩 차지하고 맞섰을까? 그 이유를 알려면 당시 국제 정세를 좀 더 자세히 살펴봐야 해.

제2차 세계 대전이 끝난 뒤 세계는 미국의 지원을 받는 자본주의 국가와 소련의 지원을 받는 사회주의 국가로 갈라졌어. 제2차 세계 대전에서 미국과 소련은 같은 편이 되어 독일, 이탈리아, 일본 등과 싸워 이겼지만, 이제는 서로 자신들의 체제가 옳다고 주장하며 싸우기 시작한 거야.

미국과 소련은 더 많은 나라를 자기들과 같은 체제로 만들기 위해 힘썼어. 미국은 1947년부터 영국, 프랑스 같은 서유럽 국가들을 경제적으로 도와주기 시작했어. 전쟁으로 피해가 컸던 유럽을 자본주의 국가로 만들기 위해서였지. 소련은 헝가리, 루마니아, 폴란드 같은 동유럽 국가들을 미국 못지않게 도와줬어. 동유럽에 사회주의 체제가 자리 잡을 수 있도록 말이야. 그 결과 서유럽 국가들은 대부분 자본주의 국가가 되었고, 동유럽 국가들은 사회주의 국가가 되었어.

자본주의 진영과 사회주의 진영이 차갑게 맞선 냉전 시대는 1991년 소련의 해체와 사회주의권의 몰락으로 지금은 사실상 끝난 상태야.

미국과 소련은 군사적으로도 치열하게 대립했어. 미국은 북대서양 조약 기구(NATO)를 만들어 자본주의 국가들을 하나로 묶었고, 소련은 바르샤바 조약 기구(WTO)를 만들어 동유럽 사회주의 국가들을 하나로 묶었어. 이렇게 해서 세계는 자본주의 진영과 사회주의 진영이 맞서 싸우는 '냉전 시대'로 접어들었어. 세계가 '냉전' 즉 '차가운 전쟁(cold war)'을 벌이게 된 거야. '냉전 시대'라는 말은 총과 대포를 쏘며 전쟁을 벌인 것은 아니지만, 그에 못지않게 치열하게 갈등하고 대립했다는 뜻에서 나온 거야. 자본주의 국가들과 사회주의 국가들이 맞선 냉전 시대는 제2차 세계 대전이 끝난 뒤부터 50여 년 동안 이어지게 돼.

　냉전 시대가 시작되면서 가장 큰 피해를 입은 땅이 바로 한반도야. 미국과 소련은 2차 세계 대전에서 일본의 항복을 받은 뒤, 한반도를 자기들과 같은 체제로 만드는 데 힘을 쏟았어. 그래서 일본군을 내쫓는다는 구실로 한반도에 군대를 보낸 거야. 미국과 소련은 군사 분계선으로 북위 38도선을 긋고, 남쪽에는 미군이, 북쪽에는 소련군이 머물며 영향력을 행사하기 시작했어. 일제로부터 벗어났다는 기쁨이 채 가시기도 전에 남과 북으로 나뉘어 다른 나라의 간섭을 받게 된 거야. 그러면서 우리나라의 정치 세력도 좌익과 우익으로 나뉘어 맞선 거고. 남한에서는 우익 세력이 미군의 힘으로 좌익 세력을 누르려고 했고, 북한에서는 소련의 지지를 받은 좌익 세

력이 우익 세력을 없애 갔지.

　남한에서는 우익과 좌익의 대립이 깊어지면서 1946년에 김규식과 여운형이 우파와 좌파를 하나로 모으려는 좌우 합작 운동을 벌였어. 1948년에는 김구와 김일성이 만나 통일 정부를 세우기 위한 회담을 가지기도 했지. 하지만 안타깝게도 이 회담들은 성과 없이 끝났어. 결국 우리나라는 자본주의 국가 남한과 공산주의 국가 북한으로 나뉘는 분단국가의 길로 들어서고 말았지. 이 때문에 1950년에는 비극적인 민족 전쟁을 겪게 되었어. 이제부터 남한과 북한에 어떻게 서로 다른 정부가 들어섰는지 자세히 살펴볼 거야.

남한에서 총선거가 실시되고 대한민국 정부가 세워지다

　미·소 공동 위원회가 성과 없이 끝나자 미국은 우리나라 문제를 유엔에 넘겼다고 했지? 유엔 총회는 미국의 제안을 받아들여 유엔의 감시 아래 인구 비례에 따른 남북한 총선거를 실시해 정부를 세우기로 결정했어. 이에 따라 총선거를 감시하게 될 유엔 한국 임시 위원단이 인도, 캐나다, 중국 등 9개 나라로 구성되었지.

　1948년 1월, 유엔 한국 임시 위원단이 서울에 들어왔어. 임시 위원단은 정치 지도자들을 만나 정부 수립 문제를 논의하고, 한반도 상황을 조사했어. 그런데 소련과 북한은 임시 위원단이 북한에 들어오지 못하게 했어. 소련은 유엔의 제안대로 인구 비례에 따라 국회 의원을 뽑는 총선거를 하면 남한 인구가 많아 미국이 유리할 거라고

소련과 북한이 유엔 한국 임시 위원단의 활동을 거부한 까닭은 무엇일까?

생각한 거야.

결국 유엔은 남한에서만 총선거를 실시하기로 결정했어. 이는 곧 우리나라가 남한과 북한으로 나눠진다는 걸 뜻했지.

이런 유엔의 결정에 대해 남한의 정치 세력들은 어떻게 반응했을까? 찬성과 반대로 나뉘어졌어. 이승만과 한국 민주당 등 우익 세력은 단독 선거를 찬성하고, 좌익 세력은 반대했어. 김구, 김규식 같은 민족주의자들과 좌익와 우익 사이에서 중도적인 입장을 갖고 있던 정치 세력들도 단독 선거를 반대했어. 단독 선거가 민족을 분열시킨다면서 말이야. 남한은 단독 선거에 대한 찬성과 반대 세력으로 나뉘어 무척이나 혼란스러웠어.

이런 가운데 이승만은 남한만이라도 총선거를 실시해 정부를 세우는 것이 자유 민주주의를 지키고 공산주의 세력에 대응할 수 있는 길이라고 주장했어. 이와 달리 김구는 시간이 걸리더라도 반드시 통일된 하나의 정부를 세우기 위해 북한과 협상해야 한다고 주장했어.

평양으로 가는 김구
김구 일행은 통일 정부 수립을 위해 38도선을 넘어 평양으로 가서 남북 협상을 가졌다.

김구, 김규식 등 단독 선거를 반대하는 정치 세력들은 통일 정부를 세우기 위해 남북 협상을 추진했어. 북한 정치 지도자들을 만나 한반도 통일 문제를 협의하려고 한 거야. 이승만과

제주도 4·3 평화 공원
제주도 4·3 사건으로 죄 없이 희생된 사람들을 기억하고 추모하기 위한 곳이다. 제주시 봉개동에 있다.

한국 민주당은 남북 협상에 나서는 이들을 공산주의자로 몰며 비난했지.

김구 일행은 1948년 4월, 평양으로 가서 김일성을 비롯한 북한 정치 지도자들을 만나 남북 협상을 벌였어. 이렇게 남북한 정치 지도자들이 통일 정부를 세우기 위해 논의했지만 별다른 성과를 거두지는 못했어. 북한도 북한만의 단독 정부를 세우려고 했기 때문에 통일 정부 수립이라는 결실을 거두기는 힘들었던 거야. 소련은 북한에서만이라도 공산주의 국가를, 미국은 남한에서만이라도 자본주의 국가를 세우려고 했으니, 통일 정부를 세운다는 것은 쉬운 일이 아니었지. 더구나 남한의 정치 세력이 단독 선거 찬성과 반대로 나뉘어 힘을 모을 수 없었으니 통일 정부를 세우는 것은 더욱 힘든 일이었어.

한편 남한에서는 단독 선거를 반대하는 세력과 군인, 경찰이 충돌한 사건이 일어났어. 제주도 4·3 사건과 여수·순천 10·19 사건이야.

제헌 국회
우리나라의 초대 국회를 이르는 말이다. 1948년 5월 10일에 치러진 총선거에 따라 국회 의원이 선출되었고, 그해 5월 31일에 대한민국 헌법을 제정한 초대 국회가 열렸다. 헌법을 제정하여 제헌 국회라고 한다.

제주도 4·3 사건은 공산주의자들이 통일 정부 수립을 주장하며 일으킨 봉기를 진압하는 과정에서 제주도 주민 수만 명이 희생된 사건이야. 여수·순천 10·19 사건은 공산주의 계열의 군인들이 제주도 4·3 사건을 진압하기 위해 출동하라는 명령을 거부하고 무장 봉기를 일으켰다 진압된 사건이고. 이 밖에도 곳곳에서 단독 선거 반대 운동과 파업이 일어나 사회가 불안했어.

결국 1948년 5월 10일, 남한에서는 유엔 한국 임시 위원단의 감시 아래 국회 의원을 뽑는 총선거를 실시했어. 비록 남한에서만 치렀지만, 우리나라에서는 처음으로 민주적인 절차에 따라 제헌 국회 의원을 뽑은 거야. 국회는 나라 이름을 '대한민국'으로 정하고, 헌법을 제정해 7월 17일에 공포했어. 제헌 국회는 새로 제정된 헌법 절차에

5·10 총선거 유세 전단
1948년 5월 10일, 남한에서만 국회 의원을 뽑는 총선거가 이루어졌다. 총선거 때 국회 의원 입후보자들의 유세 전단 모습이다.

대한민국 정부 수립 경축식
1948년 8월 15일 중앙청 광장에서 대한민국 정부 수립을 경축하는 행사가 열렸다.

따라 대통령과 부통령 선거를 실시했어. 그 결과 대통령에 이승만, 부통령에 이시영이 당선되었고, 1948년 8월 15일에 대한민국 정부가 수립되었어. 대한민국은 우리 민족이 우리 땅에 가장 처음 세운 민주 공화국이야. 비록 남한에만 세워진 반쪽 정부지만 말이야. 1948년 12월, 파리에서 열린 유엔 총회는 대한민국이 한반도에서 유일한 합법 정부라고 승인했어. 이로써 대한민국은 국제적으로 정통성을 인정받게 되었고, 민주주의 국가로 갈 수 있는 길을 열었지.

이렇게 남한에 단독 정부가 세워졌지만 김구는 포기하지 않고 민족 통일을 위해 애썼어. 그러다 1949년 6월 26일, 김구는 육군 소위 안두희가 쏜 총에 맞아 세상을 떠나고 말았어. 평생 민족의 독립과 통일을 위해 힘쓴 민족 지도자가 같은 민족의 손에 죽임을 당하고

만 거야. 답답하게도 안두희가 왜 김구를 죽였는지는 정확히 밝혀지지 않았어. 여운형이 암살당한 지 몇 년 지나지 않아 김구가 암살되었다는 것은 너무나 가슴 아프고 안타까운 일이야. 통일 정부를 세우기 위해 애썼던 두 사람이 죽음을 맞으면서 평화적으로 통일 정부를 세우자는 목소리를 듣기 힘들어졌으니 말이야.

이승만 정부, 친일파를 제대로 처벌하지 못하다

대한민국 정부가 세워지면서 국민들이 가장 바랐던 것 가운데 하나가 무엇일까? 친일파를 처벌하는 거였어. 친일파를 처벌해 일제 지배의 흔적을 없애고 깨끗한 새 나라를 세우자는 거였지.

반민족 행위 처벌법의 주요 내용

1. 일본 정부와 통모하여 한·일 합병에 적극 협력한 자, 한국의 주권을 침해하는 조약 또는 문서에 조인한 자와 모의한 자는 사형 또는 무기 징역에 처하고, 그 재산과 유산의 전부 혹은 2분의 1 이상을 몰수한다.
2. 일본 정부로부터 작위를 받은 자 또는 일본 제국 의회의 의원이 되었던 자는 무기 또는 5년 이상의 징역에 처하고, 그 재산과 유산의 전부 혹은 2분의 1 이상을 몰수한다.
3. 일본 치하 독립운동가나 그 가족을 악의로 살상·박해한 자 또는 이를 지휘한 자는 사형, 무기 또는 5년 이상의 징역에 처하고, 그 재산의 전부 혹은 일부를 몰수한다.

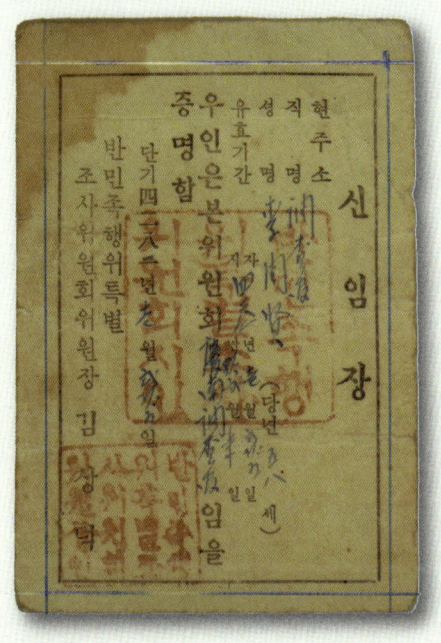

반민 특위 신임장과 비상 통행증
반민 특위에서 경남조사부 조사관을 지낸 이주현의 신임장과 비상 통행증의 모습이다.

    1948년 9월, 국회는 친일파를 처벌하기 위한 반민족 행위 처벌법을 만들었어. 이 법을 실행하기 위해 반민족 행위 특별 조사 위원회(반민 특위)가 만들어졌지. 반민 특위는 1949년 1월부터 본격적으로 활동하기 시작했어. 화신 재벌의 우두머리로 일제의 침략 전쟁을 도운 박흥식, 일제 경찰 간부로 독립운동가들을 탄압한 노덕술 등 일제를 적극적으로 도운 중요 인물들을 잡아다 조사했지. 이때 잡힌 사람들 가운데는 최린, 최남선, 이광수 등도 있었어. 이들은 한때 민족 지도자로 존경받았지만, 일제 말기에 이르러 적극적으로 친일 활동을 벌인 사람들이야.
    국민들은 반민 특위의 활동을 뜨겁게 지지했어. 하지만 이승만 정부는 반공 정책을 앞세우면서 친일파 처벌에 소극적이었어. 오히려 반민 특위의 활동을 억누르고 방해했지. 왜냐하면 이승만 정부에서는 행정부나 경찰서 등 곳곳에 친일 활동을 한 사람들이 자리 잡고 있었기 때문이야. 미 군정이 행정적인 일들을 처리하기 위해 일제 강점기 때 총독부나 경찰서, 관청 등에서 일하던 사람들을 그대로 고용하면서, 이 사람들이 이승만 정부에도 그대로 자리 잡고 있었던 거야. 이승만이 친일파한테 벌을 주는 것은 나라의 힘을 낭비하는 거라면서 비판하자, 국회는 친일파를 처벌할 수 있는 기한을 줄여 버렸어. 그 결과 반민 특위는 활동하기 시작한 지 1년도 안 돼 해체되고 말았지. 이 때문에 거의 친일파를 처벌하지 못했어. 친일파를 쫓아내고 민족을 위해 일할 수 있는 깨끗한 사람들이 새 나라를 만들어 가야 했는데, 그렇지 못하게 된 거야.

북한에 조선 민주주의 인민 공화국이 세워지다

북한도 남한과 마찬가지로 단독 정부를 세웠어. 북한은 어떤 과정을 거쳐서 정부를 세우게 되었을까? 그 과정을 간단히 살펴보자.

북한은 1946년 북조선 임시 인민 위원회를 만들었지? 위원장은 소련군의 지원을 받은 김일성이었고. 북조선 임시 인민 위원회는 소련군 사령부의 지휘를 받으며 개혁 정책을 펼쳤어. 조만식 같은 민족주의자들을 쫓아내고 민족주의 이념을 탄압하며, 사회 체제를 바꾸어 간 거야.

김일성
북조선 임시 인민 위원회 위원장 시절의 김일성.

북한은 남한과는 달리 친일파를 철저히 몰아냈어. 그러면서 사회주의 체제를 만들기 위한 개혁들을 실시했어. 먼저 토지 개혁을 실시했어. 조선 총독부와 일본인, 친일파와 지주들이 가지고 있던 토지를 빼앗아 나라 것으로 만든 다음 농민들한테 나누어 주었지. 토지는 농사짓는 사람한테 준다는 원칙에 따라 농업 노동자, 소작농, 소지주들한테 가족 수와 일할 수 있는 노동력에 따라 점수를 매겨 나누어 준 거야. 이런 토지 개혁은 자기 땅이 없던 농민들한테 큰 환영을 받았어.

토지 개혁에 이어 중요한 산업들을 나라 것으로 만들어 관리했어. 그러면서 노동자들의 노동 시간을 하루 8시간으로 규정하는 등 노동법을 제정했지. 또 남녀 평등법 같은 것도 만들어 시행했어.

1948년 2월에는 군대인 조선 인민군을 만들고, 헌법 초안을 만들면서 단독 정부를 세우기 위한 준비를 해 나갔어. 그러면서도 겉으로는 남한의 단독 정부 수립을 비판하고 남북한 통일 정부를 세우자고 주장했지. 김구 일행과 남북 협상을 벌이면서 말이야.

북한은 남한에 정부가 들어서자, 총선거를 실시해 최고 인민 회의를 구성하고, 헌법을 제정했어. 이어 김일성을 초대 수상으로 뽑고, 1948년 9월 9일에 조선 민주주의 인민 공화국 수립을 선포했지.

이로써 남한과 북한에 각각 이념과 체제가 다른 정부가 들어선 거야. 이제 통일 정부는 세우지 못하게 되었고, 분단된 남한과 북한의 갈등과 대립은 더욱 심해져 갔어.

이렇게 남과 북에 각기 다른 정부가 세워지면서 분단국가의 아픔이 시작되었지.

민족의 비극, 제주도 4·3 사건

● 서북 청년단 : 북한 사회 개혁 당시 남쪽으로 내려온 이북 각 청년 단체가 결성한 극우 반공 단체.

제주도는 선거를 거부했어. 이승만 정부는 11월, 제주도에 계엄령을 선포하고 제주도민들의 시위를 무력으로 진압하기 시작했어. 수많은 제주도민이 죽거나 다치고 한라산으로 도망쳤지.

1949년 3월, 많은 도민들이 산에서 내려왔고, 5월 10일 재선거가 치러졌어. 하지만 6·25 전쟁이 일어나자 4·3 사건에 관련된 수많은 사람이 공산주의자로 몰려 처형되었어. 4·3 사건과 관련되어 죽음을 당한 제주도민이 2~3만 명에 이르렀지.

3. 6·25 전쟁으로 민족 모두 큰 고통을 겪다

∨ 남한과 북한은 서로를 어떻게 생각했을까?
∨ 6·25 전쟁의 전개 과정은?
∨ 6·25 전쟁이 남긴 것은?

남한과 북한의 갈등이 깊어져 거칠게 맞서다

남한에 이승만 정부가, 북한에 김일성 정권이 들어선 뒤 남한과 북한의 갈등은 더욱 깊어졌어. 자본주의 국가 남한과 공산주의 국가 북한은 서로를 비난하며 크고 작은 싸움을 벌이곤 했어. 북한은 이승만 정부를 무너뜨린 뒤 공산주의 체제로의 통일을 이루자고 제안했고, 이승만은 북진 통일을 주장했지.

국제 정세의 변화도 한반도를 불안하게 만들었어. 미국과 소련은 남한과 북한에 정부가 들어선 뒤 일단 한반도에서 군대를 철수시켰어. 하지만 미국과 소련을 중심으로 이념 대립이 심해지고, 중국에 공산주의 정부가 들어서면서 한반도에 긴장이 높아진 거야.

　이런 가운데 북한은 소련과 중국, 남한은 미국의 도움을 받으며 군사력을 키워 갔어. 북한은 소련한테서 비행기, 전투기, 탱크 같은 무기를 비롯해 여러 가지 군사적인 지원을 받았어. 중국도 내전에서 공산당을 위해 싸웠던 조선 의용군 수만 명을 북한으로 돌려보내 인민군이 되게 해 주었어. 북한은 소련과 중국의 도움을 받으며 군사 훈련을 강화하고 전쟁 준비를 해 나간 거야.

애치슨 선언
1950년 1월 미국 국무장관 애치슨이 태평양에서의 미국의 방위선을 알류산 열도-일본-오키나와-필리핀을 연결하는 선으로 정한다고 발언한 것이다. 즉 방위선 밖의 한국과 타이완 등의 안보와 관련된 군사적 공격에 대해 보장할 수 없다는 내용으로, 6·25 전쟁을 일으키는 원인이 되었다는 비판을 받았다.

남한에서도 정부가 세워진 뒤 국군을 만들어 국방력을 키워 나갔어. 이승만은 북한을 공격해 통일하겠다고 큰소리쳤지. 한편 미군은 1949년 6월에 우리나라에서 철수하고, 이어 1950년 1월에는 미국이 태평양 방위선에서 우리나라와 타이완을 뺀다는 애치슨 선언을 발표했어. 우리나라를 군사적으로 더 이상 보호하지 않겠다는 뜻이었지. 북한은 이 기회를 이용해 남한을 무력으로 통일하려고 마음먹었어. 당시 북한의 군사력은 남한보다 훨씬 강했을 뿐만 아니라, 북한 정권은 친일파 처벌과 토지 제도 개혁으로 국민들한테 큰 지지를 받아 자신감을 가지고 있었거든.

이처럼 남한에서는 이승만 정부가 북진 통일을, 북한에서는 김일성 정권이 공산주의 체제로 통일하겠다는 적화 통일을 주장하는 가운데, 38도선 곳곳에서는 국군과 북한군 사이에 크고 작은 충돌이 끊임없이 일어났어. 남한과 북한 사이에는 언제 전쟁이 터질지 모르는 긴장감이 높아져 갔지.

북한이 남한을 침략해 6·25 전쟁이 일어나다

북한은 1950년 초, 소련과 중국으로부터 남한을 침략하면 도와주겠다는 약속을 받아 냈어. 마침내 북한은 전쟁 준비를 끝낸 뒤, 6월 25일 일요일 새벽, 선전 포고도 하지 않고 38도선을 넘어 남한으로 쳐들어왔어. 북한군은 거침없이 남쪽으로 밀고 내려왔고, 국군은 방어 한 번 제대로 못 해 보고 쫓기듯이 밀려 내려왔지.

그동안 이승만 정부는 무엇을 하고 있었을까? 이승만은 국군이 이기고 있다는 라디오 방송을 하여 국민들을 안심시켰어. 북한군이 전차를 앞세우고 물밀듯이 내려오고 있었는데 말이야. 이승만 정부는 라디오 방송을 미리 녹음해 놓고는 남쪽으로 피란을 가 버렸어.

국민들은 이승만이 하는 말만 믿고 있다가 북한군을 맞이해야 했어. 북한이 전쟁을 일으킨 지 3일 만에 서울까지 차지했거든. 북한군이 서울까지 내려온다는 소식에 피란 보따리를 싸서 한강을 건너려고 하는 사람들도 있었어. 하지만 한강 다리가 끊어져 건널 수가 없었어. 북한군이 한강을 넘어오지 못하도록 28일 새벽에 국군이 한강 다리를 폭파시켰거든. 물론 이승만과 정부는 남쪽으로 피란 간 뒤였

북한군의 침투
1950년 6월 25일 새벽, 북한군은 전차를 앞세우고 남한으로 쳐들어왔다.

지. 다리가 폭파된 지 10시간도 되지 않아 북한군은 서울을 완전히 차지했어.

이승만 정부는 피란을 갔지만 국군은 북한군을 맞아 열심히 싸웠어. 하지만 국군은 북한군에 밀려 7월 20일에 대전을 내주고, 8월에

유엔군으로 6·25 전쟁에 참전한 16개 나라

6·25 전쟁 때 유엔군은 남한을 크게 도와주었다. 많은 유엔군이 북한군과 싸우다 희생당했을 뿐만 아니라, 전쟁 물자, 의료 등을 지원해 주었다. 유엔군으로 참전한 16개 나라는 미국, 영국, 오스트레일리아, 네덜란드, 캐나다, 뉴질랜드, 프랑스, 필리핀, 터키, 타이, 그리스, 남아프리카 공화국, 벨기에, 룩셈부르크, 콜롬비아, 에티오피아이다.

는 낙동강 이남까지 물러날 수밖에 없었어. 북한군이 두 달도 안 돼 경상도 일대를 제외한 남한의 거의 모든 지역을 차지한 거야. 이승만 정부는 대전, 대구를 거쳐 부산까지 피란을 가야 했어. 그러고는 부산을 임시 수도로 정했지.

한반도에서 전쟁이 일어나자 유엔은 서둘러 안전 보장 이사회를 열었어. 유엔은 북한을 침략자로 규정하고, 북한군한테 철수하라고 요구하는 한편 유엔군을 한국에 보내기로 했어. 미국을 비롯한 16개 나라가 참여한 유엔군이 우리나라를 도우러 오게 되었지.

이승만은 국군의 작전 지휘권을 유엔군 총사령관인 미국의 맥아더 장군한테 넘겼어. 전쟁을 효과적으로 치르기 위해서라면서 말이야. 그런데 이 때문에 남한 대표는 나중에 휴전 회담이 진행될 때 참석하지 못하게 돼. 유엔군한테 국군의 작전 지휘권을 넘겼기 때문에 유엔군이 우리나라 대신 북한과 중국 대표를 만나 휴전 협상을 벌이게 된 거야.

유엔군과 국군은 어떻게 해서든 낙동강 방어선을 지키려고 애썼어. 낙동강 방어선이 무너지면 남한 전체가 북한군 손에 넘어갈 것이 뻔했으니까. 마침내 반격이 시작되었어. 9월 15일, 맥아더 장군의 지휘 아래 국군과 유

안전 보장 이사회
세계 평화와 안전을 지키고 분쟁을 해결하기 위하여 둔 국제 연합의 주요 기관.

맥아더 장군
맥아더 장군은 태평양 전쟁 때 미군 총사령관을 지냈으며, 6·25 전쟁에서는 유엔군 총사령관으로 인천 상륙 작전을 지휘하였다.

서울 수복
인천 상륙 작전에 성공하여, 1950년 9월 28일에 빼앗겼던 서울을 다시 찾았다. 군인들이 태극기를 걸고 있는 모습이다.

엔군이 인천 상륙 작전을 펼친 거야. 국군과 유엔군이 인천에서 밀고 내려오고 남쪽에 있던 군대는 위로 밀고 올라와서 가운데에 있는 북한군을 공격했지. 이를 계기로 9월 28일, 국군과 유엔군이 서울을 되찾았어. 국군과 유엔군은 평양을 비롯한 북한 지역 대부분을 차지한 뒤 10월 말에는 압록강까지 밀고 올라갔어. 이 기회에 통일을 이루겠다는 생각으로 북한군을 쫓으며 북한 지역으로 진격해 올라간 거야.

그러자 북한은 중국에 도움을 요청했어. 중국은 북한군을 도와 싸우기로 했지. 중국군은 수많은 군사들을 동원해 물밀듯이 밀고 내려가는 인해 전술을 썼어. 이에 국군과 유엔군이 밀리기 시작했지. 12월 4일에는 평양을 빼앗겼고, 이어 1951년 1월 4일에는 서울까지 다시 빼앗겼어. 그 뒤 국군과 유엔군이 전열을 가다듬어 서울을 다시 차지하고, 적을 38도선 부근까지 몰아냈어. 이후에는 38도선 부근을 중심으로 국군과 북한군의 밀고 밀리는 싸움이 이어졌어. 게다가 1951년 초에는 소련 공군도 전쟁에 끼어들었어. 6·25 전쟁이 제3차 세계 대전으로 번질 기세였지. 세계 여러 나라들이 걱정했고, 미국도 더 이상 전쟁이 확대되는 것을 바라지 않았어. 마침내 1951년 소련이 유엔을 통해 휴전하자고 제의했어. 미국이 이를 받아들이면서 유엔군과 공산군 사이에 휴전 협상이 시작되었지.

휴전 협상이 시작되었지만 이승만 정부는 휴전을 반대했어. 남북통일을 이루지 못한 상태에서 휴전을 할 수 없다는 거였지. 이에 호응해 많은 국민들이 휴전을 반대하는 시위를 벌였어. 하지만 휴전 협상은 계속되었어.

휴전 협상이 진행되는 동안에도 남한과 북한은 38도선을 중심으로 치열한 전투를 벌였어. 산봉우리 하나라도 더 차지하려고 말이야. 휴전 협상은 군사 분계선 설정, 포로 교환 문제 등으로 의견이 맞서면서 지루하게 이어졌어. 2년여에 걸친 협상 끝에 1953년 7월 27일, 유엔군 대표와 공산군 대표는 휴전 협정을 맺게 되었지. 이로써 3년 만에 전쟁이 끝났어. 남한과 북한이 맞서 싸우던 전선이 휴전선이 되어 남북은 다시 둘로 나누어지게 되었지.

휴전 협정 뒤인 1954년 4월, 남북한을 비롯하여 미국, 소련, 중국 등 전쟁과 관련된 나라들이 스위스 제네바에 모여 회담을 했어. 한국

6·25 전쟁의 경과
6·25 전쟁은 서로 밀고 밀리는 싸움이 이어지다가 1953년 7월 27일 휴전 협정이 맺어지면서 끝났다.

판문점 회담
유엔군 대표와 공산군 대표가 휴전 협정 체결을 위해 판문점에서 회담하는 모습이다.

이 평화적으로 통일할 수 있는 길을 찾아보자는 거였지. 하지만 한국 측과 북한 측의 의견이 크게 맞서면서 회의는 성과 없이 끝났어. 결국 전쟁을 얼마 동안 쉰다는 휴전이라는 형태로 전쟁이 끝났기 때문에 언제 다시 전쟁이 일어날지 모르는 상황이 된 거야. 남북한의 평화적 통일은 우리 민족의 숙제로 남게 되었지.

6·25 전쟁의 고통이 지금까지도 계속되다

6·25 전쟁은 끝났지만, 전쟁이 남긴 고통은 또 얼마나 컸을까? 예

전에 치른 전쟁들과는 비교할 수 없을 정도로 커다란 고통이었지. 남북한 모두에게 말로 다 표현할 수 없는 큰 상처를 남기고 어마어마한 피해를 주었어.

수많은 사람들이 생명과 재산을 잃었어. 전쟁 때문에 죽거나 다친 사람들이 500만 명에 이르렀고, 부모를 잃은 전쟁고아가 10만 명이 넘었어. 또 전쟁 중에 자유를 찾아 남쪽으로 내려오는 사람들도 있었고, 북쪽으로 간 사람들도 있었어. 피란길에서 헤어지거나 휴전이 되어 고향으로 돌아오지 못한 사람들도 많았어. 이래저래 가족과 헤어져 살게 된 이산가족이 1000만 명이 넘었지. 이산가족 중 많은 사람들은 60여 년이 지난 지금까지도 가족들을 만나지 못한 채 살아가고 있어. 참으로 기가 막힌 일이야. 이것만 보아도 6·25 전쟁이 남긴 비극이 어느 정도인지 알 수 있지.

전쟁으로 전 국토가 황폐해진 건 물론이야. 공장, 발전소, 집, 학교, 다리, 철도 같은 시설이 거의 다 파괴되었어. 공장을 비롯한 많은 산업 시설이 부서지면서 공업 생산량이 크게 줄어들었지. 뿐만 아니라 땅이 황폐해져 농사짓기도 어려웠어. 식량이 모자라 미국 같은 나라들의 원조를 받아야 했어.

더 끔찍한 일은 전쟁이 보복을 불러일으킨 거야. 북한군이 점령할

**전쟁으로
폐허가 된 서울**
6·25 전쟁의 결과, 서울과 평양 등 국토 전체가 황폐화되었다.

때에는 남한의 공무원, 경찰, 군인 등이 죽임을 당하거나 고문을 당했어. 국군과 경찰을 도운 사람들한테까지 보복이 가해졌어. 국군이 점령할 때에는 반대의 상황이 벌어졌어. 어쩔 수 없이 북한군을 도운 사람들까지 처형되었지. 전쟁이 진행되는 동안 상대방 편을 들거나 도왔다는 이유로 보복이 잇달아 일어난 거야.

곳곳에서 일반인들이 학살되기도 했어. 경남 거창, 충북 노근리 같은 곳에서 수많은 주민들이 적으로 몰려 죽임을 당한 거야. 북한군이 물러가면서 대전 등에서 많은 주민을 죽이기도 했어. 남한과 북한 사이에는 서로 용서할 수 없는 적대감과 불신이 쌓여 갔지. 남한과 북한은 지금까지도 여러 가지 문제로 갈등을 겪으며 대립하고 있어. 민족의 비극이 계속되고 있는 거야.

6·25 전쟁 속에서도 희망을 갖고 열심히 산 부산 피란민들

일제에 나라와 민족을 판 친일 세력

을사조약을 시작으로 일제의 침략과 식민 지배를 적극적으로 도운 친일 세력은 수없이 많았다. 이들 가운데는 일제의 협박을 받아 어쩔 수 없이 도운 사람들도 있지만, 대부분은 자신의 안락한 삶을 위해 일제에 협력하였다. 이들은 광복이 된 뒤에도 제대로 처벌받지 않았고, 오히려 그 지위와 재산, 권력을 유지하며 우리 민족을 욕되게 했다. 이들을 처벌하기 위해 반민족 행위 처벌법이 만들어지기도 했지만 제대로 실행되지 못했다. 대표적인 친일 세력을 살펴보자.

1. 일제의 강점 과정에 적극적으로 참여한 매국노들

이들은 나라를 판 대가로 일제로부터 귀족 작위를 받고 중추원 관리도 되었다. 또한 많은 토지와 돈을 받아 일제 강점기 내내 부귀영화를 누렸으며, 이를 후손들한테 물려주었다.

을사조약 체결에 앞장선 을사오적

학부대신 이완용　내부대신 이지용　외부대신 박제순　농상공부대신 권중현　군부대신 이근택

2. 일제의 식민 통치에 앞장선 사람들

일제의 식민 통치 기관에서 일하던 고위 관료, 경찰, 군인, 판검사 등이다. 이들은 일제의 앞잡이 노릇을 하며 동포들을 괴롭혔다. 이들 가운데 대부분은 광복 뒤에도 고위 관료나 정치인, 경찰 간부, 군 장성으로 활동하였다.

- 노덕술: 수많은 민족 운동가들을 고문한 고문 경찰이다. 광복 뒤 반민 특위의 활동을 방해하였고, 이어 경찰 간부, 헌병 중령 등을 지냈다.
- 최연: 일제 때 경찰 간부였고, 광복 직후에는 종로 경찰서장을 지냈다.
- 김태석: 강우규 의사 등을 잡아 고문하였다.

3. 일제의 침략 전쟁을 적극적으로 도운 사람들

일제의 식민지 경제 체제 아래에서 성장한 자본가와 지주, 문인, 교육자, 종교인, 예술가 등이 속한다. 이들은 일제의 침략 전쟁과 징병제를 찬양하고, 학도병 참전을 권유하는 등 일제의 전시 동원 체제를 앞장서서 도왔다. 특히 기업가들은 많은 국방 헌금을 내거나 비행기, 기관총 같은 무기를 사서 일제에 바쳤다. 이들 대부분도 광복 뒤 이름을 날리며 안락한 삶을 살았다.

- 최남선, 이광수, 주요한, 모윤숙, 노천명 등: 강연회, 글 등을 통해 학생과 청년들한테 학도병, 지원병 등으로 나가 일제를 위해 싸우라고 권유하였다.

모윤숙   최남선   이광수

- 김활란: 이화 여전 교장으로 여러 친일 단체 간부를 맡았으며, 강연, 방송 등을 통해 일제의 침략 정책을 미화하였다.
- 홍난파는 '정의의 개가', 현제명은 '장성의 파수' 같은 일제의 침략을 찬양하는 노래를 지었다.
- 경성 방직 주식회사 사장 김연수, 화신 백화점 사장 박흥식 등은 국방 헌금을 내거나 비행기, 무기 같은 것을 사서 일제에 바쳤다.

김활란

홍난파

4장 대한민국, 전쟁의 상처를 딛고 발전하다

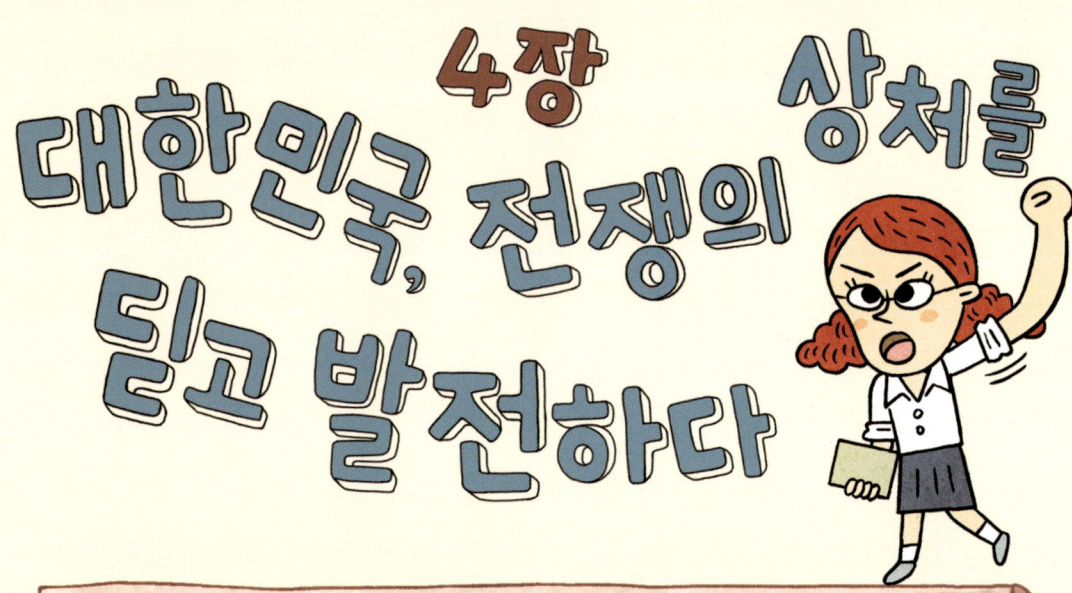

이승만 정부는 부정부패와 독재 정치로 국민들의 저항을 받았고, 4·19 혁명으로 무너졌다. 5·16 군사 정변으로 세워진 박정희 정부는 경제를 발전시켰으나, 장기 집권과 10월 유신으로 독재 정권을 강화하자 민주화 운동이 거세게 일어났다. 박정희 정부는 10·26 사태로 막을 내렸다. 뒤이어 전두환을 비롯한 신군부 세력이 권력을 차지하였고, 이 과정에서 5·18 민주화 운동이 전개되었다. 그 뒤 6월 민주 항쟁으로 우리나라는 민주주의 체제를 다져 나가게 되었다.

경제적으로는 경제 개발 계획, 3저 호황 등으로 경제가 성장하였다. 하지만 1990년대 말 외환 위기로 경제적 위기를 겪었다. 그 뒤 외환 위기를 극복하고 세계화 시대에 발맞춰 세계 여러 나라들과 경쟁하게 되었다. 한편, 경제 성장과 함께 빈부 격차와 환경 파괴 등 여러 가지 사회 문제가 일어났다.

6·25 전쟁 뒤 적대 관계에 있던 남북한은 1970년대 이후 대화와 타협으로 함께 할 수 있는 길을 찾고 있다. 2000년과 2007년에는 남북 정상이 만나 남북 관계 정상화, 경제 협력, 이산가족 상봉 등을 논의하였다. 이 밖에 민간 차원에서 체육 교류, 경제 협력, 식량 지원 사업 등이 이루어지고 있다.

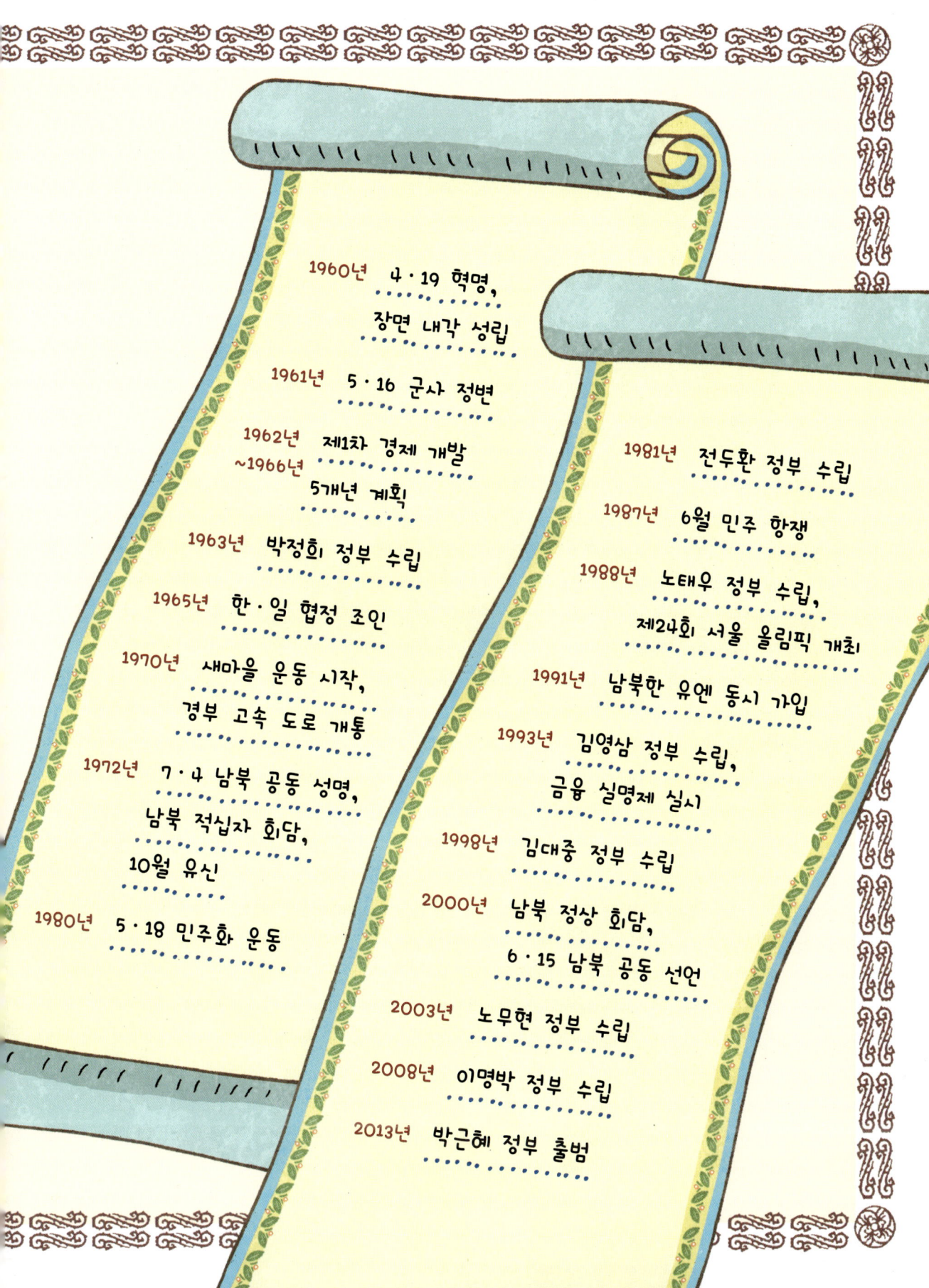

1. 독재를 무너뜨리고 민주주의 체제를 다지다

- 이승만 정부에 대항한 4·19 혁명의 결과는?
- 박정희 정부는 어떻게 나라를 이끌어 갔을까?
- 5·18 광주 민주화 운동은 어떻게 전개되었을까?
- 6월 민주 항쟁의 결과는 무엇일까?

이승만 정부, 온갖 부정을 저지르며 독재 정권을 유지하다

대한민국의 첫 번째 대통령 이승만은 어떻게 나라를 이끌어 갔을까? 앞에서도 말했듯이 이승만은 정권을 잡은 뒤 친일파나 타락한 정치인들을 처벌하라는 국민의 요구를 소홀히 여겼어. 대신 권력을 강화하는 데 힘을 쏟았지. 그런 모습을 보면서 국민들은 이승만에 대한 기대를 접어 갔어. 이 같은 국민들 마음은 6·25 전쟁이 일어나기 직전인 1950년 5월, 2대 국회 의원 선거 결과를 통해서 드러났어. 이승만을 따르던 국회 의원들보다 정부를 비판하던 무소속 의원들이 많이 당선된 거야.

그러자 이승만은 위기감을 느꼈어. 당시 대통령은 국회 의원들이 뽑았는데, 이승만을 못마땅하게 여기는 국회 의원들이 많아졌으니 이승만이 다시 대통령이 되기 힘들어진 거지. 마음이 급해진 이승만은 6·25 전쟁 때 임시 수도로 삼았던 부산에서 여당인 자유당을 만들었어. 이승만을 지지하는 보수 단체들과 우익 청년 단체들을 모아서 말이야. 그러면서 대통령 선거에 대비해 자신한테 유리하도록 헌법을 고치려고 했어. 국민이 직접 대통령과 부통령을 뽑는 직접 선거제로 바꾸려고 한 거야. 그런데 이 직선제 개헌안이 국회에서 통과되지 못했어.

이때 야당 세력인 신익희, 지청천이 중심이 된 민주 국민당과 무소속 국회 의원들이 내각제 개헌 운동을 벌였어. 당시 이승만 정부는 대통령이 많은 권한을 갖고 나라를 이끌어 가는 대통령 중심제였잖아. 이를 헌법을 고쳐 국무총리를 중심으로 한 국무 위원들이 권한을 갖고 나라를 이끌어 가는 내각 책임제로 바꾸자고 주장한 거야. 그러자 이승만 정부는 1952년 5월, 부산 일대에 비상 계엄령을 선포하고 폭력 조직을 동원해 야당 의원들을 협박했어. 그러면서 국회 의원 40여 명을 태운 버스를 헌병대로 끌고 갔어. 이들 가운데 내

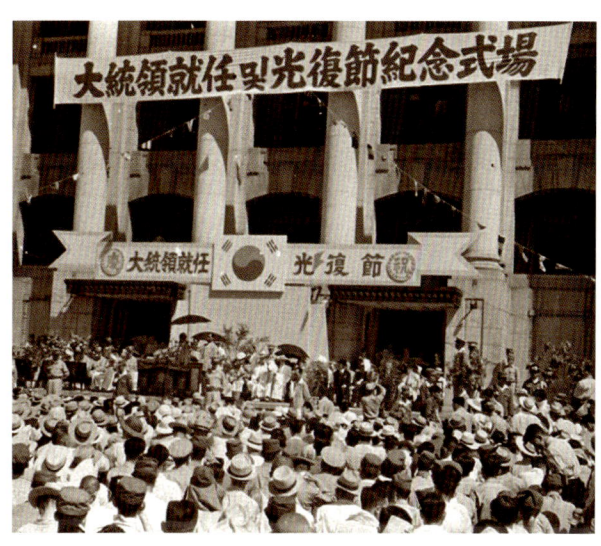

이승만 2대 대통령 취임식
이승만은 발췌 개헌안을 통과시켜 1952년 2대 대통령으로 당선되었다.

내각 책임제
국회의 신임에 따라 정부가 존속하는 제도. 국회 다수당의 대표가 수상(국무총리)이 되어 내각을 구성하고 행정을 한다.

계엄
전쟁이나 반란, 테러 같은 국가 비상사태에 질서를 유지하기 위해 군대가 정부를 대신하여 국민을 통제하는 것이다.

정당 정치에서 현재 정권을 잡고 있는 정당을 '여당', 정권을 잡고 있지 않은 나머지 정당을 '야당'이라고 해.

각 책임제에 찬성하는 국회 의원 10여 명을 공산주의자로 몰아 구속해 버렸지.

이승만 정부는 이렇게 공포스러운 분위기를 만들고는 7월, 정·부통령 직선제를 주장하는 정부의 개헌안과 내각 책임제 개헌안을 뒤섞어 이승만에게 유리한 발췌 개헌안을 만들어 국회에서 통과시켜 버렸어. 한 번 통과되지 못한 개헌안 가운데서 중요한 내용만 뽑아서(발췌) 다시 통과시킨 이 사건을 '발췌 개헌'이라고 해. 이로써 대통령을 직선제로 뽑게 되었고, 8월에 실시된 제2대 대통령 선거에서 이승만이 대통령에 당선되었어.

이승만은 2대 대통령이 된 뒤 또다시 헌법을 고치려고 했어. 1954년 당시 헌법에 따르면 한 사람은 대통령을 두 번만 할 수 있었어. 이미 대통령을 두 번 지낸 이승만은 더 이상 대통령이 될 수 없었지. 하지만 대통령을 계속하고 싶었던 이승만은 대한민국의 초대 대통령은 대통령을 몇 번이라도 다시 할 수 있다는 내용으로 헌법을 고치려고 했어. 마침 1954년 5월 총선거에서 이승만이 이끄는 자유당 사람들이 국회 의원으로 많이 당선되어 이승만 뜻대로 될 것 같았어.

사사오입 개헌
사사오입 개헌이 통과되자 항의하는 야당 국회 의원의 모습이다.

신익희, 장면 정·부통령 선거 선전물
1956년 3대 정·부통령 선거 민주당 후보로 출마한 신익희와 장면의 선전물.

결국 이 개헌안을 놓고 국회에서 투표를 하게 되었지. 개헌안이 통과되려면 국회 의원 3분의 2 이상이 찬성해야 했어. 당시 국회 의원 203명 중 136명 이상이 찬성해야 했지. 그런데 투표 결과 찬성자 수 1명이 모자라 헌법 개정안이 통과되지 못했어. 그러자 자유당은 사사오입(4 이하는 버리고, 5 이상은 반올림한다)을 내세워 203의 3분의 2인 135.3333 가운데 0.3333은 빼고 135명만 찬성하면 된다고 우겼어. 결국 이 개헌안은 국회를 통과한 것으로 되고 말았어. 이 사건이 1954년에 일어난 사사오입 개헌이야. 이처럼 자유당이 이승만을 다시 대통령으로 만들기 위해 무리하게 헌법 개정안을 통과시키면서 민주주의는 제대로 뿌리를 내리지 못하고 말았지.

사사오입 개헌 사건으로 국민들은 이승만한테 크게 실망했어. 하

지만 이승만은 1956년 3대 정·부통령 선거에서 또 대통령으로 뽑혔어. 당시 야당인 민주당 대통령 후보로 신익희가 나와 국민들의 큰 지지를 받고 있었는데, 신익희가 선거 운동을 하다가 갑자기 죽으면서 이승만이 대통령이 되고 만 거야. 대신 부통령은 민주당의 장면이 당선되었어.

연이어 대통령에 당선된 이승만은 전쟁으로 입은 피해를 복구해 나갔어. 또한 무력으로 통일해야 한다는 북진 통일론을 내세우며 반공 정책을 강력히 추진했어. 이승만이 반공 정책을 강화한 데에는 공산주의를 반대한다는 뜻도 있었지만, 또 다른 이유가 있었어. 국민들 관심을 정부가 아닌 북한으로 돌리려고 한 거야. 왜냐하면 이승만 정부가 헌법을 자기들 필요에 따라 바꾸며 독재 정치를 펴 나가는 것에 대해 국민들이 강하게 반발하기 시작했거든. 국민들 관심을 반공으로 돌리면 정부에 대한 불만이 줄어들 거라고 생각한 거지.

반공 정책은 다양한 곳에서 다양한 방법으로 펼쳐졌어. 정부를 비

진보당 사건 공판정
이승만 정부는 조봉암을 비롯한 진보당 인물들에게 간첩과 연락한다는 죄를 뒤집어씌웠고, 조봉암은 사형을 당했다.

판하거나 북한 체제를 인정하는 교사들은 학교에서 쫓아냈어. 또 중·고등학교와 대학교에 학도 호국단을 만들어 군사 훈련을 시키고 반공 의식을 심어 줬어. 반공 포스터와 반공 표어를 만들고, 반공 웅변 대회 같은 것을 열어서 학생들의 반공 의식을 키우기도 했지. 그리고 이승만 정부가 하는 일을 비판하면 누구든 '빨갱이', 즉, 공산주의자로 몰아 잡아들이거나 괴롭혔어. 이승만의 반대편에 있는 정치가들도 이승만 정부의 계략에 말려들어 희생당했지. 정치가들이 희생당한 대표적인 사건이 1958년 1월에 일어난 진보당 사건이야.

이승만은 전쟁이 끝난 뒤, 북한과 평화 통일을 하는 것은 불가능하다면서 무력으로 통일을 이루어야 한다고 주장했어. 이와 달리 진보당의 조봉암은 이승만의 북진 통일론을 비판하고, 같은 민족끼리 다시는 전쟁을 할 수 없다면서 자주적으로 평화 통일을 이루어야 한

이승만은 정권 유지를 위해 반공 정책을 펴 나갔지!

227

다고 주장했지. 조봉암이 국민들한테 인기를 얻자 이승만 정부는 불안했어. 결국 이승만 정부는 조봉암과 진보당 관련 인물들에게 북한의 간첩과 연락하고 있다는 죄를 뒤집어씌워 구속한 뒤, 조봉암을 간첩으로 몰아 사형시키고 말았어. 아무 죄 없는 사람들이 죽임을 당하고 만 거야.

이처럼 이승만 정부는 반공을 내세워 정치적으로 반대되는 세력을 탄압했어. 뿐만 아니라 당시 이승만 정부를 비판했던 신문인 〈경향신문〉을 내지 못하게 하는 등 언론도 탄압했어. 이승만은 정권을 유지하기 위해 민주주의와는 정반대되는 길을 간 거야.

3·15 부정 선거에 맞서 4·19 혁명으로 민주주의를 지키다

이승만 정부 아래에서 정치적인 혼란은 계속되었어. 독재 정치가 강화되어 갔고 민주주의는 뿌리를 내릴 수 없었어. 이는 1960년 3월의 정·부통령 부정 선거로 이어졌어. 이승만이 이끄는 자유당이 대대적인 부정 선거를 벌여 정권을 연장하려 한 거야. 어떻게 부정 선거가 이루어졌는지 보자.

1960년 3월 15일은 4대 대통령 선거일이었어. 자유당에서는 대통령 후보로 이승만, 부통령 후보로 이기붕이 나왔고, 민주당에서는 조병옥이 대통령 후보로, 장면이 부통령 후보로 나왔어. 그런데 선거를 앞두고 조병옥이 병으로 세상을 떠났어. 이승만이 대통령이 되는 것은 거의 확실했지.

문제는 부통령이었어. 자유당은 이기붕을 부통령에 당선시키기

온 국민이 이승만 독재 정권에 맞서 싸워 민주주의를 지켰지.

위해 온갖 부정을 저질렀어. 공무원, 경찰, 마을 이장에 정치 깡패까지 동원해서 말이야. 투표할 사람들한테 돈을 주는 것은 물론, 다른 당의 선거 운동을 방해했어. 심지어 학생들이 야당 선거 유세장에 가지 못하도록 일요일에 학생들을 학교에 나오게 하기도 했지. 자유당은 선거하는 날 투표장에 세 사람, 다섯 사람씩 조를 짜서 함께 들어가 투표하게 해서 자유당 후보를 찍게 하거나, 가짜 투표함을 만들어 바꿔치기하기도 하고, 야당의 선거 감시원을 투표소에서 쫓아내기도 했어. 이렇게 해서 나온 선거 결과는 당연히 자유당의 승리였지. 이승만이 대통령에, 이기붕이 부통령에 당선된 거야. 이 사건이 바로 3·15 부정 선거야.

국민들은 이런 부정 선거를 도저히 참을 수 없었어. 선거 운동 기간 동안 불법적인 선거 운동을 규탄하는 시위가 여기저기서 일어났고, 선거일인 3월 15일에는 마산에서 학생들을 중심으로 시위가 크게 일어났어. 부정으로 얼룩진 잘못된 선거를 무효로 하고 다시 선거를 해야 한다고 주장했지. 정부는 경찰을 동원해 무력으로 시위를 진압했어.

4대 정·부통령 선거 벽보
1960년에 있었던 4대 정·부통령 선거의 벽보이다. 자유당의 이승만과 이기붕, 민주당의 조병옥과 장면이 출마한 모습을 볼 수 있다.

3·15 의거 기념탑
이승만 정권의 3·15 부정 선거에 맞선 마산 시민들의 항거를 기념하기 위해 세운 탑이다.

이승만 정부의 부정과 독재에 대한 국민들의 저항은 또 하나의 사건으로 걷잡을 수 없이 불타올랐어. 4월 11일, 마산 앞바다에 어린 학생의 시체가 떠오른 거야. 시위에 참가했다가 실종된 마산상고 학생 김주열의 시신이었어. 김주열이 시위를 하다 최루탄에 맞아 죽자 경찰이 몰래 바다에 던져 버렸던 거야. 김주열의 죽음에 분노한 마산 시민과 학생들은 독재 정권 물러가라고 외치며 시위를 벌였어. 15만여 명이 참여한 엄청난 시위였지. 초등학생들까지 나서서 "부모 형제에게 총부리를 겨누지 말라."라고 외치며 시위했어.

4월 18일에는 고려대학교 학생들 수천 명이 국회 의사당 앞에 모여 마산 사건 책임자 처벌, 3·15 부정 선거 무효 등을 주장하며 시위를 벌였어. 그런데 시위에 참여한 학생들이 학교로 돌아가던 길에 정치 깡패들한테 습격을 당했어. 이 소식을 듣고 화가 치밀어 오른 학생들과 시민들은 4월 19일에 대규모 시위를 벌였어. "이승만 정권 물러가라!", "3·15 부정 선거 다시 하자!"라고 외치면서 말이야. 시위대는 경찰서와 관청, 대통령이 사는 경무대(청와대의 전 이름)까지 가서 강하게 저항했어.

이승만 정부는 경찰은 물론 군대까지 동원해 시위를 진압했어. 19일 하루 동안 수많은 사람들이 죽거나 다쳤지. 무력을 동원해 아무리 탄압해도 국민들이 물러서지 않자, 당황한 이승만은 자신은 자유당 총재에서 물러나고 선거를 다시 하겠다고 발표했어. 하지만 이제 국

4·19 민주 묘지
4·19 혁명 때 목숨을 잃은 사람들이 잠들어 있는 곳이다. 서울 수유동에 있다.

민들이 바라는 것은 이승만이 대통령직에서 물러나는 거였어. 25일에는 서울의 대학교수들까지 시국 선언문을 발표하고 거리를 행진했어. 많은 시민들과 학생들이 교수들 뒤를 따르며 이승만 독재 정권은 물러가라고 외쳤지.

무슨 수를 써서라도 정권을 지키려고 했던 이승만과 자유당은 이제 어떻게 되었을까? 이승만도 더 이상은 버틸 수가 없었지. 26일, 이승만은 국민들 뜻에 따라 대통령 자리에서 물러나겠다고 발표했어. 마침내 이승만이 대통령직에서 물러나고, 자유당 정권도 무너졌어. 국민의 뜻이 이루어진 거야. 이 사건을 4·19 혁명이라고 해.

4·19 혁명은 수많은 학생과 시민이 목숨 걸고 싸워 독재 정권을 무너뜨리고 자유 민주주의를 지킨 민주 혁명이야. 민주적인 절차나 과정을 무시한 독재 정권을 국민이 나서서 바로잡은 사건이었지. 또한 독재 정치를 그만두고 국민의 어려운 살림살이를 개선하기 위해 힘써 달라는 요구이기도 했어. 4·19 혁명은 우리나라 민주주의를 한 단계 발전시켰고, 이후의 민주화 운동에도 큰 영향을 주었어.

장면 내각, 국민들을 실망시키다

이승만이 물러난 뒤에는 허정 외무부 장관이 대통령 역할을 대신하며 과도 정부를 이끌었어. 국민들은 허정 과도 정부에 기대를 걸었어. 3·15 부정 선거 관련자들을 처벌하고, 국민을 위해 일하기를 바랐지. 하지만 허정 과도 정부는 국민들이 바라는 개혁을 제대로 추진하지 못했어. 결국 국민들의 요구에 따라 헌법을 고치고 총선거를 다시 실시하기로 했지. 그 결과 국회에서는 국무총리와 장관들이 나라를 이끌어 가는 내각 책임제로 헌법을 바꾸었어.

그리고 1960년 7월 29일, 새 헌법에 따라 총선거를 실시해 국회 의원을 다시 뽑았어. 선거 결과 민주당이 크게 이겼지. 새로 구성된 국회는 윤보선을 대통령으로, 장면을 국무총리로 뽑았어. 이 정부를 '장면 정부' 또는 '장면 내각'이라고 해. 새 헌법에서는 국무총리가 나라

한 정치 체제에서 다른 정치 체제로 넘어가는 과정에서 임시로 구성된 정부를 과도 정부라고 해.

장면 내각
4·19 혁명 뒤 내각 책임제로 바뀐 제2 공화국에서는 장면을 국무총리로 하는 장면 내각이 구성되었다.

를 이끌었기 때문에 국무총리 이름을 따서 이렇게 붙인 거야. 이로써 장면이 이끄는 내각 책임제 정부인 제2 공화국이 시작되었어.

한편 4·19 혁명으로 이승만 정권이 무너지자 그동안 억눌려 지냈던 사람들이 자기 목소리를 내기 시작했어. 각계각층에서 민주주의를 제대로 실현해 달라는 요구를 한 거야. 사회에서 제대로 대접받지 못하던 노동자들은 하루 노동 시간 8시간을 지킬 것, 임금을 올릴 것, 작업 환경을 개선할 것 등을 요구하며 시위를 벌였어. 학생들은 학도 호국단을 없애고 민주적인 학생회를 만들자고 요구했어. 또 3·15 부정 선거 책임자와 이승만 정부 아래에서 불법적으로 재산을 모은 사람들을 처벌하라는 목소리도 커졌어.

특히 이승만의 반공 정책으로 억눌려 왔던 평화 통일 운동이 거세게 일어났어. 학생들은 '가자 북으로, 오라 남으로' 같은 구호를 외치며 남북 학생 회담을 열자고 주장했지. 진보적인 사회 운동 세력들도 남북 협상을 하자고 주장했어. 남한과 북한이 평화 통일을 이루었으면 하는 간절한 마음이 터져 나온 거야.

하지만 장면 내각은 이런 국민들의 요구를 제대로 받아들이지도, 국민들의 기대에 걸맞는 정책을 펼치지도 못했어. 민주화를 요구하는 사회 운동을 억누르고, 부정 선거 책임자나 부정을 저지르며 재산을 모은 사람들을 처벌하려고 하지 않았어. 학생들과 진보 세력들이 주장하는 남북 협상에 대해서도 귀 기울이지 않았지. 게다가 정권을 잡고 있던 민주당이 윤보선 세력과 장면 세력으로 나뉘어 대립하면서 정치적인 불안은 계속되었어. 국민들은 4·19 혁명 정신을 제대로 잇지 못하는 장면 정부에 실망하지 않을 수 없었어.

이런 가운데 장면 내각은 '경제 개발 5개년 계획안'을 만들어 경제 발전에 관심을 기울였어. 외국에서 돈을 꾸기도 하고 국방비를 줄여 경제 개발비로 쓰려고도 했지. 하지만 장면 내각은 그 뜻을 제대로 펴 보지도 못한 채 무너지고 말았어. 5·16 군사 정변이 일어났기 때문이야.

4·19 혁명 뒤 세워진 장면 내각은 국민들의 기대를 충족시키지 못했어.

박정희, 5·16 군사 정변으로 장면 내각을 무너뜨리고 정권을 잡다

1961년 5월 16일, 박정희를 중심으로 한 군인들이 정변을 일으켰어. 장면

5·16 군사 정변
1961년 5월 16일, 박정희와 군사 세력이 장면 내각을 무너뜨리고 정권을 잡은 사건을 5·16 군사 정변이라고 한다. 오른쪽 색안경을 쓴 사람이 박정희이다.

내각이 4·19 혁명 뒤 일어난 사회 혼란을 제대로 수습하지 못한다는 것을 구실로 말이야. 박정희와 군인 세력은 서울을 장악하고 계엄령을 선포해, 들어선 지 9개월 된 장면 내각을 무너뜨렸어. 군인들이 윤보선 대통령과 장면 국무총리를 몰아내고 정권을 잡은 거야.

군사 정변 세력은 '국가 재건 최고 회의'라는 조직을 만들어 군정을 실시했어. 국가 재건 최고 회의는 박정희가 권력을 가진 대한민국 최고의 통치 기관이었지. 국가 재건 최고 회의는 직속 기관으로 중앙정보부를 설치했어. 중앙정보부는 군사 정부의 핵심 권력 기관으로 막강한 힘을 휘둘렀어. 박정희 군사 정부는 내각도 새롭게 꾸렸어. 내각 구성원과 서울 시장, 도지사, 군수 같은 나라의 중요한 자리는 모두 군인들 차지가 되었지.

군사 정부는 반공 체제 강화, 경제 개발, 사회 안정에 힘쓰겠다고 했어. 이에 따라 3·15 부정 선거 책임자와 부정으로 재산을 모은 사람들, 불량배들을 처벌하고, 농민들과 어민들이 진 빚을 줄여 주면서 농산물 가격을 안정시키는 정책을 펴기도 했어. 그러면서 다른 한편으로는 반대 세력을 탄압했어. 국회와 정당, 사회단체들을 해산하고 정치인들의 활동을 막았어. 또 군사 정부를 비판하는 기자들을 잡아들이는 등 언론도 탄압했어. 국민의 자유와 권리가 또다시 억압당하기 시작한 거야.

군사 정부는 민주 공화당이라는 정당을 만들어 자신들을 지지하는 세력을 끌어모았어. 정권을 계속 잡기 위해서였지. 그리고 대통령 중심제를 중요 내용으로 헌법을 바꾸었어.

군인들이 정권을 잡은 5·16 군사 정변에 대해서는 역사적으로 어떤 평가를 내려야 할까?

박정희 정부, 한·일 국교를 정상화하고 베트남에 군대를 보내다

1963년 10월, 새 헌법에 따라 대통령 선거가 실시되었어. 이때 군사 정부를 이끌었던 박정희가 군에서 제대하고 민주 공화당 대통령 후보로 나섰어. 박정희는 야당인 민정당 후보 윤보선을 아슬아슬하게 이겨 5대 대통령에 당선되었고. 11월에 치러진 국회 의원 선거에서도 민주 공화당 의원들이 많이 당선되었어. 12월 17일, 박정희가 대통령으로 취임하면서 제3 공화국이 시작되었지.

박정희 정부는 군사 정부 때부터 실시했던 경제 개발 5개년 계획을 추진했어. 박정희 정부의 경제 개발은 경제 성장의 결과물을 국민들한테 고르게 나눠 주는 분배보다는, 기업을 키우는 성장 중심으로 이루어졌어.

이 과정에서 박정희 정부는 적극적으로 일본과의 관계를 개선하려고 했어. 경제 개발에 필요한 자금을 끌어오기 위해서였지. 게다가 미국도 우리나라와 일본이 외교 관계를 맺을 것을 요구했어. 냉

한·일 회담 반대 시위

박정희 정부가 굴욕적인 한·일 회담을 열자, 이에 반대하는 시위가 거세게 일어났다.

한·일 관계가 정상화되기 위해서는 일본이 진정으로 잘못을 빌어야 했어.

전 시대였던 당시 사회주의 세력의 확장을 막기 위해서였지. 미국은 한국과 일본의 힘을 합쳐 사회주의 세력인 북한, 중국, 소련에 대응하려고 했던 거야.

우리나라와 일본의 회담은 굴욕적으로 진행되었어. 우리 국민들은 일본이 식민 지배에 대해 진정으로 사과하고 우리 민족이 입은 피해에 대해 제대로 배상해 주기를 바랐어. 그런데 한·일 회담에서는 이런 문제들이 짚어지지 않은 거야. 일본의 사죄와 보상이 없는 한·일 회담을 굴욕적으로 여긴 대학생들을 중심으로 한·일 회담 반대 시위가 거세게 일어났어. 시위는 곧 전국적으로 확산되었지. 1964년 6월 3일에는 서울 시내에서 굴욕적인 대일 외교를 반대하고 박정희 정권 퇴진을 요구하는 시위가 대대적으로 벌어졌어. 정부는

한·일 협정 조인식
1965년 6월 22일, 한국과 일본 대표들이 참석한 가운데 한·일 협정이 체결되었다. 이 협정의 체결로 일본의 한국에 대한 역사적 식민 통치 관계가 청산되고, 두 나라의 국교가 정상화되었다.

비상 계엄령을 선포하고 휴교령을 내리며 시위를 진압했어.

결국 1965년 6월, 한·일 협정이 체결되고 한국과 일본의 국교가 정상화되었어. 일본이 우리나라를 지배하는 동안 경제적으로 수없이 수탈해 가고, 수많은 청년들과 학생들을 전쟁터에 끌고 가 희생시킨 데 대한 사과와 배상, 문화재 반환 같은 문제들이 해결되지 않은 채 말이야. 얼마 안 되는 일본의 경제적 지원에 우리나라와 일본

김종필과 오히라의 굴욕적인 비밀 회담

1962년 11월, 당시 중앙정보부 부장이었던 김종필이 일본 외무상 오히라를 비밀리에 만나 회담하였다. 이때 일본 정부가 박정희 정부한테 독립 축하금이라는 이름으로 3억 달러를 주고, 3억 달러는 빌려 주기로 하면서 36년간의 일제 강점기 배상 문제를 끝냈다.

의 관계가 정상화된 거야. 한·일 국교가 정상화되면서 동북아시아에서는 사회주의 세력에 대응할 수 있는 한·미·일 공동 안보 체제가 만들어졌어.

한편 당시 베트남에서는 미국의 지원을 받는 남베트남과 공산주의 국가인 북베트남이 전쟁을 하고 있었어. 베트남 전쟁이 확대되자 미국이 군대를 보내 달라고 요청했어. 박정희 정부는 야당과 국민들이 강하게 반대하는데도 베트남 전쟁에 국군을 보냈어. 미국으로부터 군대를 파병하는 대신 경제 개발에 필요한 기술을 지원해 주고, 돈을 빌려 준다는 약속을 받고서 말이야. 또한 베트남에 간 군인들이 번 돈을 우리나라에 보내고, 국내에서 전쟁에 필요한 군수품을 만들어 수출하고, 베트남 건설 사업에도 참여하면서 우리나라는 외

베트남 파병
우리 국군들이 베트남 전쟁에 보내졌다. 경제적으로 도움을 받았지만 많은 군인들이 희생되었다.

베트남에 파병되는 병사들을 배웅하는 모습이야.

화를 벌어들였어. 베트남 파병이 경제 성장의 발판을 마련하는 데 도움이 된 거야. 하지만 경제적으로 도움받은 것 이상으로 많은 걸 잃었어. 수많은 우리나라 청년들이 베트남 전쟁터에서 희생되었고, 베트남 사람들한테 많은 피해를 주고 말았지.

박정희, 3선 개헌에 이어 10월 유신으로 장기 집권을 꾀하다 무너지다

박정희 정부는 한·일 회담, 베트남 파병 등을 강하게 밀어붙이면서 제1차 경제 개발 5개년 계획을 추진했어. 우리나라는 경제적으로 조금씩 나아졌어. 덕분에 박정희는 1967년 5월, 대통령 선거에서 야당 후보인 윤보선을 누르고 또다시 대통령에 당선되었어. 6월 국회 의원 선거에서도 부정 선거 끝에 여당인 민주 공화당이 크게 이겼지. 민주 공화당 의원들만으로도 헌법을 바꿀 수 있을 정도로 말이야.

국회 의원 선거에서 이긴 민주 공화당은 박정희가 또다시 대통령이 될 수 있도록 헌법을 고치려고 했어. 1962년 12월에 개정된 헌법에 따르면 대통령은 많아야 두 번까지 할 수 있었어. 박정희는 두 번 대통령을 했기 때문에 더 이상 할 수 없었지. 그래서 대통령을 세 번까지 할 수 있는 것으로 헌법을 고치려고 한 거야. 이것을 '3선 개헌'이라고 해.

박정희가 이승만처럼 헌법을 고쳐 가면서까지 대통령을 하려고 하니 국민들은 어땠겠어? 당연히 반발했지. 야당 의원들과 시민들, 대학생들을 중심으로 3선 개헌 반대 시위가 일어났어. 야당은 국회

3선 개헌
3선 개헌에 관해 국회의 표결이 이루어지는 모습. 3선 개헌은 여당 의원들끼리만 참가하여 변칙으로 이루어졌다.

안에서 농성을 하며 3선 개헌을 막았어. 하지만 여당은 1969년 9월 14일 새벽, 국회 별관에서 3선 개헌안을 통과시켜 버렸어. 박정희 정부는 또다시 정권을 잡기 위해 개헌을 반대하는 사람들을 억압하며 헌법을 바꾼 거야. 민주주의를 거스른 횡포였지. 이 때문에 박정희는 나라 안팎에서 독재자라는 비판을 받아야 했어.

1971년 4월, 대통령 선거에서 박정희는 야당인 신민당 후보였던 김대중을 간신히 누르고 대통령이 되었어. 대신 5월 국회 의원 선거에서는 야당 국회 의원이 많이 당선되었지. 박정희 정부는 불안했어. 박정희가 간신히 대통령이 된 데다 야당 세력도 강해졌으니까. 박정희는 국민이 대통령을 뽑는 직선제로는 정권을 지키기 어렵다고 생각했어. 그래서 박정희 정부는 국가 안보를 강화하고 지속적인 경제 성장과 평화 통일을 위해, 정치 안정이 필요하다는 구실을 내세우면서 1972년 10월 17일 특별 선언을 하고, 비상 계엄령을 선포하여 국회를 해산했지. 이 일을 10월 유신이라고 해. 이어 비상 국무 회의에서 '유신 헌법'을 만들어 국민 투표로 확정지었어.

유신 헌법은 과연 어떤 것이었을까? 우선 대통령한테 막강한 권한을 주었어. 유신 헌법에 따르면 대통령은 국회 의원 3분의 1을 임명할 수 있었고, 국회를 대통령 마음대로 해산할 수 있었으며, 대통령의 말이 곧 법이 될 수 있는 긴급 조치를 발표할 수 있었어. 그리고 유신 헌법에서 무엇보다도 중요한 것은 통일 주체 국민 회의라는 기구를 만들어 여기서 대통령을 뽑을 수 있게 한 거야. 통일 주체 국민 회의는 선거로 뽑은 대의원으로 구성되는데, 의장은 대통령이었어. 또 한 사람이 몇 번이고 대통령을 할 수 있게 했어. 박정희가 계속해서 대통령을 할 수 있는 길을 열어 놓은 거야. 결국 12월, 통일 주체 국민 회의는 거의 만장일치로 박정희를 대통령으로 뽑았어. 박정희 대통령 한 사람이 너무나 많은 힘을 갖는 유신 체제가 시작되었지. 반면에 국민의 자유와 권리는 크게 억압당했어.

유신 헌법 공포식
1972년 12월 27일, 박정희에게 모든 권력이 집중되는 유신 헌법이 공포되었다.

유신 체제가 시작되자, 유신 헌법을 폐지하라고 요구하는 시위가 대대적으로 일어났어. 박정희 정부는 긴급 조치를 발표해 유신 체제 반대 운동을 무자비하게 탄압했어. 1973년 8월에는 일본에 머물며 유신 체제를 비판하던 김대중을 납치해 강제로 서울로 데려왔지. 이를 계기로 유신 반대, 박정희 정권 퇴진 등을 주장하는 민주화 운동이 더욱 거세게 일어났어. 이에 박정희 정부는 사회 운동가 장준하, 통일 운동가 백기완 등을 잡아들이고, 1974년 4월에는 인민 혁명당 재건 위원회 사건을 일으켜 민주화 운동을 하는 사람들을 누명을 씌워 잡아들이기도 했어. 또한 박정희 정부에 대해 비판적인 기사를 쓰는 기자들도 잡아들였어.

인민 혁명당 재건 위원회 사건
인민 혁명당 재건 위원회 사건으로 체포된 사람 중 8명에게 사형이 선고되자 슬퍼하는 가족들의 모습이다. 이후 2007년과 2008년에 관련자 전원에게 무죄가 선고되었다.

　박정희 정부의 독재는 계속되었고, 국민들의 불만은 커져만 갔어. 그 결과 1978년에 치러진 제10대 국회 의원 선거에서는 야당인 신민당이 여당인 공화당보다 훨씬 많은 표를 얻었어. 1979년 5월 신민

민주화 운동가들을 탄압한 '인민 혁명당 재건 위원회 사건'

1974년 4월 박정희의 독재에 맞선 민주화 운동이 거세지자 중앙정보부는 언론인, 교수, 학생 등 민주화 운동을 하던 사람들 23명을 국가보안법 위반 등의 혐의로 잡아들였다. 중앙정보부는 이들이 북한의 지시를 받아 인민 혁명당이라는 지하 조직을 만들어 나라를 혼란스럽게 했다고 꾸며 공산주의자로 몰았다. 결국 법원은 이들 가운데 8명한테는 사형, 15명한테는 무기 징역 및 징역 15년과 20년이라는 무거운 형을 선고하였다. 사형이 선고된 8명은 다음 날 바로 급하게 형이 집행되었다.

부·마 민주 항쟁을 불러온 YH 무역 사건

1979년 8월, YH 무역 회사 노동자들이 밀린 월급을 받게 해 달라며 신민당사에서 농성을 벌였다. 그러자 정부가 경찰을 동원해 노동자들을 강제로 끌고 나갔는데, 이 과정에서 노동자 한 명이 죽고, 신민당 의원들과 기자들이 심하게 다쳤다. 당시 신민당 총재였던 김영삼이 박정희한테 대통령직에서 물러나라고 요구했고, 박정희 정부는 김영삼이 국가를 모독했다면서 국회 의원직을 빼앗아 버렸다.

당 총재가 된 김영삼은 박정희 정부에 강하게 맞섰어. 그러자 박정희 정부는 김영삼한테서 국회 의원직을 빼앗아 버렸어. 이에 신민당 의원들이 모두 사퇴서를 냈지.

그러자 그동안 쌓여 왔던 국민들의 불만이 폭발했어. 마침내 1979

부·마 민주 항쟁 계엄령 선포
부·마 민주 항쟁이 일어나자 계엄령이 선포된 거리의 모습이다.

년 10월, 부산과 마산, 창원에서 학생들을 중심으로 반정부 시위가 일어난 거야. 일반 시민들까지 참여하면서 시위는 확산되었어. 이것을 부·마 민주 항쟁이라고 해. 정부는 계엄령을 선포하며 진압에 나섰어. 그런데 정부는 시위를 어떻게 진압할 것인지를 놓고 강하게 진압하자는 측과 온건한 방법을 쓰자는 측으로 나눠졌어. 이들의 갈등은 박정희 저격으로 이어졌어. 10월 26일 밤, 온건책을 주장하던 중앙정보부 부장 김재규가 박정희와 경호실장 차지철을 총으로 쏘아 죽인 거야. 이 사건을 10·26 사태라고 해. 박정희의 죽음과 함께 유신 체제는 막을 내렸어.

전두환, 5·18 민주화 운동을 억누르고 정권을 잡다

18년 동안 정권을 잡고 있던 박정희가 죽으면서 유신 체제가 끝났어. 그러자 국민들은 이제 우리나라에 민주주의 시대가 열릴 거라고 기대했어. 그러나 국민들의 뜻과는 다른 일들이 벌어졌어.

대통령이 갑자기 세상을 떠나자 정부는 비상 계엄령을 선포하고, 10·26 사태를 수습해 나갔어. 12월 6일에는 대통령 대신 권한을 행사하던 국무총리 최규하가 통일 주체 국민 회의에서 대통령으로 뽑혔어.

그런데 최규하가 대통령이 된 지 6일 만인 12월 12일, 전두환, 노태우를 비롯한 신군부 세력이 군사 반란을 일으켰어. 전두환은 10·26 사태 이후 계엄 사령부 합동 수사 본부장으로 대통령 암살 사

12·12 사태를 일으킨 사람들
12·12 사태는 1979년 12월 12일 전두환, 노태우 등의 신군부 세력이 반란을 일으켜 권력을 장악한 사건이다.

쿠데타
지배 계급 내의 일부 세력이 무력 등의 비합법적인 수단으로 정권을 빼앗는 일.

건을 수사하는 책임을 맡고 있었는데, 쿠데타를 일으켜 정권을 장악한 거야. 5·16 군사 정변 같은 일이 또 일어난 거지. 전두환은 1980년 4월에는 중앙정보부 부장까지 되어 실질적인 권한을 행사했어. 최규하는 아무 권한도 없는 허수아비 대통령이 되고 말았지.

그러자 또다시 대학생들을 중심으로 민주화 시위가 일어났어. 학생들은 '신군부 세력 반대!'를 외치며 비상 계엄령을 해제할 것, 새로운 헌법을 만들 것, 언론의 자유를 보장할 것, 민주적인 정부를 세울 것 등을 요구했어. 전두환은 이런 국민의 요구를 무시하고 계엄령을 계속 유지하며 막강한 권력을 휘둘렀어. 그러자 민주화를 요구하는 시위는 점점 더 확산되었어.

5월 15일에는 서울역에 모여 민주화 시위를 벌인 사람들 수가 10만 명에 이르렀어. 이렇게 민주화를 요구하는 시위가 거세지자 신군부 세력은 5월 17일, 국회 문을 닫고 정치 활동을 금지시켰어. 대학교에는 휴교령을 내려 학생들이 학교에 오지 못하게 했어. 또 신문,

방송 기사를 검열하고 신군부 세력에 비판적인 내용들은 내보내지 못하게 했어. 뿐만 아니라 정치인과 대학교 학생회 간부들을 잡아 가두었어.

  이런 조치들에도 불구하고 민주화 시위는 수그러들지 않았지. 5월 18일에는 전라남도 광주에서 학생들과 시민들이 참여한 큰 시위가 일어났어. 신군부는 계엄군을 투입하여 시위를 진압했지. 무장한 군인들이 시위하는 학생들을 몽둥이로 마구 때리고 끌고 가자, 이에 분노한 학생들과 시민들은 더 적극적으로 저항했어. 그러자 계엄군은 광주 시민들의 시위를 무자비하게 진압했어. 이 과정에서 광주 시민들이 죽거나 다쳤어. 화가 난 광주 학생과 시민들은 시민군을

광주 도청 앞 집회
5·18 민주화 운동 당시 광주 시민들이 전라남도 도청 앞에 모여 민주화를 외치고 있는 모습이다.

조직해 무장하고 계엄군에 맞서 싸웠지. 시민군과 계엄군이 서로 총을 겨누며 싸우게 된 거야. 광주는 마치 전쟁터 같았어. 하지만 시민군이 계엄군을 당해 낼 수는 없었어. 5월 27일 새벽, 시민군은 계엄군의 무자비한 공격을 받았고, 시민 수백 명이 죽거나 다쳤어. 국민을 지켜야 할 군인들이 국민을 향해 총을 쏘는 참담한 비극이 일어나고 만 거야. 신군부 세력은 이렇게 5·18 민주화 운동을 진압했어.

그 뒤 신군부 세력은 전두환을 위원장으로 하는 국가 보위 비상 대책 위원회를 만들어 정권을 잡기 위한 기반을 다져 나갔어. 국가 보위 비상 대책 위원회는 입법, 사법, 행정 등 국정 전반에 대해 권력을 가진 기관이었지. 이 기관을 통해 정치인들을 억압하고, 신군부에 비판적인 기자들과 교수, 공무원들을 직장에서 몰아냈어. 또 깡패나 폭력배 같은 불량배를 교육한다며 시민들 수만 명을 삼청 교육대로 끌고 가서, 강제로 군대식 훈련을 시키고 힘든 일을 하게 했어. 삼청 교육대에 끌려간 사람들 중에는 수없이 맞고 심한 고문을 당해 죽은 사람들도 많았지.

8월, 최규하가 대통령에서 물러나자 전두환이 통일 주체 국민 회의에서 대통령으로 뽑혔어. 10월에는 신군부 세력이 정권을 차지하기 좋도록 헌법을 고쳤어. 통일 주체 국민 회의와 비슷한 대통령 선거인단이 간접 선거로 대통령을 뽑을 수 있게 한 거야. 대통령 임기는 7년으로 정했어. 이에 따라 1981년 2월, 전두환은 다시 대통령으로 뽑혔어.

전두환 정부는 정의로운 사회, 국민 복지가 잘 이루어지는 사회를 만들겠다고 했어. 하지만 여전히 민주주의를 요구하는 학생 운동, 노동자들이 벌이는 노동 운동, 정치적 반대 세력들의 활동을 막고, 정

5·18 민주화 운동에 관한 기록물은 유네스코 세계 기록 유산으로 등재되기도 했어.

뒤늦게 인정받은 5·18 광주 민주화 운동

1980년 5월 18일, 광주 시민들이 민주화를 요구하며 시위를 벌이다 계엄군이 쏜 총에 죽임을 당한 5·18 민주화 운동은 1997년에 국가 기념일로 정해졌다. 그리고 국립 5·18 민주 묘지가 만들어져 민주주의를 위해 싸운 희생자를 기리게 되었다.

야간 통행금지 해제
1982년 야간 통행금지가 해제되면서 밤 풍경이 달라졌다.

부에 비판적인 신문이나 방송 같은 언론 활동을 억눌렀어.

전두환 정부는 정권이 어느 정도 안정되면서 국민들을 달래는 유화 정책을 폈어. 정치 활동을 하지 못하게 억눌렀던 정치가들을 풀어 주고, 국민들이 자유롭게 해외여행을 할 수 있게 했어. 또 중·고등학생들이 교복과 머리 모양을 자유롭게 할 수 있게 했어. 1945년 9월부터 37년간 이어진 통행금지도 없앴어. 통행금지는 밤 12시부터 새벽 4시까지 사람이든 차든 거리를 다니지 못하게 한 제도야. 통행금지를 없애면서 사람들이 한밤중에도 다양한 활동을 할 수 있게 되었지.

전두환 정부는 물가를 안정시키고 수출을 늘리는 데에도 힘썼어. 하지만 국민들은 정부를 믿지 않았어. 전두환 정부가 옳지 못한 과정을 거쳐 세워진 데다 친인척과 관련된 수많은 부정 비리 사건이 터졌거든. 대학생과 청년들을 중심으로 사회 민주화 운동이 계속되었고, 5·18 광주 민주화 운동의 진상을 밝히고 책임자를 처벌하라고 요구하는 시위가 이어졌어.

6월 민주 항쟁을 거쳐 민주주의를 다져 나가다

1986년에는 야당 정치인들과 민주 시민들을 중심으로 정부의 독재와 비리를 규탄하며 헌법을 고치자는 개헌 운동이 일어났어. 국민이 직접 대통령을 뽑도록 헌법을 바꾸자고 주장한 거야. 한동안 통일 주체 국민 회의나 대통령 선거인단에서 대통령을 뽑아 독재 정치가 이어졌잖아. 이제 국민이 대통령을 직접 뽑는 직선제를 실시해 민주주의를 이루자는 거였지.

박종철 고문 사건 시위
경찰에 잡혀 고문을 받다가 세상을 떠난 박종철 사건에 분노한 시민들이 시위를 벌이는 모습이다.

이한열 영결식
최루탄을 맞고 세상을 떠난 이한열의 영결식 모습이다.

개헌과 민주화를 요구하는 시위는 점점 더 거세게 일어났어. 그러다 1987년 1월, 시위를 하던 서울대학교 학생 박종철이 경찰한테 잡혀 고문을 받다가 죽는 일이 일어났어. 분노한 국민들은 박종철을 죽인 사람을 밝히고, 대통령을 직선제로 뽑으라고 요구하며 시위를 벌였지. 이런 상황에서 정부는 4월 13일, 헌법 개정을 반대하는 담화를 발표했어. 헌법을 그대로 지키는 걸 호헌이라고 해. 이 4·13 호헌 조치에 대해 국민들은 크게 반발하며 '호헌 철폐! 독재 타도! 직선제 개헌!'을 외치는 시위를 벌였어.

이런 가운데 1987년 6월 9일, 시위에 참여한 연세대학교 학생 이

한열이 최루탄을 맞고 크게 다쳐 죽고 말았어. 그러자 6월 10일부터는 걷잡을 수 없이 시위가 확산되었지. 18일에는 전국 주요 도시에서 최루탄 추방 대회가 열렸고, 26일에는 '민주 헌법 쟁취 국민 평화 대행진'이 열렸어. 국민 평화 대행진에는 전국적으로 100만여 명이 참여해 시위를 벌였어. 6월 10일을 정점으로 전국적으로 일어난 이 민주화 운동을 6월 민주 항쟁이라고 해.

결국 6월 29일, 12·12 군사 정변의 주역이자 민주 정의당(민정당) 대통령 후보였던 노태우가 국민의 요구를 받아들이겠다는 '6·29 민주화 선언'을 발표했어. 이후 헌법이 개정되어 국민들이 대통령을 직접 뽑게 되었고, 대통령 임기는 5년으로 한 번만 할 수 있게 되었어.

이와 함께 언론과 출판의 자유, 집회와 결사의 자유 등이 강화되었어. 그러면서 1989년에 만들어진 경제 정의 실천 시민 연합을 비롯해 다양한 시민운동 단체들이 생겨났어. 시민운동 단체들을 중심으로 외국인 노동자, 장애인 같은 사회적으로 차별받는 사람들의 인권 보호 운동, 자연과 환경 보호 운동, 교육 운동 등이 활발하게 일어나기 시작했지. 민주화 운동이 사회 문화와 삶의 질을 높이려는 시민운동으로 확산되어 간 거야. 국민의 힘으로 민주주의 시대를 맞이하게 된 거지.

1987년 12월, 새 헌법에 따라 직선

6·29 민주화 선언
1987년 6월 29일, 민주 정의당 대표 노태우가 국민들의 민주화와 직선제 개헌 요구를 받아들여 발표한 선언이다.

제로 대통령 선거가 실시되었어. 야당 후보로는 그동안 민주화 운동을 이끌어 온 김영삼과 김대중이, 여당 후보로는 노태우가 나왔어. 선거 결과 노태우가 대통령으로 당선되었어. 당시 국민들은 노태우가 대통령이 될까 봐 김영삼과 김대중이 뜻을 모아 한 사람만 대통령 후보로 나오기 바랐어. 그런데 두 사람은 국민의 바람을 꺾고 각자 대통령 후보로 나왔어. 결국 표가 나뉘어져 또다시 군인 출신인 노태우를 대통령으로 맞이하게 된 거야. 하지만 1988년에 치러진 국회 의원 선거에서는 야당이 여당을 크게 이겨 민주주의 실현을 바라는 국민들의 바람과 힘을 보여 주었지.

노태우 정부는 어떻게 나라를 이끌어 갔을까? 노태우 정부는 6월 민주 항쟁을 보면서 국민의 힘이 무섭다는 걸 알았어. 그래서 정치적인 억압을 줄이고 국회와 정당들이 활발하게 활동할 수 있게 했어. 처음으로 국회에서 청문회가 열리기도 했어. 국민들이 5·18 광

청문회란?

국회에서 중요한 안건을 심사하거나 국정 감사, 국정 조사 등을 할 때, 필요한 정보나 자료를 얻기 위해 증인, 참고인 등을 불러 필요한 증언을 듣는 것을 말한다. 우리나라에서는 1988년 11월에 처음으로 청문회가 실시되었다. 당시 5공 비리와 관련된 일해 청문회가 열렸고, 이어 광주 민주화 운동 청문회, 언론 기관 통폐합 청문회 등이 열렸다. 1998년에는 김영삼 아들 김현철 비리와 관련된 한보 청문회, 1999년 8월에는 옷 로비 사건 청문회 등이 있었다. 그 뒤 지금까지 여러 가지 청문회가 열리고 있다.

주 민주화 운동의 진상을 밝히고 제5 공화국에서 일어난 비리를 수사하라고 강력히 요구했거든. 청문회를 통해 5·18 민주화 운동을 진압한 책임자들, 제5 공화국 정치인들이 기업한테 뇌물을 받고 특별 혜택을 준 비리들이 드러났어.

1988년에는 서울에서 올림픽 대회가 열렸어. 전 세계 사람들이 모이는 올림픽은 우리나라와 우리나라 기업을 세계적으로 알리는 계기가 되었지. 우리나라는 올림픽을 보러 온 관광객들과 올림픽 방송 중계료 등을 통해 돈도 벌 수 있었어. 국제 사회에서 우리나라의 위상을 높이고 경제적인 기반을 닦을 수 있었지. 또한 그동안 교류하

서울 올림픽 대회 개막식
1988년 제24회 서울 올림픽이 열려 우리나라의 위상을 세계에 알릴 수 있었다.

> **성공적으로 치러진 서울 올림픽 대회**
>
> 1988년 우리나라에서 열린 서울 올림픽 대회에는 세계 160개 나라, 선수 1만 4000여 명이 참가하여 재주와 실력을 겨루었다. 세계인이 체제와 이념, 종교와 인종의 차이를 넘어 함께함으로써 인류의 화합을 이루었다.

지 않던 사회주의 국가들과 교류하기 시작했어. 그 결과 헝가리, 체코, 폴란드 같은 동유럽 국가들과 국교를 수립했어. 이어 1990년에는 소련, 1992년에는 중국과도 외교 관계를 맺었어. 1991년에는 남북한이 동시에 유엔에 가입하기도 했지. 하지만 올림픽 대회를 치르기 위해 경기장을 비롯한 여러 시설들을 만드느라 집을 헐기도 하고 거리에서 장사하는 노점을 없애면서 많은 사람들이 피해를 입는 등 부작용도 있었어.

평화적으로 정권을 교체하면서 민주주의를 발전시키다

1992년 12월 대통령 선거에서는 여당인 민주 자유당의 김영삼이 14대 대통령으로 당선되었어. 5·16 군사 정변 뒤 박정희, 전두환, 노태우 대통령이 모두 군인 출신이었는데, 이제 일반인 출신인 대통령이 정부를 이끌게 된 거야. 그래서 김영삼 정부를 '문민정부'라고 해.

김영삼 정부는 부정부패를 없애기 위해 공직자들한테 재산을 공

문민
직업 군인이 아닌 일반 국민.

금융 실명제
금융 실명제를 실시한 이후 은행의 모습. 금융 실명제는 금융 거래를 할 때 반드시 가명이 아닌 본인의 이름으로 하게 한 제도이다.

개하게 하고, 금융 실명제를 실시했어. 금융 실명제는 은행이나 증권 거래를 할 때 반드시 본인 이름으로 하게 한 제도야. 뇌물로 받은 돈을 다른 사람 이름으로 숨기거나 하는 일이 없게 하려고 말이야. 정치가와 기업가 사이에 돈거래를 하지 못하게 한 거지. 1995년에는 지방 자치제를 전면적으로 실시했어. 각 지방에서 그 지방 사정을 잘 아는 사람을 뽑아 지방 살림을 하게 한 거야. 지방 자치제가 실시되면서 지방 대표들은 그 지역 사람들의 소리에 귀를 기울이게 되었고, 국민들은 더욱더 나라와 지방 살림에 관심을 갖게 되었지. 또 '역사 바로 세우기'를 통해 12·12 사태와 5·18 민주화 운동 진압 과정을 밝혔어. 이때 전두환, 노태우를 비롯한 관련자들을 벌주고, 희생자들의 명예를 회복시켜 주었지. 일제 강점기 때 만들어진 조선 총독부 건물을 없애기로 한 것도 이때야.

경제 협력 개발 기구 (OECD)
경제 성장과 금융 안정, 무역 확대 등을 주요 목적으로 하여 1961년에 창설된 국제 경제 협력 기구. 우리나라는 1996년에 회원국으로 가입하였고, 현재 34개 나라가 가입되어 있다.

김대중 노벨 평화상 수상
김대중은 우리나라에서 처음으로 노벨 평화상을 받았다.

1996년 12월에는 우리나라가 경제 협력 개발 기구(OECD)에 가입하면서 시장을 개방하고 선진국과 경쟁하게 되었어. 그런데 우리나라가 선진국과 경쟁할 수 있는 준비가 충분히 되어 있지 않은 데다 나라 안팎으로 경제 상황이 나빠지면서 경제 위기를 겪게 되었어. 1997년 11월, 나라에서 가지고 있는 외환이 부족해 국제기구인 국제 통화 기금(IMF)에서 돈을 빌리게 된 거야. 이를 '외환 위기'라고 해.

이런 경제 위기 속에서 치러진 1997년 12월 대통령 선거에서 야당 후보인 김대중이 대통령에 당선되었어. 처음으로 야당에서 대통령이 나온 거야. 김대중 정부는 국제 통화 기금 관리 체제에서 벗어나는 데 힘을 쏟았어. 그 결과 2001년 8월, 우리나라는 국제 통화 기금 관리 체제에서 완전히 벗어나며 외환 위기를 이겨 낼 수 있었지.

김대중 정부는 북한에 대한 '햇볕 정책'으로 북한과의 관계를 바꾸려고 했어. 서로 화해하고 협력하는 관계로 말이야. 2000년 6월에는 김대중이 평양에서 김정일을 만나 남북 정상이 함께 6·15 남북 공동 선언을 발표했어. 이 선언을 통해 남한과 북한은 자주적으로 통일한다는 원칙에 뜻을 같이하고, 이산가족 문제를 해결하고 경제적으로 협력한다는 것에 합의했어. 김대중은 우리나라에서는 처음으로 노벨 평화상을 받았어. 한반도에서 평화의 장을 여는 데 크게 기여하고, 평생 우리나라 민주화를 위해 애쓴 걸 인정받은 거야.

2002년 12월에는 16대 대통령으로 노무현이 당선되었어. 노무현 정부는 국민과 함께하는 민주주의를 실현하려고 했어. 정부의 권위주의적인 모습에서 벗어나기 위해 대통령 스스로 토론회와 연설회 등을 자주 열어 국민과 소통하려고 애쓴 거야. 노무현 정부는 '과거사 청산법'을 만들기도 했어. 과거의 잘못된 진실을 밝히고 나라의 잘못으로 피해를 입은 국민들한테 보상해 주기 위한 법이었지.

2004년에는 정부가 미국의 요청으로 이라크에 군대를 보내기로 하면서 국민들 사이에 갈등이 일어나기도 했어. 이라크 파병을 찬성하는 쪽은 미국과의 관계를 유지하고 실리를 챙기기 위해서 보내야 한다고 주장했어. 반대하는 쪽에서는 이라크와 세계의 평화를 위해

국제 통화 기금(IMF)
1945년에 설립한 국제 연합 전문 기관의 하나로, 국제 환율 및 무역 안정을 위해 만들었다. 브레턴우즈 협정에 따라 가맹국의 출자로 공동 기금을 만들어, 각국이 이용하도록 하고 있다.

한·일 월드컵 축구 대회 때 우리 국민은 단결된 힘을 보여 주었어. 대~한민국!

전국을 붉게 물들인 2002년 한·일 월드컵 축구 대회

2002년 우리나라와 일본이 함께 연 한·일 월드컵 축구 대회는 우리 민족의 숨어 있는 힘을 보여 주었다. 많은 국민들이 붉은 티셔츠를 입고 거리 응원에 나서 전국을 붉게 물들였다. 우리나라 국가 대표 축구팀이 예선을 통과하고 16강에 진출하자 거리 응원은 한껏 무르익었다. 4강전에는 650만여 명이 거리로 나와 "짝짝~짝짝 짝, 대~한민국!"을 외치며 응원하였고, 경기가 끝난 뒤에는 질서 있게 주변을 정리하였다. 이런 우리 민족의 모습은 세계인들 마음에 깊게 새겨졌다.

> ### '과거사 청산법' 시행 결과는?
> 과거사 청산법은 과거의 잘못된 진실을 밝히고, 피해를 입은 이들을 보상해 주는 법이다. 일제 강점기 때 친일파 8명이 부당하게 차지한 땅을 나라 것으로 만들었고, 6·25 전쟁 때 '빨갱이'로 몰려 죽음을 당한 사람들의 억울함을 풀어 주었다. 또 이승만 정부 때 진보당의 조봉암이 사형당한 사건이 이승만 정부의 정치적 탄압이라는 것, 박정희 정부 때 '인민 혁명당 재건 위원회 사건'으로 사형당하거나 징역형을 선고받았던 사람들이 죄가 없다는 것을 밝혀냈다.

서는 군대 대신 기술자를 보내 도와주어야 한다고 주장했지.

또한 노무현 정부는 북한을 도와주면서 제2차 남북 정상 회담을 가졌어.

2008년에 들어선 이명박 정부는 선진 인류 국가 건설을 내세웠어. 기업에 대한 규제들을 풀어 경제를 활성화시키고, 사교육을 줄이고 학교 교육을 강화하는 데 힘을 쏟기도 했지. 한강, 낙동강, 금강, 영산강의 4대 강 유역을 개발하는 4대 강 사업을 시작하면서 많은 환경 운동 단체들과 시민들의 반대에 부딪히기도 했어.

2013년에는 우리나라에서 처음으로 여성 대통령이 나왔어. 박근혜가 제18대 대통령이 되어 나라를 이끌어 가게 된 거야. 국민들은 박근혜 정부가 경제를 살려 실업 문제를 해결하고 국민의 안정과 복지에 힘써 주기를 바라고 있어.

민주화의 길을 연 6월 민주 항쟁

1987년 6월 26일, 광화문.

1987년 6월, 전국적으로 수많은 국민이 민주화 운동을 전개했다. 결국 노태우가 6·29 민주화 선언을 발표함으로써 우리나라는 독재 정치를 끝내고 민주화의 길로 들어설 수 있었다.

2. 고통과 위기를 이겨 내며 경제 발전을 이루다

✓ 미국의 경제 원조는 어떻게 이루어졌을까?
✓ 경제 개발 계획은 어떻게 추진되었을까?
✓ 3저 호황이란?
✓ 경제 성장과 더불어 생긴 변화와 문제들은?
✓ 외환 위기를 어떻게 이겨 냈을까?

미국의 경제 원조가 이로움과 해로움을 주다

우리나라는 광복이 된 뒤, 미군정이 실시되면서 경제적으로 무척이나 혼란스러웠어. 식량을 비롯해 생활에 필요한 물자들이 부족하고 물가가 크게 올랐어. 더구나 38도선을 경계로 남과 북으로 나눠지면서 남한은 경제적으로 더욱 힘들어졌어. 남한의 산업은 주로 농업과 섬유나 식품 따위를 만드는 경공업 중심이었고, 공업 원료를 만드는 지하자원이나 여러 가지 산업 시설은 북한에 많았거든. 특히 1948년부터 북한이 남한에

전기를 보내지 않아 에너지가 부족했지. 뿐만 아니라 다른 나라에서 살던 동포들이 돌아오고, 토지 개혁 같은 북한의 정책에 불만을 가진 북한 주민들이 남한으로 내려오면서 남한 인구가 늘어났어. 이 때문에 실업자가 늘어나고 미 군정의 잘못된 정책으로 식량이 부족해져 경제적으로 더욱 혼란스러워진 거야.

그러자 1948년 12월, 이승만 정부는 미국과 원조 협정을 맺었어. 미국의 도움을 받아 경제를 안정시키고 여러 가지 시설을 마련하려고 한 거야. 이어서 정부는 귀속 재산 처리법을 제정해 실시했어. 일본인들이 가지고 있던 재산과 공장 같은 것을 나라 소유로 만든 뒤 일반인한테 싼값에 판 거야. 또한 광복 뒤 가장 큰 문제가 되었던 토지 개혁을 추진했어. 1949년 6월에 농지 개혁법을 제정하고, 다음

귀속 재산 처리법
귀속 재산을 적절하게 처리함으로써 산업 부흥과 국민 경제의 안정을 꾀할 목적으로 만든 법률. 여기서 귀속 재산은 대한민국 정부에 넘어간 8·15 광복 이전 일본인 소유였던 재산을 말한다.

미국의 식량 원조
6·25 전쟁 이후 미국의 식량 원조가 이루어졌다. 미국이 원조한 식량이 들어오는 모습이다.

해 3월부터 시행했지. 이 법은 직접 농사짓는 농민들이 토지를 가질 수 있게 한다는 원칙을 바탕으로 시행되었어. 그러면서 농민들 가운데 많은 사람이 자기 농토를 가지고 농사를 지을 수 있게 되긴 했지만, 자작농이 완전히 자리 잡지는 못했어. 한편 북한에서 전기를 끊자, 정부는 미국의 도움을 받아 수력 발전소와 화력 발전소를 만들기도 했지.

이런 가운데 6·25 전쟁이 일어났어. 전쟁으로 남한 경제는 너무나 큰 피해를 입었어. 나라가 거의 폐허가 되어, 국민들은 그 어느 때보다도 큰 어려움에 빠졌지. 이승만 정부는 휴전이 된 뒤, 본격적으로 경제를 복구하기 위해 노력했어. 미국도 남한이 공산 국가가 되는 걸 막기 위해서 도움을 주었어. 미국이 밀, 옥수수, 설탕 같은 식량과

목화 같은 것을 보내 주어 우리 국민은 당장 먹을 것과 입을 것을 해결할 수 있었지.

하지만 이런 경제 원조는 또 다른 문제를 낳았어. 우리나라 산업이 미국이 원조해 주는 물자를 중심으로 발전하게 된 거야. 밀을 원료로 밀가루를 만드는 제분 공장, 목화를 원료로 옷감을 만드는 면방직 공장, 설탕을 만드는 제당 공장이 많이 세워지면서 먹을거리와 옷 같은 소비재 산업이 주로 발전했지. 비료 공장과 시멘트 공장 등이 세워졌지만 제철이나 철강, 기계 공업 같은 중공업은 발전하지 못했어. 또한 미국이 원조해 주는 원료를 중심으로 산업이 발전하면서 우리 경제는 미국에 많이 의존하게 되었어.

그리고 미국이 미국에서 남아도는 농산물을 원조해 주거나 싸게 파니까 상대적으로 비싼 우리 농산물이 잘 팔리지 않거나 값이 떨어졌어. 이는 우리 농업을 약하게 만들었어. 예를 들어 미국의 밀과 목화가 들어오면서 우리 농민은 밀과 목화 농사를 짓지 않게 된 거야. 이때부터 우리나라에서 쓰는 밀이나 목화는 대부분 미국에서 수입하게 되었지.

밀가루 포대
미국이 원조해 주었던 밀가루를 포장했던 포대로, 미국의 구호품임을 나타내는 성조기를 변형한 형태에 두 손이 서로 악수하는 모습이 그려져 있다.

오늘날에도 밀과 목화는 대부분 외국에서 수입하고 있어.

경제 개발 계획을 추진해 경제가 크게 성장하다

1961년 5·16 군사 정변으로 정권을 잡은 박정희 정부는 장

면 정부가 세운 경제 개발 5개년 계획을 바탕으로 경제 개발에 힘을 쏟았어. 가난에서 벗어나 자립 경제를 이룰 수 있는 기반을 마련하기 위해서였지.

그런데 경제 개발 계획을 추진할 때 우리나라에는 돈도 기술도 없었어. 그래서 박정희 정부는 일본과의 관계를 회복해 일본에게 경제적인 도움을 받았어. 이때 박정희 정부가 일본에 굴욕적인 외교를 펼쳤다는 비난을 거세게 받았지.

경제 개발 5개년 계획은 1962년부터 시작해 1981년까지 네 차례에 걸쳐 실시되었어. 수출을 늘리는 데 힘을 쏟고, 공업을 집중적으로 지원하는 공업 우선 정책을 펼쳤어.

1962년부터 1966년까지 이루어진 제1차 경제 개발에서는 의류, 신발, 합판 같은 경공업 제품을 만들어 수출했어. 1967년부터 1971년까지 진행된 제2차 경제 개발에서는 비료, 시멘트, 정유 산업 등을 키웠어. 이 기간 동안 울산에 정유 공장을 비롯한 여러 공장이 세워지고, 마산에는 수출 자유 지역이 만들어졌어. 또 이때 포항 종합 제철 공장이 세워지기 시작했고, 경부 고속 도로도 개통되었어. 그러면서 수출은 해마다 늘어났고 국민 소득도 많아졌어. 경제가 크게 발전했지.

이어 정부는 3, 4차 경제 개발 5개년 계획을 추진하면서 중화학 공업을 키우는 데 힘을 기울였어. 그러면서 철강, 석유 화학, 기계, 전자, 조선, 자동차 같은 중화학 공업이 발달하고 수출도 늘어났어. 기업들이 중화학 공업 분야에서 활발하게 활동하면서 우리나라는 빠르게 공업화되어 갔지. 경제도 크게 발전해 1977년에는 수출 100억 달러를 달성했어.

박정희 정부는 중화학 공업을 키우면서 새마을 운동을 펼쳤어. 경제 개발 과정에서 농촌이 소외되자, 농촌의 생활을 개선하고 소득을 올리기 위해서였지. 새마을 운동의 기본 정신은 '근면, 자조, 협동'이었어. 이 운동이 시작되면서 농촌에는 '잘 살아 보세!'라는 노래가 울려 퍼졌어. 농촌에서는 마을 길을 포장하고 넓히고, 지붕과 담장을 고치고, 부엌도 편리하게 고쳤어. 또 새로운 작물을 심는 등 소득

새마을 운동
새마을 운동은 농촌의 소득 증대와 생활 환경 개선을 목표로 하여 일어난 지역 사회 개발 운동이었다.

을 올리기 위해 노력했어. 그런데 이런 새마을 운동을 모두 다 좋게 생각한 것은 아니야. 농촌의 실질적인 발전보다는 농촌의 겉모양을 바꾸는 데 치중했든가, 또 농민의 지지를 기반으로 장기 집권을 꾀하기 위해 실시했다는 비판적인 평가도 있거든.

한편 정부가 경부 고속 도로를 비롯해 고속 도로를 여러 개 만들면서 전국이 1일 생활권에 들게 되었어. 하루 안에 어디든 오갈 수 있게 된 거야. 그러면서 도시와 농어촌 사이에 벌어졌던 사회·문화적인 차이도 조금씩 줄어들었어.

경제 개발 계획이 20년에 걸쳐 추진되면서 우리나라 경제는 많이 발전했어. 공업국으로 발돋움하게 되었고, 수출이 크게 늘어났어. 기술이 개발되고 생산성이 향상되어 세계 여러 나라들과 경쟁할 수 있는 힘도 생겼어. 또 우리나라 사람들이 경제를 발전시키기 위해 국내에서는 물론, 외국에서도 땀 흘리며 열심히 일해 부지런한 한국인이라는 인상을 전 세계에 심어 주었지. 외국 사람들은 이런 우리나라 경제 발전을 일컬어 '한강의 기적'이라고 말했어.

그런데 정부가 앞장서서 경제를 발전시키면서 여러 가지 문제가 생겼어. 경제적으로 미국과 일

경부 고속 도로 준공식
1970년 7월 서울과 부산을 연결하는 경부 고속 도로가 개통되면서, 전국이 1일 생활권에 들게 되었다.

본에 의존하게 되었고, 빚을 많이 지게 되었지. 또 공업 중심으로 경제를 개발하면서 도시와 농촌 소득에 차이가 많이 생겼어. 그리고 중소기업이 성장하지 못하고 몇몇 대기업이 재벌로 성장했어. 정부에서 수출을 잘하는 대기업들에 특별한 혜택을 주면서 여러 개의 계열사를 거느린 대재벌이 나타난 거야. 이때 기업이 정부한테 혜택을 받으려고 정치 자금이나 뇌물 등을 주면서 부정부패가 심해졌어.

　반면에 정부와 기업은 노동자들한테는 낮은 임금을 주는 저임금 정책을 이어 갔어. 노동자들은 낮은 임금을 받고 아주 나쁜 환경 속에서 일해야 했지. 경제가 발전하고 기업이 돈을 많이 벌면 노동자들한테도 그 몫이 제대로 돌아가야 하는데 그렇지 못했던 거야. 노동자들의 불만은 커져만 갔지. 결국 1970년, 청년 노동자 전태일이 스스로 몸을 불살랐어. 노동자의 권리를 찾고 나쁜 노동 환경, 임금 문제 등을 개선하려고 말이야. 전태일의 죽음을 계기로 우리 사회는 노동 문제에 관심을 갖게 되었고, 노동 운동이 본격적으로 일어나기 시작했어.

전태일 동상
노동자들의 권리를 찾기 위해 몸을 불사른 전태일의 동상. 서울 청계천 평화 시장 앞에 세워져 있다.

**3저 호황 속에서
경제를 발전시키다**

1970년대 말에서 1980년대 초, 우리나라는 경제적으로 어려움을 겪게 되었어. 중화학 공업에만 지나치게 투자한 데다 세계적으로 석유 파동이 일어난 거야. 우리나라에서는 석유가 하나도 나지 않으니 오르기만 하는 석유값을 감당하기 어려웠어. 게다가 국제 금리와 미국의 달러 가치가 크게 올랐어. 외국에서 돈을 빌린 기업들은 정해진 날짜에 빌린 돈에 이자를 붙여 갚아야 했는데, 금리가 올랐으니 이를 감당하기 어려웠지.

이런 가운데 1986년 들어 경제 상황이 좋아지기 시작했어. 3저 호황 속에서 경제가 발전하기 시작한 거야. 3저 호황이란 세계적으로 저금리, 저유가, 저환율 정책이 지켜지면서 우리 경제가 활발하게 움

직이며 발전한 것을 말해. 1986년부터 3년 동안 국제 정세가 우리나라의 경제 성장에 아주 유리하게 작용한 거야. 어떻게 유리했는지 살펴보자.

세계 여러 나라들은 경제적인 어려움을 이겨 내기 위해 저금리 정책을 실시했어. 금리는 돈을 빌려주고 받는 이자인데, 이자가 낮아진 거지. 낮은 이자로 돈을 빌릴 수 있게 되니까, 기업들은 돈을 많이 빌려 상품을 더 많이 만들어 팔 수 있게 되었어. 저유가 정책은 1980년대에 들어서면서 세계적으로 석유가 많이 생산되었고, 이란과 이라크가 전쟁 자금을 마련하기 위해 석유를 경쟁적으로 팔면서 석유값이 싸진 것을 말해. 석유가 나지 않는 우리나라한테는 매우 유리했지. 저환율 정책은 미국이 일본과 무역하면서 생긴 손해를 해결하기 위해 달러 가치를 떨어뜨리고 일본 돈인 엔화 가치를 올리면서 나온 거야. 일본의 물건값이 오르니 미국에서는 값이 비싼 일본 제품 대신 값싼 우리나라 제품을 많이 사게 되었지.

'3저 호황' 덕분에 많은 기업이 수출로 큰돈을 벌 수 있었어.

우리나라는 '3저'라 불린 이 기간 동안 상품을 많이 만들어 수출할 수 있었고 경제적으로 발전했어. 일부 기업들은 이때 벌어들인 돈으로 기술을 개발해 새로운 성장을 위한 발판을 마련하기도 했어. 하지만 당시 경제 발전은 한계가 있었어. 대부분의 기업들은 이때 벌어들인 돈을 기술을 연구하고 개발하는 데 쓰기보다는 기업을 늘리는 데 썼고, 특혜를 받은 재벌 중심으로 경제 발전이 이루어졌거든.

1980년대 말에는 수출 환경이 나빠지면서 경제 사정이 어려워졌어. 하지만 그동안 경제 정책이 개발 중심으로 펼쳐져 시장 경제가 건전하게 돌아가지 못하고, 소득 분배가 공평하게 이루어지지 않아 문제를 해결하기 힘들었어. 부자와 가난한 사람 사이에 빈부 격차가 심해지고, 산업 구조를 튼튼히 다지지 못하면서 여러 가지 문제가 나타나게 된 거야.

외환 위기를 이겨 내고 세계 시장에서 경쟁하게 되다

우리나라는 1996년 12월, 경제 협력 개발 기구(OECD)에 가입했어. 경제 협력 개발 기구의 가입은 우리나라가 개발 도상국에서 벗어나 선진국 대열에 들어섰다는 걸 의미했지. 이는 나라의 힘과 경제력이 세진 결과라는 기분 좋은 일이었어. 하지만 선진국과 경쟁해야 하는 부담을 안겨 주었어. 우리나라가 선진국과 경쟁할 수 있는 준비가 충분히 되어 있어야 했지. 그렇지 못했기 때문에 1997년 말, 나라 안팎으로 경제 사정이 나빠지면서 우리나라는 경제 위기를 겪게 되었어. 정부가 가지고 있던 외환(달러)이 부족해 국제기구인 국제 통화 기금(IMF)에서 외환을 빌려야 했고, 국제 통화 기금이 요구하는 경제 정책을 따라야 했어.

그에 따라 정부는 정부 조직을 바꾸고, 금융권 및 대기업을 구조 조정했어. 구조 조정

금 모으기 운동
외환 위기로 나라 경제가 어려움에 처하자 국민들은 금 모으기 운동 등을 벌이며 위기를 극복하기 위해 힘썼다.

은 기업을 효율적으로 경영하기 위해 이익이 적은 기업을 정리하거나 경쟁력이 없는 부실한 기업을 경쟁력 있는 기업에 파는 걸 말해. 또 외국 기업이 자유롭게 우리나라에 들어와 투자할 수 있게 했어. 우리나라 기업은 외국 기업과 경쟁하기 위해 상품 연구 개발에 힘쓰고 경영도 똑바로 해야 했어. 정부는 정보나 통신 산업을 중심으로 새로운 기술을 가지고 창조적으로 경영하는 벤처 기업을 지원해 줬어. 국민들은 금 모으기 운동, 아껴 쓰고 나눠 쓰고 바꿔 쓰고 다시 쓰자는 아나바다 운동 등을 벌여 경제 위기를 극복하는 데에 힘을 모았어.

마침내 정부와 국민이 힘을 합쳐 외환 위기를 이겨 냈지. 하지만 기업을 없애거나 통합하면서 일자리를 잃은 실업자들이 무척이나 많이 생겨났고, 부유한 사람과 가난한 사람의 격차가 심해지는 등 여러 가지 사회 문제가 일어났어.

2000년대에는 세계화가 진행되면서 세계는 하나가 되어 갔어. 교통이 발달해 지구 반대편에 있는 나라에도 빠르고 쉽게 갈 수 있게 되었고, 집 안에 앉아서 세계의 모든 소식을 알 수 있게 되었어. 나라들 사이의 무역도 더 활발해졌고. 그러면서 세계 여러 나라들은 자유 무역 협정(FTA)을 맺게 되었어. 나라와 나라가 상품을 자유롭게 사고팔기 위해서 무역 활동에 방해가 되는 관세 같은 것들을 없애는 협정을 맺은 거야. 우리나라도 여러 나라와 자유 무역 협정을 맺었어. 이로써 우리나라는 세계 여러 나라들과 경쟁하는 개방 경제 체제 안으로 들어가게 되었지.

자유 무역 협정(FTA)은 우리 경제에 득이 될까, 해가 될까?

　이는 우리 경제생활에 직접적으로 영향을 주고 있어. 예를 들어 볼까? FTA를 맺어 관세 없이 들어온 상품은 관세가 붙은 상품보다 훨씬 싸게 살 수 있어. 외국의 좋은 상품을 싸게 살 수 있으면 좋겠지? 우리 상품도 FTA를 맺은 나라에 많이 팔 수 있어서 좋고. 그런데 문제는 우리 상품이 다른 나라 상품보다 품질이 좋지 않거나 더 비싸면 팔리지 않아 우리 산업이나 기업이 어려워진다는 거야. 예를 들어 요즘 싸고 맛 좋은 칠레산 포도나 미국산 오렌지, 필리핀산 바나나 같은 과일들이 많이 들어오잖아. 이 과일들은 큰 농장에서 엄청

많이 생산되는 데다 관세가 붙지 않기 때문에 값이 싸. 그런데 우리나라 과일들은 작은 농장에서 길러 팔아 비싼 편이야. 그러니 수입한 과일들이 더 잘 팔릴 수밖에 없지. 그래서 다른 나라들과 FTA를 맺을 때는 그 나라 생산물이나 상품들이 우리나라 경제에 도움이 되는지 해가 되는지를 잘 따져 보고 결정해야 해.

우리 정부는 2004년 4월 칠레를 시작으로, 싱가포르와 유럽 자유 무역 연합, 미국, 중국 등과 FTA를 맺었어. 세계 여러 나라들과 본격적으로 경쟁을 하게 된 거야. 다시 한 번 말하지만 FTA를 맺었거나 맺을 나라들에 대해서는 충분히 조사해 무엇이 유리하고 무엇이 문제가 되는지 잘 살펴봐야 해. 정부와 여러 시민 단체, 국민들이 함께 말이야.

경제 발전과 산업화에 따라 여러 가지 변화가 일어나다

1960년대 이후 경제가 발전하면서 사회적으로도 여러 가지 변화가 일어났어. 먼저 농업 중심 사회에서 공업 중심의 산업 사회로 바뀐 점을 들 수 있어. 산업화가 진행되면서 전국 곳곳에 새로운 공업 도시가 생겨났지. 그러면서 농촌 젊은이들이 일자리를 찾아 도시로 몰려들었어. 1970년대 중반에 이르러 도시 인구가 전체 인구의 절반을 넘었고, 2000년대에는 전체 인구 가운데 80퍼센트 정도가 도시에서 살게 되었어. 도시에는 사람들이 넘쳐 나는 대신 농촌에서는 인구가 줄고, 나이 든 사람들이 많이 사는 고령화 현상이 나타났어.

산업화와 도시화는 사람들 생활에도 변화를 주었어. 도시에서는 높은 건물들이 많이 세워졌고 도로가 넓어졌어. 그런가 하면 사람들이 도시로 몰려들면서 도시에서는 일자리와 집이 부족해졌어. 그러자 서울을 비롯한 대도시 변두리에는 가난한 사람들이 대충 집을 짓고 사는 달동네나 판자촌 같은 마을이 생겼어. 지금 사람들이 많이 살고 있는 아파트는 1960년대에 지어지기 시작해 1970년대부터 많은 사람들이 이용하게 되었지.

또한 1970년대에 전기를 전국적으로 이용하게 되면서 사람들 생활은 무척이나 편리해졌어. 텔레비전, 냉장고, 전화 같은 가전제품들이 무척이나 인기를 누렸지. 또 자동차를 많이 생산하고 이용하면서 1990년대에는 '자가용 시대'가 열렸어. 1980년대 말부터 사용하기 시작한 개인용 컴퓨터와 그 이후 널리 보급된 인터넷, 휴대 전화는 우리 생활 모습을 확 바꿔 놓았지. 초고속 인터넷을 사용하면서 사람들은 집에서도 물건을 사거나 기차표를 예약하고 은행 일도 볼 수 있게 되었어. 뿐만 아니라 인터넷으로 음악을 듣고 영화를 보거나 공부도 할 수 있게 되었어. 휴대 전화가 널리 퍼지면서 이제는 아이부터 나이 든 어른들까지 휴대 전화를 들고 다니며 볼일을 보게 되었지.

이처럼 교통과 통신이 발달하면서 세계는 하나의 마을처럼 움직이는 '지구촌'이 되었어. 각국의 문화가 전 세계로 확산되면서 세계 여러 나라는 점점 같은 문화를 함께 즐기게 되었지.

우리나라는 경제가 빠르게 성장하면서 여러 가지 사회 문제가 일어나기도 했어. 빈부 격차가 커지고 도시와 농촌이 고르게 발전하지

초고속 인터넷과 휴대 전화는 우리의 삶을 크게 바꿔 놓았어!

못했어. 또 공장과 산업 시설들이 많이 만들어지면서 환경이 파괴되었어. 이에 노동 운동, 농민 운동, 환경 운동 등이 일어나게 되었지.

사회적 약자인 장애인, 노인, 여성의 권리를 향상시키기 위한 인권 운동도 활발하게 일어났어. 특히 2008년에는 호주제가 폐지되었어. 호주제는 자녀의 성과 본을 아버지 것만 따르게 했던 남성 중심적인 제도였지. 그런데 이혼하는 가정이나 재혼하는 가정이 많아지면서 문제가 되었어. 엄마하고만 살면서 아빠 성을 따라야 하는 것도 문제고, 한 가족 안에서 자녀들 성이 다른 경우도 많이 생긴 거야. 그래서 2008년부터는 호주제를 없애고, 함께 사는 가족을 중심으로 가족 관계 등록법을 시행하게 되었지.

호주제 폐지
국회 본회의에서 호주제 폐지가 통과되는 모습이다.

한편 경제가 성장하면서 우리나라에 외국인 노동자들이 많이 들어와 생활하게 되었어. 기업에서 우리나라 노동자들의 인건비가 오르니까 인건비가 싼 외국인 노동자들을 많이 고용하게 된 거야. 또 우리나라 사람들이 하고 싶어 하지 않는 일들, 말하자면 3D 업종이라고 해서 더럽고(dirty), 위험하고(dangerous), 힘든(difficult) 일들을 외국인 노동자들이 많이 하게 되었어. 외국인 노동자들 중에는

**다문화 가정
문화 체험 현장**
추석을 맞아 송편 빚기 체험에 참가한 다문화 가정 여성들의 모습이다.

우리나라에 불법으로 머물며 돈을 벌어 고국에 있는 가족들한테 보내는 사람들도 있어. 이들은 불법으로 머물다 보니까 억울한 일을 겪기도 해. 월급을 제대로 못 받기도 하고, 우리나라 사람들보다 더 많은 일을 해야 한다거나 무시당하기도 하는 거야.

그리고 농촌 총각이 베트남이나 필리핀 같은 다른 나라 여자들과 결혼하면서 다문화 가정이 많이 생기고 있어. 농촌 총각과 결혼한 외국인 신부들도 우리나라 국적을 받아 취직을 하거나 건강 보험 같은 법적인 보호를 받으려면 적어도 1년에서 4년까지는 기다려야 해.

이처럼 외국인 노동자나 외국인 신부들은 모두 우리 사회에서 보호해야 할 사회적 약자들이야. 그래서 이들을 보호하자는 운동이 인권 운동가와 시민 단체들을 중심으로 일어나고 있어.

어두운 노동자들 삶에 불을 밝혀 준 전태일

3. 남북, 적대 관계에서 화합과 통일을 향해 가다

∨ 북한은 어떻게 대를 이어 독재 체제를 이어 갈 수 있을까?
∨ 북한의 경제 사정은 어떨까?
∨ 남북한 관계는 어떻게 변화되어 왔을까?

김일성, 김정일, 김정은 3대가 독재 체제를 이어 가다

북한은 6·25 전쟁이 끝난 뒤 김일성 독재 체제를 강화해 나갔어. 김일성은 박헌영을 비롯한 정치적 반대파들을 없애면서 권력 기반을 다져 나갔지.

1960년대에는 중국과 소련의 영향력에서 벗어나 자기들만의 사회주의 체제를 세우겠다며 주체사상을 만들어 나갔어. 주체사상은 북한의 정치, 경제, 사회, 문화 등 모든 분야를 다스리는 지도 이념이야. 주체사상은 소련과 중국의 도움을 받지 않고 북한 스스로 나라

김일성과 김정일 동상
김일성을 신처럼 떠받드는 우상화 작업을 통해 김일성은 절대적인 권력을 갖게 되었고, 이 권력은 김정일에게 세습되었다.

를 지키고 경제를 살리겠다는 데서 나왔는데, 나중에는 김일성 독재 체제를 정당화하기 위한 도구로 활용되었어. 주체사상을 바탕으로 군사력을 강화하면서 김일성 1인 독재 체제를 탄탄히 다져 나간 거야. 거의 김일성 한 사람을 신처럼 떠받들도록 말이야. 이 과정에서 북한 곳곳에 김일성 동상과 기념비가 세워졌고, 집집마다 김일성 사진이 걸렸어.

1972년에는 헌법을 개정해 사회주의 헌법을 공포했어. 이 헌법에 따라 북한은 국가 주석제가 만들어지고, 주체사상이 통치 이념으로 완전히 자리 잡았어. 국가 주석은 행정과 군사 분야의 최고 지도자로서 절대적인 권력을 갖게 되었지. 국가 주석은 물론 김일성이었어. 김일성의 아들인 김정일이 김일성을 신처럼 떠받드는 우상화 작업을 했고, 주체사상을 북한의 통치 이념으로 삼는 데 앞장섰어. 국가의 모든 활동에 주체사상을 반영했지. 김정일은 주체사상을 내세워 북한을 정치·경제적으로 자주적인 나라로 만드는 것이 북한군과 근로 대중의 의무라고 주장했어. 그러면서 김일성한테 강한 권력을 몰아주려 했고, 이는 김일성에 대한 우상 숭배로 이어졌어. 이로써 김일성이 유일한 지도자가 되는 지배 체제가 확립되었지.

김정일은 1970년대 초부터 김일성을 우상화하고 주체사상을 체계화하면서 정치적인 기반을 닦아 나갔어. 1980년에는 김정일이 공식적으로 김일성의 후계자가 되었어.

1993년에는 김정일이 북한 국방 위원회 위원장이 되어 북한의 제 2인자가 되었고, 1994년 김일성이 죽은 뒤에는 국방 위원장 자격으로 북한을 다스리게 되었어. 4년 뒤인 1998년에는 최고 인민 회의에서 헌법을 개정해 김정일 정권이 김일성을 계승하는 후계 체제임을 분명히 했지. 새 헌법에 따

주체사상탑
주체사상을 상징하는 탑으로, 1982년 4월 김일성 생일에 평양 대동강변에 세워졌다. 높이는 170미터 정도이다.

라 김정일이 국방 위원회 위원장으로 재추대되면서 북한의 최고 권력자가 된 거야. 김정일은 군대를 중심으로 나라의 위기를 이겨 내겠다는 '선군 정치' 시대를 열었어. 사회주의는 노동자가 중심이 되는 사회인데, 노동자가 아닌 군인 중심의 사회를 만들려는 거였지.

2009년에는 김정일 아들인 김정은이 김정일의 후계자로 정해졌어. 김정은은 2010년 조선 노동당 중앙 군사 위원회 부위원장이 되었고, 2011년에 김정일이 죽으면서 권력을 이어받았지. 이처럼 아버지, 아들, 손자까지 3대에 걸쳐 권력이 세습된 것은 사회주의 국가에서도 처음 있는 일이야.

천리마 동상
천리마 운동을 상징하는 천리마 동상. 평양 모란봉 기슭의 만수대 위에 있다.

북한 경제가 나날이 어려워지다

6·25 전쟁 뒤, 북한도 남한과 마찬가지로 전쟁으로 입은 피해를 복구하고 경제를 살리는 데 힘썼어. 북한은 중국과 소련의 도움을 받으며 경제 개발 계획을 연이어 실시했어. 북한은 국가가 생산 수단을 갖고, 경제 계획을 세우면서 경제 활동을 이끌어 갔어.

먼저 군수 산업을 비롯한 중공업을 발전시키고, 모든 농토를 협동 농장으로 바꾸어 공동으로 생산하고 공동으로 나누어 갖게 했어. 이어 상업과 공업에서도 협동조합을 만들었고, 나라에서 이 조합들을 관리했지. 개인적으로 상공업 활동을 할 수 없게 되었고 재산도 가질 수 없게 된 거야.

북한은 전쟁으로 무너진 산업 시설을 복구하기 위해 천

리마 운동을 펼치기도 했어. 천리마 운동은 하루에 천 리를 달린다는 천리마와 같은 속도로 사회주의 경제를 세우자는 운동이야. 주민들이 열심히 일해 생산량을 높일 수 있도록 벌인 운동이지. 천리마 운동은 단순히 일만 열심히 하라고 벌인 것은 아니었어. 북한 주민들을 공산주의 체제에 순순히 따르는 사람들로 만들려고 하는 뜻도 있었어.

북한은 경제적으로 안정되어 갔어. 이를 바탕으로 1961년부터 제1차 경제 발전 7개년 계획을 펼쳐 나갔지. 그런데 이때부터 북한은 경제적으로 어려움을 겪게 되었어. 소련이 미국과 친하게 지내려고 하면서 북한에 대한 원조를 줄여 버린 거야. 북한은 중국과 소련의 도움을 받으며 경제를 키워 가고 있었는데 말이야.

북한은 이런 상황을 이겨 내려고 1971년부터 경제 발전 6개년 계획을 실시하고, 생산 시설을 현대적으로 바꾸는 데 힘썼지. 1978년부터는 제2차 경제 발전 7개년 계획을 세우고 자립 경제를 내세우며 힘을 모았어. 다른 나라 도움을 받지 않고 잘 살아 보겠다면서 말이야. 하지만 경제적으로 그다지 발전하지 못했어. 북한의 경제 정책이 북한 주민의 노동력에만 의존했을 뿐, 자본도 부족하고 기술도 발전하지 못했기 때문이야.

대외 관계에서 폐쇄적인 것도 경제 발전을 더디게 했어. 북한과 교류하는 나라는 중국이나 소련, 동유럽 사회주의 국가들 정도였거든. 게다가 북한은 군사력에서 남한한테 뒤지지 않기 위해서 국방력을 키우는 데 많은 돈을 썼어. 그러면서 다른 나라들한테 돈을 빌리기

나진항
북한은 경제 개방 정책으로 나진·선봉 경제 무역 지대를 설치했으나, 뚜렷한 성과를 거두지는 못했다.

시작했는데, 나중에는 빚이 눈덩이처럼 불어나고 말았지.

북한은 경제적인 위기를 이겨 내기 위해 1980년대 들어서면서 부분적으로 개방 정책을 실시했어. 1984년에는 '합영법'을 만들어 경제를 개방하고 무역을 확대하려고 했지. 하지만 북한과 사이가 좋지 않은 미국이 제재해 큰 성과를 거두지는 못했어.

1991년에는 두만강 유역의 나진·선봉 지역에 경제 무역 지대를 설치하기도 했어. 나진·선봉 지역을 경제 특별 구역으로 만들어 중계 무역을 비롯한 수출 및 가공, 관광 등을 위한 국제 교류의 근거지로 발전시키겠다는 거였지. 무역을 확대해 외국 자본과 기술을 들여오기 위해서 말이야. 하지만 별다른 성과를 거두지는 못했어. 나진이나 선봉은 지하자원이 부족하고 전력이나 항만 같은 시설도 제대로 갖추고 있지 않았어. 게다가 인구가 적어서 일할 사람들을 모으

합영법은 북한이 서방의 자본과 기술을 들여오기 위해 만든 합작 투자법이야.

기 힘들었고, 생산물을 내다 팔기에는 주변 지역이 너무 멀었어. 미국이 계속 경제적인 제재를 해 왔고 말이야.

북한은 경제를 살리기 위해 주변 여러 나라들과 친해지려고 하는 등 여러 가지 방향으로 노력했지만 북한 경제는 갈수록 힘들어졌어. 1990년대부터는 식량 사정도 심각해졌어. 홍수 같은 자연재해가 연이어 일어난 데다 다른 나라들의 원조도 줄어들었기 때문이야. 게다가 여전히 에너지 자원은 부족했고 도로, 항만, 철도, 통신, 전력, 수도 따위의 공공시설은 뒤떨어져 갔어. 남한이나 일본, 미국 같은 나라들과 관계를 맺으려고 하긴 했지만 그렇게 적극적이지는 않았어. 최근에는 에너지 부족과 식량 위기로 힘겨운 생활을 견디다 못해 북한을 탈출하는 주민들이 늘어나고 있어.

북한을 탈출하여 남한에 정착해 살아가는 사람들도 많단다.

남북, 적대 관계에서 평화적으로 함께할 수 있는 길을 열다

남한과 북한은 6·25 전쟁으로 엄청난 피해와 상처를 입었는데도, 계속 서로를 미워하며 대립했어. 남한은 반공 정책을 펼쳐 나갔고, 북한은 남한을 공산화하겠다는 적화 통일 정책을 펼치며 맞섰어. 이런 남북한 대립 상태는 1960년대 말까지 이어졌어.

그런데 1970년대 들어와서 국제 정세가 크게 바뀌었어. 미국이 긴장 완화 정책을 펼치면서 중국과 친하게 지내는 데 힘썼고, 일본도 중국과 국교를 맺었어. 자본주의 진영과 사회주의 진영이 차갑게 맞섰던 냉전 체제에 변화가 일어나기 시작한 거야.

남북 적십자 예비 회담
1971년에서 1972년 사이에 남북 이산가족 찾기를 위한 남북 적십자 예비 회담이 여러 차례 개최되었다.

　국제 정세가 바뀌면서 박정희 정부는 북한한테 선의의 경쟁을 하자고 제의했어. 분단 현실을 받아들여 남북한이 평화적으로 함께하자는 뜻에서 말이야. 남한이 경제적으로 발전하면서 자신감을 가진 덕분이기도 했지.

　1971년 8월, 박정희 정부가 북한한테 교류를 제의했어. 대한 적십자사가 북한 적십자사에 남북 이산가족 찾기를 위한 회담을 열자고 한 거야. 북한이 남한의 제의를 받아들이면서 남북 적십자 회담이 열리기 시작했어. 남북 적십자 회담은 서울과 평양을 오가면서 여러

7·4 남북 공동 성명 발표
1972년 7월 4일 남북 공동 성명을 발표하고 있는 중앙정보부 부장 이후락. 7·4 남북 공동 성명은 분단 뒤 남북한이 처음으로 합의한 통일안이다.

차례 열렸지. 이는 남북 관계에서 꽤 뜻깊은 일이었어. 오랫동안 교류하지 않던 남한과 북한이 만났다는 점에서 말이야.

남북 적십자 회담으로 협상의 길을 연 남북한은 1972년 7·4 남북 공동 성명을 발표했어. 7·4 남북 공동 성명은 남한과 북한이 분단 뒤 가장 처음 합의해 만든 통일안이야. 7·4 남북 공동 성명에서 남북한은 '자주 통일, 평화 통일, 민족 대단결'의 3대 원칙을 내세웠어. 이 원칙은 그 뒤에도 통일 논의를 할 때 기본 원칙이 되었지. 남북한은 합의 사항을 추진하고 통일 문제를 협의하기 위해 남북 조절 위원회를 설치했어. 남북 조절 위원회가 열리면서 남북 대화는 한동안 활발하게 진행되었어. 이와 더불어 남북한과 동시에 수교하는 나라가 늘어났고, 남북한 당사자가 협상을 통해서 통일을 이루는 것이 바람직하다는 분위기가 무르익어 갔어.

그러자 1973년 6월 23일, 박정희 정부는 평화 통일을 주요 내용으로 하는 새로운 통일 방안을 제시했어. 정부는 6·23 선언을 통해 모든 국가에 문호를 개방하고 동시에 유엔에 가입하자고 제안했어. 이는 남북한이 평화롭게 공존하자는 제의이자, 평화 통일을 이루자는 뜻을 적극적으로 밝힌 거였지.

하지만 남북 대화는 더 이상 앞으로 나가지 않았어. 오히려 박정

> **남북이 처음 합의한 평화 통일안, 7·4 남북 공동 성명**
> 1. 통일은 외세에 의존하거나 외세의 간섭을 받지 않고 자주적으로 해결해야 한다.
> 2. 통일은 상대를 반대하는 무력이 아닌 평화적인 방법으로 실현해야 한다.
> 3. 사상과 이념, 제도를 초월해 하나의 민족으로서 민족적 대단결을 도모해야 한다.

희와 김일성은 저마다 자신의 독재 체제를 유지하는 데 7·4 남북 공동 성명을 이용했어. 박정희는 자신만이 남한을 북한보다 잘살게 만들어 남한 중심으로 통일을 이룰 수 있다고 주장했어. 그러면서 10월 유신을 선포해 막강한 권력을 휘두르며 계속 정권을 잡을 수 있는 길을 열어 놓았지. 북한도 주체사상을 바탕으로 사회주의 헌법을 공포하고 김일성 유일 지도 체제를 키워 나갔어.

국제 정세의 변화에 따라 남북 간 화해와 교류에 힘쓰다

1980년대에 이르러 남북한이 다시 대화하기 시작했어. 그러면서 남한은 민족 화합 민주 통일 방안을, 북한은 고려 민주주의 연방 공화국 방안을 제시하기도 했어. 1985년에는 남북한 이산가족이 처음으로 서울과 평양을 방문하고, 예술 공연단이 서로 오가며 공연하기도 했어. 하지만 한 번의 행사로 그치고 더 이상 진전되지는 않았지.

1980년대 후반 들어 국제 정세가 크게 바뀌어 갔어. 한반도 분단에 큰 영향을 주었던 냉전 시대가 끝난 거야. 동유럽의 사회주의 체제가 무너지고, 1990년 10월에는 분단 국가였던 독일이 통일되었어. 1991년에는 사회주의 대표 국가였던 소련도 해체되었지.

이처럼 국제 정세가 갑자기 바뀌면서 남한은 적극적으로 북방 외교 정책을 추진했어. 헝가리를 비롯한 동유럽 여러 나라와 수교하고, 1990년 9월에는 소련과도 국교를 맺었어. 2년 뒤인 1992년 8월에는 중국과도 외교 관계를 맺었지. 이렇게 사회주의 국가들과 자연스럽게 교류하게 된 배경으로는 서울 올림픽 대회를 빼놓을 수 없어. 서울 올림픽 대회에 소련, 중국 같은 사회주의 국가들이 참가하면서 우리가 이 나라들과 외교 관계를 추진하는 데 큰 도움이 되었지.

국제 정세가 달라지면서 남북한도 화해 분위기에 들어갔어. 1991년, 남북한이 탁구와 축구에서 하나의 팀을 만들어 국제 대회에 나가기도 하고, 서울과 평양에서 통일 축구 경기를 갖기도 했어. 이런 관계를 바탕으로 남북한은 유엔에 동시에 가입했어. 남북한이 평화적으로 함께하는 동반자 관계라는 것을 국제 사회에 널리 알린 거야. 이와 함께 남북 기본 합의서를 채택했어. 이를 통해 남북한은 서로의 체제를 인정하고 서로 침략하지 않겠다는 데에 뜻을 같이했어. 그리고 핵무기를 개

남북한 탁구 단일팀
1991년 제41회 세계 탁구 선수권 대회에 남북 단일팀으로 참가한 이분희, 현정화 선수가 경기를 하고 있는 모습이다.

제5차 남북 고위급 회담
1991년 열린 남북 고위급 회담에서는 남북 사이의 화해와 불가침 및 교류, 협력에 관한 남북 기본 합의서를 채택하였다.

발하지 않겠다는 한반도 비핵화에 관한 공동 선언도 발표했지.

이를 바탕으로 김영삼 정부는 화해·협력, 남북 연합, 통일 국가 완성이라는 3단계 통일 방안을 발표했어. 그리고 북한이 경제적으로 어려워지자, 북한에 식량과 비료를 보내 주기도 했지.

1998년에 들어선 김대중 정부는 '햇볕 정책'을 실시하며 평화 통일을 이룰 수 있는 기반을 닦는 데 힘을 쏟았어. 햇볕 정책은 남한이 먼저 북한을 햇볕처럼 따뜻하게 감싸 줘 북한을 변화시키자는 생각

남북 정상 회담
2000년 6월, 김대중 대통령과 김정일 국방 위원장은 평양에서 역사상 첫 남북 정상 회담을 가졌다.

에서 나온 거야. 그리고 남북한 간의 경제 협력과 교류가 정치적, 군사적 상황에 따라 영향을 받지 않도록 정치와 경제를 나누어 보자는 원칙을 내세웠어. 그 결과 남한과 북한의 관계가 무척이나 좋아졌어. 이에 1998년에는 현대 그룹 대표 정주영이 통일 소 500마리를 몰고 북한을 방문했어. 이때 정주영은 금강산 관광 사업을 할 수 있게 해 준다는 약속을 받고 돌아왔지. 남한과 북한이 경제적으로 협력할 수 있는 길을 마련한 거야. 금강산 관광 사업이 진행되면서 남한 사람들이 금강산 구경을 할 수 있었지. 지금은 중단되었지만 말이야.

이처럼 남과 북이 서로 화해하려고 노력한 결과 2000년 6월에는 김대중 대통령이 북한을 찾았어. 김대중 대통령은 3일 동안 평양에 머물며 김정일을 만나 남북 정상 회담을 가졌어. 역사상 첫 남북 정상 회담이었지. 이 회담을 통해 남한과 북한은 '6·15 남북 공동 선언'을 발표했어. 남북한은 이 선언에서 우리 민족의 통일 문제를 자주적으로 해결하기로 합의했어. 2000년 시드니 올림픽 개막식에서는 남북한이 처음으로 한반도기를 들고 '코리아'라는 이름으로 함께 입장하기도 했어. 이 밖에도 북한으로 통하는 경의선 철도 연결 사업을 벌였고, 이산가족이 정기적으로 만날 수 있는 길을 열었어. 남북한이 경제 및 사회, 문화 등에 걸쳐 폭넓게 교류하게 된 거야.

2003년에 들어선 노무현 정부도 남북 회담과 남북 교류에 힘썼어. 김대중 정부가 합의한 개성 공단 사업을 실현시켜 남북 교류를 넓혔지. 2007년 10월에는 평양에서 제2차 남북 정상 회담을 가졌어. 10월 2일부터 3일간 열린 남북 정상 회담에서는 '남북 관계 발전과 평화 번영을 위한 선언'을 채택했어.

하지만 북한에서 핵을 개발하고 미사일을 발사하면서 남북한의 대화와 교류, 협력은 위기를 맞게 되었어. 이에 남한, 북한, 미국, 중국, 일본, 러시아 등 6개 나라가 북한의 핵 문제를 해결하고, 한반도에서 핵무기를 없애기 위해 꾸준히 회담을 열고 있어.

남과 북이 한반도의 평화를 위해 통일에 다가설 수 있는 날은 언제일까?

이산가족 찾기는 어떻게 이루어져 왔을까?

이산가족은 서로의 뜻과 상관없이 흩어져 만날 수 없게 된 가족을 뜻한다. 우리 민족은 8·15 광복과 6·25 전쟁을 치르면서 수많은 이산가족이 생겨났다. 1971년, 대한 적십자사와 북한 적십자사가 이산가족을 만나게 하기 위해 회담을 열었지만, 북한이 대화를 중단해 결실을 맺지 못했다. 1983년 여름에는 한국 방송 공사가 이산가족 찾기 운동을 벌였다. 5개월에 걸쳐 방송이 진행되면서 남한에 흩어져 살던 많은 사람들이 헤어진 가족을 만났다. 1985년에는 '이산가족 고향 방문단 및 예술 공연단' 교환 방문이 이루어져 처음으로 남북한 이산가족이 헤어진 가족을 만났다. 2000년 6·15 남북 공동 선언이 이루어진 뒤부터 2010년 6월까지 총 17회에 걸쳐 이산가족 방문단이 남북을 오갔다.

우리와 똑같이 존중받아야 할 외국인 노동자, 다문화 가정

대한민국 정치·경제 10대 뉴스

우리나라는 광복부터 지금까지 정치·경제적으로 수많은 일들을 겪으며 발전해 왔다. 이 가운데 정치·경제적으로 큰 의미를 지닌 10대 뉴스를 뽑아 보자.

10대 정치 뉴스

1. 국권을 다시 찾은 광복. 1945년 8월 15일
2. 남한만의 단독 정부 대한민국 수립. 1948년 8월 15일
3. 같은 민족끼리 싸운 6·25 전쟁. 1950년 6월 25일
4. 이승만 독재 정권을 무너뜨린 4·19 혁명. 1960년 4월 19일
5. 박정희 독재의 시작 5·16 군사 정변. 1961년 5월 16일
6. 남북이 처음으로 '자주, 평화, 민족 대단결'이라는 3대 원칙에 합의한 7·4 남북 공동 성명. 1972년 7월 4일

대한민국 정부 수립 경축식

7. 신군부 세력에 짓밟힌 5·18 민주화 운동. 1980년 5월
8. 민주주의의 길을 연 6월 항쟁. 1987년 6월
9. 서로를 인정한 남북한 동시 유엔 가입. 1991년 9월 17일
10. 남북 정상이 처음으로 만나 남북 교류의 길을 연 6·15 남북 공동 선언. 2000년 6월

5·18 민주화 운동

남북 정상 회담

10대 경제 뉴스

1. 경제 발전에 발걸음을 내딛은 경제 개발 계획 시작. 1962년
2. 사회 문화를 바꾸어 놓은 국내 텔레비전 생산. 1966년
3. 전국을 1일 생활권으로 묶은 경부 고속 도로 개통. 1970년
4. 철강, 조선, 기계, 석유 화학 산업을 발전시키기 위한 중화학 공업 육성 선언. 1973년

경부 고속 도로 준공식

5. 마이카 시대를 연 최초의 국산 자동차 포니 생산. 1974년
6. 사회주의 국가들과 경제·문화 교류의 길을 연 서울 올림픽 대회. 1988년
7. 선진국과 나란히 경쟁하게 된 경제 협력 개발 기구(OECD) 가입. 1996년

서울 올림픽

8. 우리 경제를 휘청거리게 한 외환 위기. 1997년
9. 수출 4000억 달러 달성. 2008년
10. 주요 경제국 정상들이 모여 금융 시장, 세계 경제 등에 대해 논의한 G20 서울 정상 회담 개최. 2010년

외환 위기

찾아보기

ㄱ

가갸날 154
가쓰라-태프트 밀약 22
간도 참변 124, 128, 129, 137
간도 협약 20
간토 대지진 137
강우규 131, 132
강제 징병 144
강주룡 117
개신교 162
경부 고속 도로 221, 268, 270, 301
경성 제국 대학 90
경제 개발 5개년 계획 235, 237, 241, 268
경제 원조 264, 267
경제 협력 개발 기구(OECD) 260, 274, 301
경학사 65
계엄령 137, 205, 223, 236, 239, 243, 246~248
고종 12~15, 17~24, 26, 28, 33, 44, 63, 70, 108
공산주의 183, 195~198, 206~208
공산주의자 197, 198, 204, 205, 224, 245
공출 142, 143
과거사 청산법 261, 262
광주 학생 항일 운동 86, 87, 102, 108, 111, 119, 121
교통국 79, 81
국가 재건 최고 회의 236

국가 총동원법 142
국민학교 140
국방 위원장 286, 296
국제 연합(유엔) 80, 189, 195, 196, 199, 211, 213, 221, 258, 260, 292, 294, 300
국제 통화 기금(IMF) 260, 261, 274
국채 보상 운동 12~14, 39~41
근로 기준법 282, 283
근우회 87, 120, 121
금융 실명제 251, 259
긴급 조치 243, 244
김구 78, 81, 131, 133~135, 148, 150, 151, 181, 186, 189~191, 195~197, 199, 200, 203
김규식 67, 68, 80, 189, 191, 195, 196
김대중 221, 242, 244, 256, 260, 295~297
김상옥 130
김약연 64
김영삼 221, 246, 256, 258, 259
김원봉 130, 131, 148, 149
김익상 130
김일성 184, 195, 197, 202, 203, 284~287, 293
김정은 284, 287
김정일 260, 284~287, 296
김종필 239
김좌진 125~127
김주열 230

ㄴ

나석주 130, 131
나운규 165, 166
나진·선봉 지역 289
나철 31, 161
남북 고위급 회담 295
남북 기본 합의서 294, 295
남북 적십자 회담 221, 291, 292
남북 정상 회담 221, 262, 296, 297, 300
남북 협상 172, 190, 196, 197, 203, 235
내각 책임제 223, 224, 233, 234
내선일체 139, 140
냉전 시대 193, 194, 294
노덕술 201, 218
노동 쟁의 86, 112, 115~118
노무현 정부 221, 261, 262, 297
노벨 평화상 260
노태우 221, 248, 255, 256, 258, 259, 263

ㄷ

다문화 가정 281, 298, 299
대성 학교 37
대종교 160, 161
대한 광복군 정부 65
대한 광복회 63, 64
대한 국민 노인 동맹단 131
대한 독립 선언서 68
대한 독립 의군부 63

〈대한매일신보〉 33, 34, 37, 40, 41, 45, 49, 159
대한민국 임시 정부 12, 13, 37, 62, 76~81, 86, 133, 146~148, 150, 158, 159, 178, 182, 190
대한민국 정부 수립 173, 199, 300
대한 자강회 33
대한 제국 12, 14~18, 20~26, 28, 29, 31, 32, 39, 44, 46, 57, 84
데라우치 38, 45, 48
도시화 279
도지권 55
독도 44, 45
독립 공채 78, 79
독립 선언서 69~72, 82, 168, 169
〈독립신문〉 80
독립 협회 32, 119
〈동아일보〉 86, 89, 90, 92, 106, 107, 111, 142
동양 척식 주식회사 52, 54, 130

ㄹ

러·일 전쟁 12, 15, 24, 32, 84

ㅁ

만국 평화 회의 22, 23, 69
명동촌 64
명동 학교 64
모스크바 3국 외상 회의 172, 173, 185~188
무단 통치 12, 44, 48~51, 60, 62, 88, 91

문화 통치   86, 88, 89, 91~93, 102, 124, 168
물산 장려 운동   86, 102~105, 118
미·소 공동 위원회   173, 188, 189, 195
미군 전략 첩보국(OSS)   150, 191
미 군정   172, 180~184, 202, 204, 264
민립 대학 설립 운동   86, 106, 118
민영환   21, 22
민족 말살 정책   86, 138~142, 153, 154, 163, 164
민족 자결주의   66, 67, 69, 70
민족주의   86, 90, 108, 117~120, 157~159, 178, 179, 184, 185, 187, 196, 202
민종식   25

ㅂ

바르샤바 조약 기구   163
박근혜 정부   221, 262
박은식   75, 158, 159
박재혁   130
박정희   220~222, 235~247, 258, 262, 267~269, 291~293, 300
박종철   253, 254, 263
반공 정책   201, 226, 227, 235, 290
반민족 행위 처벌법   200, 201, 218
반민족 행위 특별 조사 위원회(반민 특위)   200, 201, 218
발췌 개헌   173, 223, 224
105인 사건   37, 38

베델   34, 37, 41, 81
베트남 파병   240, 241
보안법   35
보안회   32, 33
봉오동 전투   87, 124~128
부·마 민주 항쟁   246, 247
북대서양 조약 기구   193
북로 군정서   65, 81, 126, 127, 161
북조선 임시 인민 위원회   184, 202
불교   161~163
브나로드 운동   87, 107, 108
블라디보스토크   65, 130

ㅅ

사사오입 개헌   224, 225
4·19 혁명   220~222, 228, 232~236, 300
사회주의   86, 90, 108, 117~120, 172, 178, 179, 181, 183~185, 187, 189, 192, 193, 238, 240, 258, 285, 287, 288, 290, 293, 294, 301
산미 증식 계획   88, 93, 100, 101
산업화   277, 279
3선 개헌   214, 242
삼원보   39, 65
3·15 부정 선거   228~230, 233, 234, 236
3·1 운동   12, 13, 48, 62, 64, 66, 70~78, 82, 86, 102, 107~109, 112, 117, 121, 124, 125, 131, 147, 161, 163, 168,

190, 263
3저 호황 220, 264, 272, 273
삼청 교육대 251
38도선 172, 179, 180, 185, 191, 194, 196, 208, 212, 213, 264
새마을 운동 221, 269, 270
서로 군정서 65, 81, 125
서울 수복 212
서울 올림픽 대회 257, 258, 294, 301
서전서숙 64
선군 정치 287
세계화 220, 275, 299
소작 쟁의 86, 112~114, 118, 121~123
손기정 92, 166
송병준 23, 24, 45, 47
순사 48, 90, 123
순종 23, 25, 46, 108, 109
스코필드 75
스티븐스 13, 30
10월 유신 220, 221, 241, 243
시일야방성대곡 21
식민지 45~47, 51, 67, 92, 98, 103, 110, 111, 162, 164, 177
신간회 86, 87, 102, 117~121
신돌석 25, 26
신문지법 35
신민부 129
신민회 13, 14, 35~38

신사 참배 86, 139, 140, 162, 163
신은행령 98
신익희 223, 225, 226
신채호 36, 68, 158, 159
신탁 통치 172, 174, 185~188
신한청년당 67, 68
신한촌 65
신흥 무관 학교 38, 39, 65, 130
심훈 163
13도 창의군 28
10·26 사태 220, 247
12·12 사태 248, 259

ㅇ

아관 파천 14
안명근 37, 38
안익태 165
안전 보장 이사회 211
안중근 12, 13, 19, 30, 31, 37, 42, 43, 76
안창호 36, 37
암태도 소작 쟁의 114, 122, 123
애국 계몽 운동 14, 32~35, 39, 49
애치슨 선언 208
야학 106, 107, 161
얄타 회담 177
양기탁 34, 36~38, 40, 41
어린이날 115, 161
어린이 운동 115, 161

어업령 57
여수 순천 10·19 사건 173, 197, 198
여운형 173, 178, 189, 195, 200
여자 정신대 근무령 87, 145
연통제 79~81
영화 〈아리랑〉 165, 166
5·10 총선거 172, 173, 192, 198
5·16 군사 정변 220, 221, 235~237, 248, 258, 267, 300
5·18 민주화 운동 220, 221, 247, 250, 251, 257, 259, 300
YH 무역 사건 246
외국인 노동자 255, 280, 281, 298, 299
외환 위기 220, 260, 264, 274, 275, 301
용정촌(룽징춘) 64
《우리말 큰사전》 154~156
우익 172, 185~189, 194~196, 223
원불교 162
원산 노동자 총파업 115, 116
원자 폭탄 151, 176
위안부 145
윌슨 66, 67, 70, 80
유관순 74, 82, 83
유신 헌법 243, 244
유엔 한국 임시 위원단 173, 195, 198
6월 민주 항쟁 221, 222, 253~256, 263
6·10 만세 운동 86, 87, 102, 108, 109
6·29 민주화 선언 255, 263

6·23 선언 292
6·25 전쟁 172, 173, 205, 206, 208~217, 220, 222, 223, 262, 265, 266, 284, 287, 290, 297, 300
6·15 남북 공동 선언 221, 260, 296, 297, 300
윤동주 163, 164
윤봉길 87, 133~136, 191
윤희순 29
은행령 57
을사오적 17, 18, 21, 31, 32, 218
을사조약 12~14, 17~26, 28, 30, 31, 33, 36, 44, 46, 63
의병 12~14, 17~26, 28, 30, 31, 33, 36, 44, 46, 63, 190, 218
의열단 86, 124, 129~131, 174
이기붕 228, 229
이명박 정부 221, 262
이봉창 87, 133~136, 190
이산가족 215, 220, 260, 291, 293, 297
이상설 21~23, 64, 65
이상재 106, 119
이승만 38, 78, 181, 192, 196, 199~202, 205, 206, 208~211, 217, 220, 222~235, 241, 262, 265, 266, 300
이승훈 36~38, 69, 70, 106
이완용 17, 23, 32, 45, 47, 76, 218
이위종 22, 23
이재명 32, 76

이준　22, 23
이중섭　165
이토 히로부미　13, 17, 19, 31, 42, 43, 76
2·8 독립 선언　13, 62, 66, 68~70
이한열　254, 255, 262
이회영　38, 39, 65
인민 혁명당 재건 위원회 사건　244, 245, 262
인천 상륙 작전　211~213
인해 전술　212
일·선 동조론　139
일장기 말소 사건　92
일진회　23, 24, 45
임병찬　63

ㅈ

자본주의　183, 189, 192, 193, 195, 197, 206, 290
자유당　223, 225, 228, 229, 231, 232, 233
자유 무역 협정(FTA)　275~277
자유시 참변　87, 124, 129
자치 운동　118, 119,
장면　225, 226, 228, 229, 233~236
장면 내각　221, 233~236
장인환　13, 30
장지연　21, 33, 34
전두환　220, 221, 247~252, 258, 259
전명운　13, 30
전태일　271, 282, 283

전형필　167
정의부　129
제1차 세계 대전　66, 67, 80, 93, 97
제1차 한·일 협약　16
제2차 세계 대전　149, 151, 152, 175, 177, 180, 185, 189, 192, 193
제2차 영·일 동맹　16
〈제국신문〉　21, 34
제암리 학살 사건　74, 75
제주도 4·3 사건　173, 197, 198, 204, 205
제헌 국회　198
조·미 수호 통상 조약　22
조봉암　227, 228, 262
조선 건국 동맹　173, 178
조선 건국 준비 위원회　178~181
조선 민주주의 인민 공화국　172, 202, 203
조선사 편수회　157, 169
조선어 학회　87, 154~156, 159
조선 의용대　148, 149
조선 인민 공화국　180, 182
〈조선일보〉　87, 89, 90, 106, 107, 142, 155
조선 총독부　12, 44, 46~48, 52, 55~58, 93, 95, 97, 98, 129, 130, 169, 178~180, 203, 259
조선 태형령　50
좌우 합작　172, 189, 195
좌익　172, 185, 187~189, 194~196
주시경　154

주체사상 284~286, 293
중·일 전쟁 86, 138, 149
중광단 64, 65, 161
즉결 심판권 50
지청천 125, 146, 148, 223
진단 학회 87, 159
진보당 사건 227

ㅊ

참의부 129
채응언 62, 63
천도교 115, 160, 161
천리마 운동 287, 288
천주교 42, 162
청구 학회 159
청문회 256, 257
청산리 대첩 87, 124~128
최남선 70, 167~169, 201, 219
최익현 21, 25, 26, 63
치안 유지법 90
친일파(친일 세력) 23, 30, 48, 92, 124, 132, 158, 168, 180, 182, 189, 190, 192, 200~203, 208, 218, 219, 222, 262
7·4 남북 공동 성명 221, 292, 293, 300

ㅋ

카이로 회담 152, 153

ㅌ

탑골 공원 71, 72, 82
태평양 전쟁 86, 139, 149~151, 167, 211
토지 조사 사업 22, 44, 51~55, 58, 112
통감부 12, 13, 19, 33, 35, 37, 38, 46
통일 주체 국민 회의 243, 247, 251, 253
통행금지 252

ㅍ

파리 강화 회의 66~68, 81
포츠머스 조약 16, 17

ㅎ

한·일 병합 조약 45, 48, 52, 69
한·일 신협약(정미 7조약) 14, 21, 24
한·일 월드컵 축구 대회 261
한·일 의정서 13, 15, 16
한·일 협정 221, 239, 268
한·일 회담 238, 241
한국광복군 81, 86, 87, 138, 146~151, 175, 191
한용운 69, 162, 163
한인 애국단 86, 124, 133~136, 174, 190
합영법 289
햇볕 정책 260, 295
헌병 경찰 12, 48~51, 73, 88, 90
헌정 연구회 33
헤이그 특사 13, 23, 44

형평 운동   115
호주제 폐지   280
홍명희   119
홍범도   125, 126
황국 신민 서사   140, 141
황국 신민화   139~141
〈황성신문〉   21, 33, 34, 49, 158, 168
회사령   55, 86, 97, 114
휴전선   213
휴전 협상   211, 213

사진 자료 제공

국가 기록원 188 미·소 공동 위원회, 199 대한민국 정부 수립 경축식, 223 이승만 2대 대통령 취임식, 225 신익희, 장면 정·부통령 선거 선전물, 227 진보당 사건 공판정, 229 4대 정·부통령 선거 벽보, 238 한·일 회담 반대 시위, 240 베트남 파병, 242 3선 개헌, 243 유신 헌법 공포식, 265 미국의 식량 원조, 270 경부 고속 도로 준공식

규장각 한국학 연구원 15 한·일 의정서, 18 을사조약

국립 중앙 박물관 34 〈황성신문〉, 136 윤봉길 선서문

독립 기념관 21 시일야방성대곡, 29 호남 지역 의병장들, 30 단지 혈서 엽서, 37 대성 학교 교표, 38 신민회 관계 인사 판결문, 41 국채 보상 운동 모집 금액표, 45 한·일 병합 조약문, 70 독립 선언서, 71 〈민족 대표의 독립 선언〉, 74 유관순 수형 기록표, 75 태극기 목각판, 79 독립 공채, 80 〈독립신문〉, 95 산미 증식 강요 전단, 105 민립 대학 기성회 창립 총회 기념, 106 한글 교재, 111 광주 학생 운동을 보도한 신문, 118 신간회 강령과 규약, 119 신간회 관련 기사, 120 근우회 강령과 규약, 121 〈근우〉와 〈여자시론〉, 127 〈청산리 대첩〉, 131 나석주의 편지, 132 강우규 재판 판결문, 133 이봉창 선서문, 140 궁성 요배 강요 전단, 142 나무 솥뚜껑, 146 〈광복〉, 150 대일 선전 성명서, 151 광복군 배지, 152 임시 정부 요인 서명포, 153 한글 보급 운동 교재, 155 《우리말 큰사전》 원고, 156 한국사 왜곡 도서, 157 민족 사학 역사서들, 159 〈진단 학보〉 창간호, 161 어린이날 포스터, 164 항일 문학 잡지, 187 신탁 통치 반대 전단, 198 5·10 총선거 유세 전단

민주화 운동 기념 사업회 201 반민 특위 신임장과 비상 통행증, 214 판문점 회담, 234 장면 내각, 236 5·16 군사 정변, 245 인민 혁명당 재건 위원회 사건, 250 광주 도청 앞 집회, 254 이한열 영결식

서울시립대학교 박물관 267 밀가루 포대

세종대학교 독도 종합 연구소 85 〈신잔 조선국전도〉

연합뉴스 26 신돌석 흉상, 33 〈대한 자강회 월보〉, 39 국채 보상 운동 기념비, 47 조선 총독부 건물, 84 독도, 98 조선 은행 군산 지점, 145 위안부 소녀상, 166 영화 〈아리랑〉, 197 제주도 4·3 평화 공원, 202 김일성, 209 북한군의 침투, 216 전쟁으로 폐허가 된 서울, 230 3·15 의거 기념탑, 232 4·19 민주 묘지, 239 한·일 협정 조인식, 246 부·마 민주 항쟁 계엄령 선포, 248 12·12 사태를 일으킨 사람들, 252 야간 통행금지 해제, 253 박종철 고문 사건 시위, 255 6·29 민주화 선언, 257 서울 올림픽 대회 개막식, 259 금융 실명제,

260 김대중 노벨 평화상 수상, 269 새마을 운동, 271 전태일 동상, 274 금 모으기 운동, 280 호주제 폐지, 281 다문화 가정 문화 체험 현장, 285 김일성과 김정일 동상, 286 주체사상탑, 287 천리마 동상, 289 나진 항, 291 남북 적십자 예비 회담, 292 7·4 남북 공동 성명 발표, 294 남북한 탁구 단일팀, 295 제5차 남북 고위급 회담, 296 남북 정상 회담

(주)시공사는 이 책에 실린 모든 사진 자료의 출처와 저작권자를 찾아 허락을 받기 위해 노력했습니다. 사진 자료 제공 목록에 누락이나 착오가 있으면 사용 허락을 받고 다음 쇄에서 반드시 수정하겠습니다.